Las 16 doctrinas fundamentales explicadas

Las 16 doctrinas fundamentales explicadas

Tercera edición

Eliud A. Montoya

palabra-pura.com

PRÓLOGO

Existe una crisis central en la iglesia. Es el descuido de la Palabra de Dios y la mala representación del Evangelio de Jesucristo. El grito de volver a los senderos antiguos debido a la presente banca rota espiritual se acrecienta. La solución consta en la santa doctrina de Dios.

Por lo consiguiente, llega a buen tiempo esta obra comprensiva y actualizada sobre las doctrinas fundamentales de la Fe Cristiana. Sin dejar de remarcar los linderos bíblicos y sagrados, encontré en este libro las doctrinas bíblicas fundamentales en una forma actualizada y a la mano; una obra doctrinal limpia y pura con una transcendencia eterna.

En esta obra se presenta oportunamente el manjar sólido para mensajes doctrinales sólidos y para enseñanzas bíblicas sólidas. Recomiendo altamente este libro sobre las 16 doctrinas fundamentales al pastor y al maestro que desea ver el desarrollo de una iglesia floreciente en un desierto literario y espiritual.

DR. JESSE MIRANDA*

---

*Jesse Miranda (1937-2019) fue director de *Jesse Miranda Center for Hispanic Leadership at Vanguard University* (Costa Mesa, California); fundador de *Hispanic Center at Oral Roberts Univerity* (Tulsa Oklahoma); y director de *National Hispanic Christian Leadership Conference* (Sacramento, California).

Las 16 doctrinas fundamentales explicadas

ISBN: 978-0-9889010-4-9

Diseño de cubierta y formato: Iuliana Sagaidak
Editorial: Palabra Pura, palabra-pura.com

CATEGORIA: Religión / Teología cristiana sistemática

IMPRESO EN ESTADOS UNIDOS DE AMERICA
PRINTED IN THE UNITED STATES OF AMERICA

ÍNDICE

PARTE TRES — VIDA FUTURA

Nota preliminar

Encontré útil ahora, aunque ya desde años atrás lo venía soslayando, publicar acerca del tema doctrinal porque sé, y de eso estoy totalmente apercibido, que existen círculos evangélicos que sin carecer de la más loable sinceridad, se han privado de una debida y poderosa enseñanza fundamental.

Y de estos grupos evangélicos, concretamente será mi enfoque, puesto que no podía ser de otra manera, los grupos pentecostales.

Hoy los grupos pentecostales representan un porcentaje muy alto del total de la cristiandad evangélica mundial, y de ello lo constan información muy expedita, variada y fidedigna.[1] Sin embargo, muchos de ellos, sin darse cuenta, se han vuelto más de otras afiliaciones en la práctica, quedando solo un remedo de sus principios fundamentales y aún otros, concitan, a mi sazón, y quizá con más estudio concienzudo de su realidad, en más sedicentes pentecostales que nada.

Si me da permiso mi amado lector, quiero escribir sin reticencias, sin parcialidades y sin remordimientos todo lo que a mi memoria llegue, y lo que el Espíritu Santo ponga en mí acerca del tema, pues juzgo vital que retomemos el rumbo fijado por nuestros antecesores. Que volvamos a remarcar los linderos que hoy, bien trémulos o quizá totalmente removidos, fueron lo que produjo el avance del reino de Dios desde sus primeros hijos.

No quiero que las doctrinas que nos dieron el ser queden como una nube nebulosa en frágiles memorias, ni en las lóbregas bóvedas de olvidadas bibliotecas. Quiero que brille la verdad que dio vida a los muertos, que sacó de las mazmorras a los prisioneros más empedernidos, y que pulverizó las más sólidas mentiras. Y para ello utilizaré las evidencias que están conmigo y con mi amado lector, los textos bíblicos. El yunque de los siglos, la Palabra de Dios. La evidencia histórica de los caminantes nos sirve en nuestro paseo bíblico, pero el paseo mismo es la evidencia irrefutable. Dios es testigo de sus propias palabras y esto es lo que nos da fuerza para seguirlas con férreo corazón.

Las sendas antiguas

Dios habló a Jeremías. Le dio una palabra para ser transmitida al pueblo de Dios: "Paraos en los caminos, y mirad, y preguntad por las sendas antiguas, cual sea el buen camino, y andad por él, y hallaréis descanso para vuestra alma" (Jer. 6:16).

Y las sendas antiguas, a las que se refiere Dios, no son las de nuestros abuelos hace 50 años; o las de antepasados más atrás siquiera, sino a los senderos trazados por Jesucristo mismo.

Hace casi 2000 años, por el año 30 y 36 d.C.[2] según la mayoría de los historiadores, fue cuando la iglesia dio inicio. Aquel glorioso día en que el Espíritu Santo fue enviado a la tierra cumpliendo la promesa de Cristo: "He aquí, yo enviaré la promesa de mi Padre sobre vosotros; pero quedaos vosotros en la ciudad de Jerusalén, hasta que seas investidos del poder desde lo alto" (Lc. 24:49).

Aquellos once discípulos acompañados por otros 109, estaban reunidos con unanimidad, en oración, en ruego, en búsqueda. Humillados ante la presencia de Dios, armónicamente, participando de la misma fe y quizá, ¿podré decirlo?, todos ellos, testigos oculares de la resurrección del Señor. Ahí estaba Pedro, cubierto del manto del perdón de Cristo, resplandeciendo sus palabras, "apacienta mis corderos". Ahí estaba Juan, todavía con la sensación de haber recostado su cabeza al lado del amado Maestro. Estaba también Natanael, quien en sus adentros podía decir: "Él cumplió su promesa, vaya que vi mayores cosas de las que jamás imaginé..." cuando de pronto, un sonido estruendoso, lo que Lucas describe como "un viento recio", un ruido misterioso y divino, llenó toda la casa en donde ellos estaban.

Ese día marcó el inicio de las sendas antiguas. Las sendas que el Espíritu Santo iluminó, las sendas de Cristo Jesús. Por lo tanto las sendas antiguas son las que caminaron los apóstoles del Cordero, las de los primeros cristianos. Las de Pablo, luego, las de las iglesias por él enseñadas junto con sus colaboradores.

Juntos iremos por los distintos descansos de este camino. Porque el camino de Dios es un camino de descansos: "y hallaréis descanso para vuestra alma". Es un sendero tachonado de bellas palabras, las palabras de nuestro glorioso evangelio, en donde descansa nuestra alma y encuentra saciedad.

Los descansos del camino

La doctrina pentecostal fue configurada en la segunda década del siglo XX.[3] Fue un redescubrimiento de las verdades bíblicas. Después de los primeros sucesos históricos del derramamiento del Espíritu Santo a principios del siglo XX y de la consolidación de iglesias, en 1914, y luego de la amenaza de que la doctrina sufriera distorsiones bajo la mentalidad unitaria, surgieron Las Asambleas de Dios ante la iniciativa de hombres tales como E.N. Bell y J. Roswell Flower. También surgieron otras denominaciones pentecostales clásicas como La Iglesia de Dios o La Alianza Cristiana y Misionera Iglesia de la Biblia Abierta, y otras; luego también la Iglesia Internacional del Evangelio Cuadrangular, etc., y otras, pero sin entrar ahora en las minucias de la historia, la nueva denominación —Las Asambleas de Dios— se adhirió a las ideas de la conferencia de Keswick, Inglaterra.[4] Mientras que se mantenía un fresco recuerdo del famoso mensaje: "La obra terminada del calvario" predicado por William Howard Durham, que marcó un hito en el pensamiento doctrinal del recién formado movimiento.[5]

El resultado de todos estos maravillosos sucesos es una doctrina limpia, pura, con trascendencia eterna. Una doctrina inmóvil y de profundidad insondable, que brinda a sus creyentes la complacencia del Todopoderoso. Que no muta ni evoluciona, sino que por los siglos permanece perene sin perder su frescura, su vigencia. Bello esplendor de luz imposible opacar y rostro único de lozanía inmarcesible.

La doctrina que en este libro se discute es simplemente preciosa, con matices de belleza que no alcanza, ni el que escribe ni el que lee, ni ningún otro, a entender en su inconmensurable valor.

La doctrina pentecostés original tiene su fundamento en la fe en Dios, en lo sobrenatural del Dios holístico, en lo humanamente inalcanzable. Todo lector deberá comprender que la doctrina no se compara a las prácticas cristianas habituales de muchos en el mundo de hoy, porque siempre será un asunto de fe. Y esto porque, la doctrina solo se razona cuando se discute ella misma, cuando se habla y se contesta entre ella; pero fuera de ésta, no existe razón científica, ni práctica humana —por más humilde y piadosa que parezca— que le pueda dar comprobación.

La doctrina no admite excepciones, no admite tolerancias; no admite dimisiones ni reticencias, pues la bendición de Dios envuelve a todo ser humano sin acepción de personas. Entiéndase entonces que vivir la doctrina es vivir en la fe del Hijo de Dios, en su veracidad absoluta, en su rumbo tan marcado; en una vida contrastando interminablemente con la muerte. Creer y vivir la doctrina es vivir en un mundo ajeno al mundo en que se vive en lo físico. Es vivir en la realidad más nítida: la realidad del Creador de la realidad. Por ello creer y vivir la doctrina es extraño y odioso para los incrédulos. Bien lo expresó Él, nuestro eterno Él: "Si fuerais del mundo, el mundo amaría lo suyo; pero porque no sois del mundo, antes yo os elegí del mundo, por eso el mundo os aborrece" (Jn. 15:19).

La doctrina es una senda de victoria

La doctrina es por tanto una senda de descanso, de paz, de victoria. Cada uno de los puntos de la doctrina es un descanso, una cúspide de victoria alcanzada. Cuando entendemos cada uno de los temas de la doctrina y cuando la integramos a nuestra vida, encontraremos paz, descanso y un sentido maravilloso de victoria sobre los enemigos del hombre. Encontramos un solo organismo en donde no existen disfunciones ni hoyos negros. Encontramos una sola pieza sin misterios supra-creados a lo establecido por Dios. Encontramos un rompecabezas milagrosamente ensamblado en donde cada una de sus piezas corresponde primorosamente con las que le circundan.

No me niego a la tentación de repetir este concepto en resumen: la doctrina del Señor, en todos y cada uno de sus puntos, es una senda de fe cuyo resultado es una vida de victoria y plenitud. Sé que los que fracasan objetan, justifican sus fracasos, y aún tratan de establecer el fracaso como norma; pero el fracaso no pertenece a la senda de los verdaderos hijos de Dios, porque no se trata de nuestro logro, se trata de una simple y llana fe en los méritos de Cristo y de los beneficios de su muerte y resurrección. Se trata también del goce de su regalo post-resurrección supremo, (y que sin éste sería imposible disfrutar de su primer regalo que fue Él mismo): el Espíritu Santo.

Es por ello requisito que el lector asuma la actitud de fe de los sabios para el bien y recordemos que sin fe es imposible agradar a Dios. Pues quizá existan vertientes de esta agua de vida eterna, en donde el lector, quizá por tan viciada mente y cárcel de amargura en que se haya mantenido le parezca imposible admitir. Pero recuerde el querido lector, que el que enceguecido por la oscuridad de su cárcel, y de pronto ve la luz del sol, sus ojos no la admitirán de momento, pero espere un poco, que la luz hará su efecto y un nuevo mundo será expuesto: el mundo espiritual, la dimensión de Dios.

Glorias de la doctrina

La doctrina no admite mixturas y va siempre por encima de lo hecho, pensado, descubierto o dilucidado por el ser humano. La doctrina no contradice la ciencia, pero le ve como un niño inexperto y carente de suficiente seriedad, indigno de confianza completa. La doctrina es de Dios y lo de Dios va a años luz de distancia en sabiduría y perfección. La ciencia humana es sólo un seguidor indeciso y de piernas flacas que titubea a cada paso en su intento inintencionado de reducir esa distancia infinita. Por ello no veo objeto demostrar en términos científicos lo que Dios ha creado, dicho o decretado, como si tal demostración tuviera algún valor real. Digo esto porque todas y cada una de las glorias doctrinales son nuestras, son logros alcanzados y que ninguna de las ramas científicas nos puede arrebatar. Digo esto también porque vivimos en un mundo en donde la ciencia se glorifica antes que los méritos de Cristo mismo y se juzga a los creyentes sencillos como incivilizados e ignorantes. Pero luego veremos a donde irán a dar los que tan grotesca y altivamente piensan esto.

La ciencia ha querido meter sus narices en todas partes y el error de admitir al niño inexperto y que se jacta de que lo sabe todo (sin saber nada) ha traído dañosas consecuencias, y me atrevo a decir que aún de destino eterno en la cristiandad de muchos en nuestros días, y quizá en último lugar, pero también, en los pentecostales. Aunque no se demerita lo que corresponde en cuanto sirva a la propagación de las glorias doctrinales.

Este libro es una explicación de estas glorias doctrinales. Veremos así, lo que tiene que ver con la pureza e infalibilidad de las Escrituras, las que fueron inspiradas por el Espíritu Santo y transmitidas por hombres santos y piadosos, porque tener un ejemplar de la Biblia en nuestro idioma es una gran maravilla de Dios.

Este libro precioso se refiere a la naturaleza del Dios en quien hemos depositado nuestro ser. A quien hemos decidido amar y adorar. Y aunque podría ir ahí mismo, por ser sublime y extenso, se trata aparte la naturaleza de nuestro gran Dios y Salvador Jesucristo.

La doctrina vista en este libro describe también la naturaleza del hombre sin Cristo y sin Dios. No desde el punto de vista filosófico, metafísico o psicológico, sino como la Biblia lo describe. Luego entenderemos al hombre después de conocer a Dios, cuando toma una decisión de arrepentimiento y obediencia a la fe, es decir, el hombre en su nueva naturaleza.

Las glorias de la doctrina señalan la era del Espíritu Santo, que tiene su máxima expresión en el bautismo de Cristo y en su señal evidente: el hablar en otras lenguas. El uso de las lenguas como un regalo de Dios en beneficio del creyente. Su importancia, su uso, su carácter sobrenatural.

Luego el libro nos lleva a la ocupación del hombre. La bendición de las dos ordenanzas del Señor, la misión fundamental de la iglesia y el ministerio.

Finalmente, veremos la esperanza del hombre nuevo, y los acontecimientos futuros (incluyendo el destino de los incrédulos). Y esto, aunque su ignorancia podría no impedirnos disfrutar de las otras bellas doctrinas, Dios quiso mostrárnoslas para que nos deleitemos, no sólo en el presente, sino en el destino de la creación bajo el cielo y de nosotros como redimidos por la sangre preciosa de su Cordero e Hijo. Quiso hacerlo para completar el rompecabezas temporal y satisfacer esa sana curiosidad por conocer lo que sucederá sin darnos tanto detalle, pero sí gran esperanza. Ciertamente no conocemos las menudencias de la escatología ni podemos establecer doctrinas de los supuestos o interpretaciones del apocalipsis del mundo en las líneas de lo escrito por Juan el apóstol, que aunque divinamente inspirado, no nos ofrece tantas explicaciones; sin embargo, nos deleita conocer las marcas más evidentes del camino.

La inspiración de las Escrituras

I

Las Escrituras, tanto el Antiguo como el Nuevo Testamento son nuestra norma de fe y conducta. De fe, porque en ellos encontramos lo que creemos; y de conducta porque en ellas encontramos cómo conducirnos. Todas las Escrituras tienen la misma autoridad, pues son inspiradas por Dios, nos dice el Espíritu Santo por Pablo: "Toda la Escritura es inspirada por Dios, y útil para enseñar, para redargüir, para corregir, para instruir en justicia, [17] a fin de que el hombre de Dios sea perfecto, enteramente preparado para toda buena obra" (2 Ti. 3:16-17).

1. A. El centro de las Escrituras es Cristo

Las Escrituras por sí solas no son el medio de salvación, pues sólo por medio de Jesucristo podemos ser salvos (Jn. 14:6), sin embargo, las Escrituras dan testimonio de Él (Jn. 5:39). Por lo tanto, el centro de las Escrituras es Cristo mismo.

Todas las Escrituras deben verse a través de Cristo. El Antiguo Testamento nos guía a Cristo, nos profetiza de Cristo, nos da evidencias del trato de Dios con la humanidad para guiarnos a Cristo, nos presentan figuras de Cristo, nos revelan al Señor Jesús de diversas maneras en cada libro. El Génesis nos presenta a Cristo en la creación, en la pluralidad de Génesis 1:26, en la simiente de la mujer de Génesis 3:15, en el "descendamos" de Génesis 11:7; en Adán, el primer hombre, Cristo el postrer Adán (1 Cor. 15:45); Abel, figura de Cristo, presentando el primer cordero en sacrificio;

Abraham y su simiente, en quien serían benditas todas las naciones de la tierra; en Melquisedec, etc.

Éxodo con el cordero pascual; Levítico: Cristo nuestro sumo sacerdote (Heb. 7:11-17); Números: la serpiente de bronce (Núm. 21:9; Jn. 3:14); Deuteronomio, el profeta de entre los hijos de Israel (Dt. 18:18; Hch. 3:22; 7:37); Josué, tipo de Cristo (Josué es Jesús en hebreo), quien nos introduce a la tierra prometida.

En el libro de Jueces el pueblo nunca pudo permanecer en libertad con un solo salvador y nos lleva a Cristo, el Salvador que es poderoso para mantener nuestra libertad. El Ángel de Jehová se revela a Manoa, una teofanía en el libro de Jueces (Jue. 13:20). El pariente redentor, Cristo redentor de la iglesia (libro de Rut). La vida de David, tipo de Cristo, se describe en 1 y 2 de Samuel. Los reyes: Cristo es el rey de Reyes, en la línea de David (1 y 2 Reyes; 1 y 2 Crónicas). Esdras, sombra del máximo maestro Jesús de Nazaret; Nehemías, el líder constructor en medio de gran oposición, Cristo, el fundamento de la iglesia (Ef. 2:20), cuyas fuerzas del hades jamás le podrán vencer (Mt. 16:18). Ester, la princesa salvadora, Cristo el Príncipe y Salvador (Hch. 5:31). Job profetizó de Cristo: "Yo sé que mi Redentor vive" (Job 19:25). Los salmos contienen muchas referencias a Cristo, p. ej. los salmos 2, 16, 22, 34, 41, 69, 110, 118, etc. Los Proverbios señalan a Cristo en el capítulo 8. En Eclesiastés el hombre busca en vano satisfacción en las cosas de este mundo, tan sólo Cristo satisface el alma (Jn. 4:13-14). Cantares presenta la relación del rey con la sunamita, tipo de Cristo y su iglesia. En el libro de Isaías vemos muchas referencias a Cristo, pero sobresalen Isaías 53 e Isaías 7:14, también es uno de los libros más citados por el Señor.

Jeremías profetiza de Cristo: "He aquí vienen días, dice Jehová, en que levantaré a David, renuevo justo, y reinará como Rey, el cual será dichoso, y hará juicio y justicia en la tierra. [6] En sus días será salvo Judá e Israel habitará confiado; y este será su nombre con el cual le llamarán: Jehová justicia nuestra" (Jer. 23:5-6). En Lamentaciones vemos a Cristo, cuyo nombre es Fiel y Verdadero (Apo. 19:11) dándonos su misericordia cada mañana (Lam. 3:23) y enjugando toda lágrima (Apo. 7:17). Ezequiel vio a Jesús sentado en su trono de gloria (Ez. 1:26-27) y presenta a Jesús como el buen pastor (Ez. 34:11-31; Jn. 10:11). Daniel profetiza sobre la venida de Cristo en Daniel 9:25. Oseas habla de Él en Oseas 11:1 (ver Mt. 2:15). Joel profetiza de la salvación que Dios enviaría por Cristo: "Y todo aquel que invocare el nombre de Jehová será salvo" (Jl. 2:32; Hch. 2:21; Rom. 10:13).

El Señor nos dice por Amós: "buscadme y viviréis" (Am. 5:4) y todo aquel que escucha la voz de Cristo vivirá (Jn. 5:25); en Abdías vemos el reino final de Cristo Jesús (Ab. 1:21); Jonás sirvió de señal para la resurrección de Cristo al tercer día (Mt. 12:39; 16:4). Miqueas profetizó la ciudad en donde Cristo Jesús nacería: Belén de Judea (Miq. 5:2; Mt. 2:1). Nahúm profetiza del "que trae buenas nuevas, del que anuncia la paz" (Nah. 1:15).

En el libro de Habacuc vemos a Jesús como la fortaleza que nos hace pies como de siervas y en las alturas nos hace andar (Hab. 3:19); le vemos como quien salió para socorrer a su pueblo (Hab. 3:13). Sofonías habla de Jesús como el sacrificio que Jehová ha preparado (Sof. 1:7). Hageo describe al Señor Jesús como el deseado de las naciones (Hag. 2:7); Zacarías habla de Jesús cuando dice: "Y dijo Jehová a Satanás: Jehová te reprenda oh Satanás" (Zac. 3:2); habla de Cristo cuando dice: "He aquí el varón cuyo nombre es el Renuevo..." (Zac. 6:12-13); habla de Cristo como el Rey que iría montado en un pollino, hijo de asna (Zac. 9:9). Zacarías también profetiza la cantidad de dinero por la que Cristo sería vendido (Zac. 11:12) y también profetiza de Cristo cuando dice: "Y derramaré sobre la casa de David, y sobre los moradores de Jerusalén, espíritu de gracia y de oración; y mirarán a mí, a quien traspasaron, y llorarán como se llora por hijo unigénito, afligiéndose por él como quien se aflige por el primogénito" (Zac. 12:10).

Malaquías es el último libro de los 39 que componen el Antiguo Testamento y profetiza de Cristo como el Sol de justicia que en sus alas traería salvación (Mal. 4:2).

Estos son tan sólo algunos ejemplos de las miles de citas que podemos encontrar a lo largo y ancho del Antiguo Testamento que hablan de nuestro Señor Jesucristo. Y cada mensaje debe estar pasado por el tamiz de su persona. Por ello, Lucas testifica en cuanto a la conversación que Jesús sostuvo con dos de sus discípulos en el camino a Emaús: "Y comenzando desde Moisés, y siguiendo por todos los profetas, les declaraba lo que de Él decían" (Lc. 24:27).

1. B. Los tratos de Dios con el hombre

Sin lugar a dudas quiso Dios tener comunión con el hombre. No fue Aquel que dejando a su creación a su suerte, les dejó alimento para pasar la noche. Él creó al hombre para su deleite y comunión. Quiso ser su Dios, reconocido, adorado pero también cercano. Vemos por tanto este anhelo de comunión desde el Génesis, cuando acudía Dios mismo para hablar con el hombre (Gn. 3:8). Estas fueron entonces las más primitivas oraciones.

Sin embargo, el trato de Dios con el ser humano no siempre ha sido el mismo. Aunque cada ser humano tiene una conciencia que le dicta el bien y el mal, el hombre nunca, antes de Cristo, pudo entender plenamente a Dios. Y aunque ninguno, estando sobre esta tierra pudo jamás decir —ni en el futuro podrá— que sabe lo suficiente de Dios, de Cristo leemos: "A Dios nadie le vio jamás; el unigénito Hijo, que está en el seno del Padre, él le ha dado a conocer" (Jn. 1:18). Por lo tanto, Cristo nos dio a conocer al Padre y abrió el universo del máximo conocimiento de Dios que el ser humano puede alcanzar aquí. Por esto el autor del libro de Hebreos escribe, hablando del enorme avance en el conocimiento de Dios con Cristo, en su papel de sumo sacerdote: "Y ninguno enseñará a su prójimo, Ni ninguno enseñará a su hermano diciendo: Conoce al Señor; Porque todos me conocerán, Desde el menor hasta el mayor de ellos" (Heb. 8:11, ver Jer. 31:34).

Un niño de cinco años puede saber hoy más de Dios comparado con algún anciano en tiempos pasados antes del Señor Jesús.

Dios se ha revelado de cuando en cuando al hombre antiguo y vemos que su revelación fue particularizada a algunos. A una línea bien marcada. Primero con Adán, luego con Set y su descendencia, luego con Enós, Cainán, Mahalaleel, Jared, Enoc, Matusalén, Lamec y Noé.

Los tratos de Dios con la generación antediluviana fueron quizá breves, inadvertidos, fugaces. No vemos indicio de que Dios dirigiera alguna palabra a alguno de ellos; y con el primero que observamos que Dios habla, después de con Caín, cientos de años después, fue con Noé.

Con Noé inicia un nuevo trato de Dios con el ser humano. Noé marca una nueva generación, un nuevo linaje. Éste fue el primero con quien Dios hiciera un pacto expresamente, y a éste Dios le dice: "Más estableceré mi pacto contigo," (Gn. 6:18). Pero luego, al trascurso del tiempo, llega un pacto aún más poderoso, el que Dios hizo con Abraham.

Dios hace algunos pactos más con unos pocos hombres en un gran período de tiempo, hasta que lo hace con toda una nación, con Israel y dice: "Escribe tú estas palabras; porque conforme a estas palabras he hecho pacto contigo y con Israel" (Éx. 34:27).

Los tratos que Dios ha tenido con la humanidad han sido distintos. Dios les ordenó a Adán y Eva que poblaran la tierra, que la gobernaran, que tuvieran dominio sobre los animales, que cuidaran del Jardín del Edén, y que no comieran del fruto del árbol de la ciencia del bien y del mal. A Noé tan sólo le ordenó hacer el arca y le dio instrucciones a lo largo del proceso del diluvio y luego de poner de nuevo su pie en tierra firme. A Abraham le llama su amigo y le establece como un hito de fe.

Dios tuvo un trato distinto con Abraham y las órdenes que Él dio al patriarca no fueron las mismas para otros de sus siervos. Por todo esto que estamos diciendo, las Escrituras siempre deben seguirse bajo la iluminación que da Cristo Jesús en el Nuevo Testamento.

Lo que hizo David no es doctrina para nosotros, pero sí lo que hizo Cristo. Lo que hizo Daniel no es doctrina para nosotros, pero si lo que hizo Cristo Jesús. Las enseñanzas de Pablo dejan atrás las enseñanzas de la ley de Moisés. Sin embargo, podemos tomar principios de todos los pasajes de las Escrituras acerca del trato de Dios con el hombre y vemos que mucha de la doctrina nuestra, contenida en el Nuevo Testamento, está basada en el Antiguo Testamento, por ello nos dice Efesios 2:20: "edificados sobre el fundamento de los apóstoles y profetas, siendo la principal piedra del ángulo Jesucristo mismo".

Del Antiguo Testamento tomamos gran inspiración de las acciones de los hombres piadosos, tomamos advertencia de sus errores como también dice: "más estas cosas sucedieron como ejemplos para nosotros, para que no codiciemos cosas malas, como ellos codiciaron. 7 Ni seáis idólatras, como algunos de ellos, según está escrito: Se sentó el pueblo a comer y a beber, y se levantó a jugar" (1 Cor. 10:6-7). Del Antiguo Testamento tomamos los principios universales del bien y el mal, de la justicia, de la sabiduría, del significado del amor de Dios, etc.

Por medio del Antiguo Testamento Dios nos habla, nos exhorta a continuar, nos corrige y nos revela su voluntad. Sin embargo, tenemos que siempre tener presente que el Antiguo Testamento se debe leer entendiendo que estamos bajo la gracia, la era del Espíritu Santo. Siempre teniendo en cuenta los beneficios de la cruz, de la resurrección y del advenimiento del Espíritu Santo. Es por eso que Jesús dijo: "De cierto os digo: Entre los que nacen de mujer no se ha levantado otro mayor que Juan el Bautista; pero el más pequeño en el reino de los cielos, mayor es que él" (Mt. 11:11).

1. C. El carácter y atributos de Dios

Sabido es que los atributos de Dios se revelan a través de las Escrituras. Su naturaleza esencial, hasta donde logramos entender que esto sea lo esencial, se revela en el Libro Sagrado. Su carácter, llámese así el conjunto de cualidades que distinguen a este Ser tan indescriptible y misterioso, están ahí.

Desde la antigüedad, el ser humano ha querido conocer y entender a ese Ser infinito que sabe existe. Le ha representado de mil y una maneras. A través de símbolos en la naturaleza o bien lo creado por sus propias manos, producto de su imaginación. En todas las civilizaciones a través de los siglos, el ser humano ha querido saber, cómo y en qué consiste ese Ser supremo. Es por ello que en todas las culturas existe una palabra que define al Jefe máximo de todo el universo y aunque pueda haber también un número indeterminado de divinidades, existe, por norma general uno que supera a todos: Dios.

A través de las Escrituras nosotros podemos conocer los atributos y carácter de Dios. Nos maravilla conocer algo de ese ser totalmente excelso que habita en lo escarpado de los cielos.

En su naturaleza encontramos que Él es todopoderoso (Apo. 19:6), que todo lo sabe (Rom. 11:33), que puede estar en todo lugar (Sal. 139:7-12). Él trasciende el tiempo, por ello es llamado Alfa y Omega (Apo. 1:8), es eterno (Gn. 21:33), sin principio ni fin de días (Heb. 7:3). Él es invisible (1 Ti. 6:16), insondable (2 Cr. 6:18), Él es espíritu (Jn. 4:24), inmutable (Mal. 3:6-7), infinita e indescriptiblemente bello (Sal. 27:4), Dios es uno (Dt. 6:4), incomprensible (Is. 55:9) etc.

De su carácter en las Escrituras encontramos: Él es infinitamente sabio (Rom. 16:27), es Dios de paz (1 Ts. 5:23), Él es amor (1 Jn. 4:8), Él es santo (Sal. 22:3), absolutamente veraz (Tit. 1:2), grande en misericordia (Neh. 9:30-31). Él es bueno (Sal. 107:1), nuestro Dios es justicia (Nah. 1:3, Éx. 34:6-7), juez de toda la tierra (Gn. 18:25). Él también es ira (Rom. 1:18; Heb. 12:29), celoso (Éx. 34:14), generoso sin comparativo (Mt. 7:11; Sal. 65:9-13), incomprensible (Rom. 11:33-34), misterioso (1 Cor. 4:14; Dt. 29:29), impredecible (Jn. 3:8), vengador (Rom. 12:19), condenador (1 Cor. 11:32), etc.

De las Escrituras, tanto el Antiguo como el Nuevo Testamento, aprendemos acerca de nuestro Dios, Aquel que nos creó, nos sustenta, nos alimenta, nos perdona, nos salva, y nos juzga. Aprendemos los conceptos correctos acerca de su naturaleza, sus atributos y carácter.

1. D. La soberanía de Dios

Por soberanía entendemos que Dios hace las cosas como quiere, a su manera; que Él es omnímodo en su forma de proceder.

De las Escrituras aprendemos que Dios es soberano en sus juicios, soberano en las leyes y en cuanto a los decretos que ha establecido; soberano en la mutación de los tiempos, en sus operaciones; soberano en su llamamiento, en su elección, en la repartición de sus dones, en la forma de hacer milagros, etc.

A través de las Escrituras aprendemos que Dios no puede negarse a sí mismo (2 Ti. 2:13), que sus decretos son firmes y que Él jamás pasará sobre ellos. Por ejemplo: Él ha dicho que su voluntad es que todos los hombres sean salvos (1 Ti. 2:4), por lo tanto no podemos decir que porque Él es soberano, en ocasiones quiere salvar y en otras no. Cuando escudriñamos las Escrituras encontraremos la voluntad de Dios y en donde Dios se muestra soberano y donde no. Puesto que Dios no miente, Él no trasgredirá los tiempos y sazones que Él ha puesto en su sola potestad (Hch. 1:7).

Algunos maestros sedicentes confunden el concepto de la soberanía de Dios atribuyendo culpabilidad a Dios acerca de cosas que son producto o de ignorancia, negligencia, o de falta de fe. Para ello, las Escrituras nos ayudan a poner todas las cosas en su orden debido. Debemos entender que su soberanía operó cuando Él, por su sola voluntad lanzó sus decretos. Él quiso, por ejemplo, que la salvación fuera para todos los seres humanos, pero que fuera por los judíos (Jn. 4:22); Él quiso que se diera por abolida la ley de Moisés para dar paso a la ley de Cristo (2 Cor. 3:13; Ef. 2:15). De igual manera el Señor quiso designar a Jesús de Nazaret como el Salvador y Juez de toda la tierra (Hch. 17:31), etc. Y esto lo hizo en su soberanía antes de la fundación del mundo. Ahora la soberanía de Dios actúa en algunos ámbitos, más no en todos.

Por otro lado no podemos creer aquello que Dios *no* ha dicho o decretado como soberano Rey. Tenemos que tener cuidado en poner todas las cosas en su lugar correcto y para ello usar las Escrituras con destreza.

1. E. Las Escrituras nos informan de lo que es pecado

Dios quiso poner en nosotros una conciencia, que es de alguna manera, una brújula moral. Aquellos que no tuvieron acceso a las palabras de Dios serán juzgados de acuerdo a esta conciencia (Rom. 2:12-14). Sin embargo, hoy podemos decir que la mayoría de los seres humanos tenemos acceso a una Biblia en nuestro idioma. En la Biblia nosotros podemos entender lo que es pecado delante de Dios.

En el Antiguo Testamento, vemos que Dios estableció para los israelitas la ley de Moisés en donde se incluían los diez mandamientos como las leyes morales supremas de Dios. Sin embargo, hoy, estando ya bajo la gracia, para aquel que ha nacido de nuevo y vive en Cristo, le es fácil cumplir los diez mandamientos y aún es capaz de cumplir la ley de Cristo, expresada mayormente en el sermón del monte. Cristo estableció qué era lo más importante de la ley de Moisés: "La justicia, la misericordia y la fe" (Mt. 23:23) y resumió toda la ley de Moisés en dos mandamientos: amar a Dios con todo el corazón y al prójimo como a nosotros mismos (Lc. 10:25-28; Gál. 5:14; Stg. 2:8).

Existen varias listas en el Nuevo Testamento que nos ayudan a entender lo que la palabra 'pecado' significa y estas se encuentran en pasajes tales como: Gál. 5:19-21; 1 Cor. 6:9-10; 2 Cor. 12:20; 1 Ti. 1:9-10; 1 Ti. 6:4; Tit. 3:3; 1 P. 2:1; Apo. 21:8; y Apo. 22:15. En estos pasajes bíblicos el Espíritu Santo no deja lugar a dudas acerca de cuáles son las acciones, actitudes, pensamientos y decisiones humanas que Él reprueba.

De todo ello, quedan entonces las cosas que no están incluidas en estas listas. El Señor Jesús nos habló de lo que está dentro del corazón del hombre, cosas que lo contaminan, que le hacen impuro e inmundo, entendiendo por lo que dice Apocalipsis 21:27, que ninguna persona que practica el pecado podrá ser un ciudadano de la nueva Jerusalén, Cristo nos dice: "Porque del corazón salen los malos pensamientos, los homicidios, los adulterios, las fornicaciones, los hurtos, los falsos testimonios, las blasfemias" (Mt. 15:18-19).

Cristo nos habla de lo que está en el corazón, de las actitudes pecaminosas. Por tanto, las Escrituras nos ayudan a comprender la naturaleza del pecado. Nos ayudan a entender lo que Dios espera de nosotros, pero también a observar cómo es que el Espíritu Santo nos aleja de todo aquello que le desagrada. En otra sección estaremos viendo de nuevo el asunto del pecado, por ahora basta con decir que las Escrituras nos ayudan a manifestar una conducta, a lo que se le llama la *conducta cristiana*.

Por supuesto hay también cosas que no son pecados en sí, pero que nos alejan de Dios también. Son cosas lícitas, pero no convenientes (1 Cor. 10:23). Son cosas que son instrumentos que el diablo usa para tentar o para ponernos en una situación propicia para el pecado. Estas cosas también, en la medida de lo posible evitamos, y así procuramos una vida más abundante y poderosa.

En las Escrituras también podemos aprender aquello que Dios ordena que hagamos. No sólo de lo que hacemos, pero de lo que no hacemos. Desobedecer la orden del Señor se constituye en un pecado también, su orden fue: "Id por todo el mundo y predicad el evangelio a toda creatura" (Mc. 16:15). También nos dice: "Por tanto, id, y haced discípulos a todas las naciones, bautizándolos en el nombre del Padre, y del Hijo y del Espíritu Santo; [20] enseñándoles que guarden todas las cosas que os he mandado; y he aquí yo estoy con vosotros todos los días, hasta el fin del mundo. Amén" (Mt. 28:19-20). Todo cristiano coopera en la tarea de ganar a todo el mundo para Cristo.

1. F. Las Escrituras producen fe

Hablando del tema del pecado, nos dicen también las Escrituras: "Pero el que duda sobre lo que come, es condenado, porque no lo hace con fe; y todo lo que no proviene de fe, es pecado" (Rom. 14:23). Por esta razón las Escrituras nos ayudan a tener certeza. No cualquier cosa será pecado, sino solo aquello que agravia al Espíritu Santo, y que nosotros, a sabiendas de que no se debe hacer, de todos modos lo hacemos. Pero ¿cómo tenemos certeza del camino si no tenemos un mapa que nos lo indique? Las Escrituras son el mapa que nos lleva a la voluntad de Dios. Con las Escrituras renovamos nuestra mente y adquirimos fe.

Conocido por todos es ese versículo que dice: "Así es que la fe es por el oír, y el oír, por la palabra de Dios" (Rom. 10:17). Leer, memorizar, recitar, escudriñar, estudiar, y escuchar las Escrituras nos ayudará a crecer en fe.

La fe es el fundamento de la vida cristiana y sin ella es imposible agradar a Dios (Heb. 11:6). Todo cristiano vive por la fe (Rom. 1:17; Gál. 3:11), y ella dicta su proceder en el Señor. Y puesto que vivimos por fe cada día, nos dice: "Y cuando se siente en el trono de su reino, entonces escribirá para sí en un libro una copia de esta ley, del original que está al cuidado de los sacerdotes levitas; [19] y lo tendrá consigo, y leerá en él todos los días de su vida, para que aprenda a temer a Jehová su Dios, para guardar todas las palabras de esta ley y estos estatutos, para ponerlos por obra;" (Dt. 17:18-19). Cada uno de los redimidos, los perdonados, los que han entrado por la puerta que es Cristo, y habiéndose sentado en los lugares celestiales con Él, al haber nacido de nuevo y habiéndose convertido en rey y reina para Dios (Apo. 5:10), nos ordena traer con nosotros y leer cada día una copia de las Escrituras.

También las Escrituras producen esperanza, pues nos dice: "Porque las cosas que se escribieron antes, para nuestra enseñanza se escribieron, a fin de que por la paciencia y la consolación de las Escrituras tengamos esperanza" (Rom. 15:4).

Las Escrituras son lámpara (Sal. 119:105), fuego (Jer. 5:14), martillo (Jer. 23:29), semilla (Lc. 8:11; Is. 55:10-11), espada (Ef. 6:17), pan (Dt. 8:3 y Mt. 4:4), leche (1 P. 2:2), luz (Pr. 6:23). Son alimento para nuestra fe, esperanza y la demostración del amor que tenemos a Cristo (Jn. 14:15).

1. G. El estudio de las Escrituras

Todo cristiano debe dedicar tiempo diariamente para escudriñar las

Escrituras, pues ahí está contenida la sabiduría de Dios para el hombre. El apóstol Pablo dice a Timoteo: "y que desde la niñez has sabido las Sagradas Escrituras, las cuales te pueden hacer sabio para la salvación que es en Cristo Jesús" (2 Ti. 3:15). La salvación es a través de Cristo y las Escrituras nos marcan el camino hacia Él. Nos es muy bueno aprenderlas desde temprana edad, pues ellas nos dan la sabiduría de Dios para entender lo perteneciente a su reino.

Así también lo dijo Jesús: "Por eso todo escriba docto en el reino de los cielos es semejante a un padre de familia, que saca de su tesoro cosas nuevas y cosas viejas" (Mt. 13:52). El conocimiento de las Escrituras es indispensable para guiar a una persona a Cristo, para que sea salva. No es necesario conocer todos los versículos que hablan del Señor para ayudar a una persona a entrar por la Puerta que es Jesús, pero algunos como Is. 53:1-5; Jn. 14:6; Rom. 3:23; Rom. 6:23; Rom. 5:8; Rom. 10:9, 10; Apo. 3:20, etc., son claves. El hombre o mujer docto en el reino de Dios es docto en las Escrituras y saca del Antiguo Testamento (cosas viejas) y del Nuevo Testamento (cosas nuevas) para enseñar el camino de salvación a gente de todas las edades.

A medida que nos vamos adentrando en el conocimiento de las Escrituras nos vamos dando cuenta de los pasajes más importantes que debemos de saber de memoria. Hay otros pasajes que parecen no tener un contenido muy útil. Hay libros enteros en el Antiguo Testamento que inclusive no son mencionados en el Nuevo, sin embargo, no por ello pierden su valor como registros bíblicos e inspiración de Dios.

La correcta interpretación de la Biblia, de todas las doctrinas, parte del Nuevo Testamento y luego es confirmada por el Antiguo Testamento. Aquellas partes del Antiguo Testamento que no tengan un respaldo bíblico en el Nuevo Testamento no deberíamos de prestarles tanta atención pues no son parte de la enseñanza que nos ayuda en el camino a la vida eterna. Sin embargo, en el Antiguo Testamento tenemos *principios* de Dios que nos es bueno seguir.

Por otro lado, existen algunos versículos en el Nuevo Testamento que son difíciles de entender y que dan lugar a interpretaciones particulares. A estos pasajes, que son pocos —a reserva de los contenidos en el Apocalipsis— no debemos prestar tampoco gran atención, pues sabemos que el Espíritu Santo siempre confirma varias veces aquello que desea dejar bien claro en nuestras mentes y corazones.

Por último el tema de las versiones de la Biblia es un tema complejo que no se trata en este libro. Bástenos decir por ahora que se recomienda la versión Reina Valera 1960 y su texto en hebreo *(Texto Masorético)* y griego *(Textus Receptus)* subyacente como base para todos nuestros análisis. De igual manera, en algunas ocasiones podemos recurrir a la Septuaginta (Antiguo Testamento en griego, siglo III a. C.) para alguna explicación de algunos versículos bíblicos.

EL ÚNICO DIOS VERDADERO

II

Dios, ese ser lleno de misterio y perfección se ha revelado al ser humano. Así lo quiso Él, de la forma que quiso y cuando quiso. En tiempos antiguos se reveló por los profetas, pero luego, en los postreros días, por el Hijo, heredero de todo y Creador del universo (Heb. 1:1-2). El Hijo prometió enviarnos al Espíritu Santo (Jn. 16:7), pero dijo que Éste también procede del Padre (Jn. 14:26). Por tanto Dios se revela al ser humano en tres personas. Por ello hablamos de una trinidad, la deidad expresa en tres personas: el Padre, el Hijo y el Espíritu Santo, pero estas tres personas es un solo Dios, "Oye, Israel: Jehová nuestro Dios, Jehová uno es" (Dt. 6:4).

2. A. El plural de Dios

Vemos a un Dios plural en el texto hebreo de Génesis 1:26, "Hagamos al hombre a nuestra imagen, conforme a nuestra semejanza;". Luego, Él vuelve hablar en plural cuando dice: "He aquí el hombre es como uno de nosotros" (Gn. 3:22). En la construcción de la torre de Babel, de nuevo dice: "Ahora, pues, descendamos, y confundamos allí su lengua" (Gn. 11:7). Isaías 6:8 registra otro de este género de versículos, pues dice: "Después oí la voz del Señor, que decía: ¿A quién enviaré, y quién irá por nosotros?" En estos pasajes, es Dios hablando en plural, las tres personas hablando entre sí. De igual manera, uno de los nombres de Dios, *Elohim*, que se menciona más de 2,500 ocasiones en el Antiguo Testamento, aparece en el hebreo en su forma plural.

El pasaje de Salmos 110:1, es el pasaje más referenciado en el Nuevo Testamento y dice: "Jehová dijo a mi Señor", se refiere al Padre y al Hijo. Algo similar ocurre en Zacarías 3:2 cuando la Biblia dice: "Y dijo Jehová a Satanás: Jehová te reprenda, oh Satanás".

Las tres personas podrán notarse desde el inicio mismo, cuando Dios encaminó la reconstrucción de todo. En algún tiempo dentro del círculo infinito Dios creó los cielos y la tierra. Luego, en el segundo verso dice: "y el Espíritu de Dios se movía sobre la faz [superficie] de las aguas" (Gn. 1:2). Finalmente en el versículo tres Dios irrumpe y dice: "¡Sea la luz!", luego Juan, dándose cuenta del paralelo escribe: "Aquella luz verdadera, que alumbra a todo hombre, venía a este mundo" (Jn. 1:9). Y Jesús dijo: "Yo soy la luz del mundo; el que me sigue, no andará en tinieblas, sino que tendrá la luz de la vida" (Jn. 8:12).

2. B. La trinidad en el Nuevo Testamento

Se menciona a las tres personas pertenecientes a la Deidad adorable en Mateo 3:16-17, cuando Jesús fue bautizado; así también la formula bautismal es en el nombre del Padre, del Hijo y del Espíritu Santo (Mt. 28:19).

Aparecen las tres personas cuando Jesús habla del envío del Espíritu Santo: "Y yo rogaré al Padre, y os dará otro Consolador, para que esté con vosotros para siempre: [17] el Espíritu de verdad". (Jn. 14:16, 17).

Pedro hace distinción de las tres personas de la trinidad cuando dice: "elegidos según la presciencia de Dios Padre en santificación del Espíritu, para obedecer y ser rociados con la sangre de Jesucristo:" (1 P. 1:2). Pablo relaciona las tres personas de la trinidad cuando dice: "Y por cuanto sois hijos, Dios envió a vuestros corazones el Espíritu de su Hijo, el cual clama: ¡Abba, Padre!" (Gál. 4:6).

Las tres personas están implicadas en el acceso que tenemos a Dios, de esta forma dice Pablo: "porque por medio de él los unos y los otros tenemos entrada por un mismo Espíritu al Padre" (Ef. 2:18). Pablo también nos dice al final de su carta a los corintios:

"La gracia del Señor Jesucristo, el amor de Dios, y la comunión del Espíritu Santo sean con todos vosotros. Amén" (2 Cor. 13:14).

2. C. Dios es uno

De igual manera, la Biblia afirma que Dios es uno. No son tres dioses, sino un sólo Dios en tres personas. 2 Samuel 7:22 dice: "por cuanto no hay como tú, ni hay Dios fuera de ti,". Salmos 86:10 "Porque tú eres grande, y hacedor de maravillas; sólo tú eres Dios." Isaías 43:10-11 nos dice: "Vosotros sois mis testigos, dice Jehová, y mi siervo que yo escogí, para que conozcáis, y creáis, y entendáis que yo mismo soy; antes de mí no fue formado dios, ni lo será después de mí. [11] Yo, yo Jehová, y fuera de mí no hay quien salve".

En el Nuevo Testamento también nos dice que Dios es uno. Dice Jesús, recitando el pasaje de Deuteronomio, "Oye, Israel; el Señor nuestro Dios, el Señor uno es" (Mc. 12:29). Romanos 3:30 dice: "Porque Dios es uno,". Vuelve a decir Pablo, "Y el mediador no lo es de uno solo; pero Dios es uno" (Gál. 3:20). Luego Santiago afirma: "Tú crees que Dios es uno; bien haces" (Stg. 2:19).

2. D. El término "trinidad"

Hay términos teológicos que no están mencionados en las Escrituras, y son simplemente palabras que nos sirven para identificar rápidamente conceptos. Una de estas palabras es la palabra "trinidad". La palabra trinidad expresa lo que se distingue en las Escrituras acerca de un Dios trino en distinción de los muchos dioses y muchos señores que hay en el mundo (1 Cor. 8:5-6).

Aunque la Biblia menciona contundentemente la doctrina de la trinidad, no nos es revelado cuál exactamente es la naturaleza distintiva de cada una de las personas en cuanto a forma. Por ello, hay quienes hablan de funciones específicas para cada persona, sin embargo, aún esto no se puede demostrar bien al hacer un análisis profundo. Por ejemplo ¿Quién resucitó a Jesús? Hechos 4:10 dice: "sea notorio a todos vosotros, y a todo el pueblo de Israel, que en el nombre de Jesucristo de Nazaret, ... a quien <u>Dios</u> resucitó de los muertos". Luego dice Romanos 8:11 "Y si el <u>Espíritu</u> de aquel que levantó de los muertos a Jesús mora en vosotros". Otro pasaje de estos nos dice: "Pablo, apóstol (no de hombres ni por hombre, sino por Jesucristo y por Dios el <u>Padre</u> que lo resucitó de los muertos" (Gal. 1:1). En estos tres versículos tomados como ejemplo, podemos distinguir que tanto Dios el Padre, como el Espíritu Santo y aún el Hijo mismo como Dios resucitaron el cuerpo de Jesús de Nazaret (el Hijo de Dios).

La relación y función específica entre las tres personas es un misterio en muchos pasajes de las Escrituras y muchas veces se habla de los tres haciendo la misma cosa, es decir, cooperando en unidad perfecta. Por ejemplo, se habla del Padre como creador a través de Cristo (Col. 1:16); luego del Hijo como creador (Jn. 1:1-3), y también se identifica al Espíritu Santo como creador. En el Salmo 104:30 dice: "Envías tu Espíritu, son creados", y en Job 33:4 también dice: "El espíritu de Dios me hizo, y el soplo del Omnipotente me dio vida".

En la encarnación de Cristo nos dice la Biblia: "Respondiendo el ángel, le dijo: El Espíritu Santo vendrá sobre ti, y el poder del Altísimo te cubrirá con su sombra; por lo cual también el Santo Ser que nacerá, será llamado Hijo de Dios" (Lc. 1:35). Sabemos por tanto que las tres personas de la trinidad están implicadas en la encarnación de Cristo, pero es imposible dilucidar la manera que éstas están manifiestas. Otro ejemplo es este: se habla del Espíritu Santo como santificador en 1 Corintios 6:11 y Romanos 15:16; se implica al Padre como el santificador en Hebreos 2:11, y luego dice: "Por lo cual también Jesús, para santificar al pueblo mediante su propia sangre, padeció fuera de la puerta" (Heb. 13:12), es decir, Jesús también es santificador, pues nos santificó con su sangre.

Los ejemplos anteriores revelan que la naturaleza de Dios, aunque se nos muestran algunos destellos en las Sagradas Escrituras, sigue siendo inescrutable e incomprensible para la mente humana. Por ello nos dijo el apóstol Pablo: "¡Oh profundidad de las riquezas de la sabiduría y de la ciencia de Dios! ¡Cuán insondables son sus juicios, e inescrutables sus caminos!" (Rom. 11:33).

Con todo, es natural que se identifique al Padre como Aquel que nos amó y envió a Jesús (Jn. 3:16), quien es nuestro Salvador (Mt. 1:21; Ef. 5:23, etc.) y al Espíritu Santo como aquel que nos mantiene en el amor de Dios (Rom. 5:5). Más adelante veremos más detalles acerca de las funciones del Espíritu Santo descritas en las Escrituras.

Único Ser, pero también 2. E. manifiesto en tres personas

Aunque Dios es único, es incomprensible e insondable y la comprensión de la trinidad está fuera del alcance del entendimiento humano, sin embargo, existe lo que puede decirse que constituye únicamente al Padre y no al Hijo ni al Espíritu Santo; aquello constitutivo del Hijo y es propio de Él y no del Padre ni del Espíritu Santo; y lo que es propio del Espíritu Santo y no del Hijo ni del Padre.

El Hijo procede del Padre (Jn. 5:37; Jn. 6:39, etc.), aunque fue engendrado en el eterno hoy de Dios (Sal. 2:7) y el Espíritu Santo procede del Padre y del Hijo (Jn. 16:7; Jn. 14:26).

Cuando se habla de la trinidad, se habla de la comunión entre el Padre, el Hijo y el Espíritu Santo. Si Dios es amor (1 Jn. 4:8), y es eterno (Sal. 90:2, 4), ¿quién fue eternamente el objeto del amor del Padre? De otra manera no puede haber amor eterno. La Biblia nos dice: "A Dios nadie le vio jamás; el unigénito Hijo, que está en el seno del Padre, él le ha dado a conocer" (Jn. 1:18). Cristo ha estado en el seno del Padre por toda la eternidad.

El Padre, el Hijo y el Espíritu Santo están intrincadamente unidos, son tres personas pero no son independientes ni separados; son un solo Dios, pero trabajan en cooperación perfecta. El Hijo fue engendrado por el Padre (Sal. 2:7), éste le ama (Jn. 5:20) y pertenece a su misma naturaleza esencial (Jn. 5:18). El Hijo coopera en perfecta harmonía con el Padre (Jn. 5:17; 8:17-18).

Aquel está bajo su autoridad (Jn. 5:30), pero toda la creación adora al Padre como adora al Hijo (Jn. 5:21-23) y están idénticamente bajo la autoridad del Hijo como bajo la autoridad del Padre. El Espíritu Santo toma lo que oye del Padre y del Hijo (Jn. 16:13) y glorifica al Hijo (Jn. 16:14).

2. F. Titulo "Señor Jesucristo" y su naturaleza

Cuando nos referimos al título "Señor Jesucristo", único en las Escrituras, nos referimos exclusivamente al Hijo de Dios. Jamás se utiliza este título para el Padre o para el Espíritu Santo, haciendo así una distinción exclusiva, según de ello lo atestiguan pasajes tales como: Hechos 11:17; 15:26; 16:31; 20:21; 28:31; Romanos 1:3, 7; 5:1, 21; 13:14; 15:6; 1 Corintios 1:2, 3, 7; 5:4, etc.

Cristo tuvo, antes de ser encarnado, únicamente la naturaleza divina. Sin embargo, habiendo profecías del nacimiento del Mesías, y que éste sería llamado Admirable, Consejero, Dios fuerte, Padre Eterno, Príncipe de Paz, el Señor, al nacer en un cuerpo humano, como lo dice Hebreos 10:5, "más me preparaste cuerpo" [recitando Salmos 40:6, ver la Septuaginta], adquirió también la naturaleza humana. Por esta causa es que en los evangelios Él mismo se identifica como Hijo de Dios (Lc. 1:32; 22:70) e Hijo del Hombre (Mt. 9:6; Mc. 9:9). Él es por tanto 100% Dios (desde la eternidad, es decir, de carácter eternal) y 100% hombre desde el momento de nacer de una virgen y cuya historia es narrada por los evangelios de Mateo y Lucas (carácter temporal). Es por esto que también es llamado Emanuel, Dios con nosotros (Mt. 1:23).

El libro de Hebreos habla tanto del carácter divino de Jesucristo como de su humanidad. Cuando dice, por ejemplo, "sin padre, sin madre, sin genealogía; que ni tiene principio de días, ni fin de vida, sino hecho semejante al Hijo de Dios, permanece sacerdote para siempre" (Heb. 7:3), habla de su divinidad. Y cuando dice: "Y Cristo, en los días de su carne, ofreciendo ruegos y súplicas con gran clamor y lágrimas al que le podía librar de la muerte, fue oído a causa de su temor reverente" (Heb. 5:7), habla de su humanidad.

2. G. El título de Hijo de Dios es algo eterno

Ni Cristo adquirió el título de Hijo de Dios al nacer de una virgen y ser encarnado, ni tan sólo le fue otorgado para asociarlo con el siervo de Dios que lograría la redención sino que Él es realmente Dios hecho carne. Nos dice Juan: "Y aquel Verbo fue hecho carne, y habitó entre nosotros (y vimos su gloria, gloria como del unigénito del Padre), lleno de gracia y de verdad" (Jn. 1:14), y también: "Dios fue manifestado en carne, Justificado en el Espíritu, Visto de los ángeles, predicado a los gentiles, Creído en el mundo, Recibido arriba en gloria" (1 Ti. 3:16).

Así pues, puesto que el Hijo está eternamente unido al Padre y es de su misma naturaleza, y puesto que el Padre está asimismo eternamente unido al Hijo y es de su misma naturaleza (excepto en cuanto a su naturaleza humana), negar esta relación eterna o alguna de estas distinciones, es negar la naturaleza del Ser de Dios, es negar al Padre y al Hijo y es negar que Cristo ha venido en carne (Dios entre nosotros, Emanuel). Esto equivale a no tenerles (2 Jn. 1:9) y Juan le llama: "no permanecer en la doctrina de Cristo" [2 Jn. 1:9; ver también Jn. 1:18, 29, 49].

2. H. Jesucristo, exaltado como Señor

El Señor, habiendo efectuado la purificación de nuestros pecados (Heb. 1:3) con su sangre (Apo. 1:5), después que fue sepultado y de resucitar al tercer día conforme a las Escrituras (1 Cor. 15:4), se sentó a la diestra de Dios en la majestad de las alturas (Heb. 1:3; Hch. 7:55). Luego envió el Espíritu Santo (Hch. 2:33).

El Señor fue exaltado, por lo que dice Pablo: "Por lo cual Dios también le exaltó hasta lo sumo, y le dio un nombre que es sobre todo nombre, [10] para que en el nombre de Jesús se doble toda rodilla de los que están en los cielos, y en la tierra, y debajo de la tierra; [11] y toda lengua confiese que Jesucristo es el Señor para gloria de Dios Padre" (Fil. 2:9-11). Por lo tanto, nosotros confesamos que Jesucristo es el Señor y le honramos para la gloria del Padre. Cada vez que doblamos nuestras rodillas ante Cristo estamos dando gloria a Dios el Padre, puesto que Él fue quien le exaltó (ver. Rom. 14:11, Hch. 2:33).

Al Señor Jesús le están sujetos ángeles, autoridades y potestades (1 P. 3:22), pues también Él mismo dijo: "Toda potestad me es dada en el cielo y en la tierra" (Mt. 28:18), habiendo luego atestiguado sus discípulos acerca de esta exaltación diciendo: "... Dios le hizo Señor y Cristo" (Hch. 2:32-36).

2. I. Él mismo se sujetará...

El Hijo de Dios apareció para destruir las obras del diablo (1 Jn. 3:8) y recobrar la gloria que satanás había usurpado. El eterno plan de Dios se cumple en Cristo Jesús, cuando éste efectúa nuestra redención, es decir, nos compra otra vez y restaura y reconcilia nuestra relación con Dios (Rom. 5:10). Asimismo, Dios tuvo el plan de reconciliar todas las cosas en Cristo (Col. 1:20). Pues bien, el pasaje de 1 Corintios 15:24-28 nos habla del cumplimiento final de este plan divino. Hoy el plan de Dios no ha concluido, pues aún falta que Cristo reine en la tierra por mil años (Apo. 20:1-4) y ponga a todos sus enemigos bajo sus pies (1 Cor. 15:25-25). Luego será destruido el postrer enemigo, que es la muerte. La muerte es por tanto también un enemigo del cristiano y su cuerpo realmente ante Dios no muere sino duerme (Hch. 7:60; Hch. 13:36; 1 Cor. 15:18).

Cuando sea destruida la muerte, entonces se termina así el plan de Dios con respecto a la humanidad; y nos dice que el Hijo mismo se sujetará al Padre (1 Cor. 15:28). Esto quiere decir que todas las cosas serán tal como fueron antes de la creación del ser humano. El Hijo entonces le entrega todas las cosas que ganó al Padre, es decir, principalmente, la creación humana, como símbolo máximo de su victoria, y así, Él entonces, continúe bajo la autoridad que el Padre ha tenido eternamente sobre Él. Esto no habla de una inferioridad, sino del *orden* en la divinidad: el Hijo está sujeto al Padre. Dicho de otra manera, al final de los tiempos, el Rey de reyes y Señor de señores, Jesucristo, otorgará al Padre todo su reino para que su Padre sea todo en todos, aunque continúe siendo Dios —pues no puede ser de otra forma— y así el Hijo dé gloria al Padre.

Esta también el típico comportamiento de la divinidad: el Hijo glorifica al Padre (Jn. 17:4), el Padre glorifica al Hijo (Jn. 16:14) y el Espíritu Santo glorifica al Hijo (Jn. 16:14-15) así nosotros nos preocupamos por la gloria de nuestros hermanos (Fil. 2:3-4).

2. J. Igual honor al Hijo que al Padre

Todos los títulos de Dios se deben también al Hijo. Así, al decir, Padre Eterno y Dios Fuerte en relación al Padre (p. ej. Is. 10:21), también se dice de Cristo. Cuando se habla de Jehová como el Pastor (Sal. 23:1), Jesucristo dice, "Yo soy el buen Pastor" (Jn. 10:11). En Apocalipsis dice Cristo: "Yo soy el Alfa y Omega", es decir, el principio y causa de que las cosas existan, quien abre la puerta del tiempo y del espacio y quien asimismo la cierra. Éxodo 15:26 dice, "Yo soy Jehová tu sanador" y de Jesús Mateo 8:16 dice: "... y sanó a todos los enfermos". Todos los títulos y nombres de Dios son atribuidos a Cristo, por lo que Él recibe la misma honra que el Padre.

En Hebreos 1:6 dice: "Y otra vez, cuando introduce al Primogénito en el mundo, dice: Adórenle todos los ángeles de Dios", citando Salmos 97:7 (ver Septuaginta), claramente dando a entender que los ángeles dan la misma honra (adoración) al Hijo que al Padre.

La Biblia nos dice que el Padre ha dado todo el juicio al Hijo (Jn. 5:22-23), y de nuevo, sólo Dios es el "Juez de toda la tierra" (Gn. 18:25); también en Hechos 17:31 cuando Pablo predicaba a los atenienses en el areópago, les dice que Dios había establecido un día en el cual juzgaría con justicia, "por aquel varón a quien designó, dando fe a todos con haberle levantado de los muertos". En Apocalipsis 20:11-13, Juan describe lo que Pablo decía en Hechos 17:31, el día en que Jesucristo juzgará a todos los muertos, grandes y pequeños... y dice: "de pie ante Dios" (una vez más dando el mismo título de Dios a Jesucristo, el gran Juez).

LA DEIDAD DEL SEÑOR JESUCRISTO

Claramente, las Escrituras nos enseñan que Jesucristo es Dios. El Dios eterno existente, creador y sustentador de todas las cosas. Uno con el Padre y el Espíritu Santo, y en su eterna comunión.

Jesucristo es Dios hombre. Como Dios es el Hijo unigénito del Padre, en eterna comunión en la pre-existencia de todas las cosas en la atemporalidad y el que fue enviado al mundo para salvarnos de nuestros pecados (Jn. 1:14, 18; 3:16, 18; 1 Jn. 4:9). Como hombre, Jesucristo es:

1) el primogénito Hijo de María (Mt. 1:25; Lc. 2:7);

2) el primogénito de la nueva creación espiritual de Dios, es decir, todos nosotros (Rom. 8:29; Ef. 2:10; Heb. 1:6; 12:23);

3) el primogénito en la reconciliación de todas las cosas en el cielo y en la tierra (Rom. 11:15 ["reconciliación del mundo"]; Col. 1:20).

En este capítulo veremos algunas pruebas bíblicas en relación a la deidad del Señor Jesucristo.

 3. A. **Deidad en su nacimiento virginal**

Aunque el Texto Masorético utiliza la palabra <<*almah*>> *(heb. Virgen, mujer joven, en edad casadera)* la Septuaginta utiliza la misma palabra en griego de Mateo 1:23 <<*parthenos*>> que literalmente significa "virgen". Dios profetizó por medio de Isaías que la señal acerca del Mesías sería que Éste nacería de una virgen. El cumplimiento de esta señal también está registrado en Lucas 1:35 "Respondiendo el ángel, le dijo: El Espíritu Santo vendrá sobre ti, y el poder del Altísimo te cubrirá con su sombra; por lo cual también el Santo Ser que nacerá, será llamado Hijo de Dios".

La encarnación de Cristo es un misterio muy grande. Por esto dice Pablo: "E indiscutiblemente, grande es el misterio de la piedad: Dios fue manifestado en carne" (1 Ti. 3:16). No fue creado un hombre a la manera de Adán, no fue enviado un hombre creado en el cielo, no fue uno que naciera como los demás mortales, porque Éste sería llamado Hijo de Dios. Es imposible que un zigoto sea formado sin la intervención de las dos células sexuales de un hombre y una mujer, sin embargo, en este caso, Aquel que nacería sería el Santo Ser, el Hijo del bendito (Mc. 14:61), así, el milagro tuvo lugar. La virgen que fue María fue el vaso escogido utilizado por Dios para que naciera este Santo Ser, y aunque ella le tuvo en su vientre, Jesús mismo nunca le llamó madre (aunque algunos pasajes se refieren a ella como tal).

3. B. La vida sin pecado de Cristo

El Señor Jesucristo fue tentado en todo, según nuestra semejanza, pero sin pecado (Heb. 4:15; Is. 53:9). Es decir, Cristo tuvo la posibilidad de pecar, sin embargo, nunca lo hizo. Su vida fue perfecta. Pedro también nos lo confirma diciendo que no hubo jamás engaño en su boca (1 P. 2:22). El libro de Hebreos presenta a Cristo como nuestro Sumo Sacerdote, quien cumplió con todos los requisitos prescritos por Dios para serlo: "Santo, inocente, sin mancha, apartado de los pecadores, y hecho más sublime que los cielos" (Heb. 7:26).

La vida sin pecado de Cristo le convierte en el Cordero de Dios que quita el pecado del mundo (Jn. 1:29, 36). Y en su exaltación aparece ese mismo Cordero sentado al lado del Padre, recibiendo la honra y adoración de Dios (Apo. 5:6; 7:17; 14:4, 10; 19:9; 21:22, 23; 21:1; 22:3).

3. C.   Sus milagros, señal de identidad

Aunque Jesús actuó en el poder del Espíritu Santo (Lc. 4: 14), y declaró venir en nombre de su Padre (Jn. 5:43; 10:25); y aún la Biblia dice que sus obras fueron de Dios por medio de Él (Hch. 2:22), su identidad como Dios le hace actuar y hacer milagros de forma totalmente única.

1) No vemos a ningún otro en la historia hacer tantos milagros como los que Él hizo (Jn. 20:30). Tan sólo en Galilea, que tenía 240 pueblos y villas, nos reporta Mateo que sanó a *todos* los enfermos (Mt. 4:23-24).

2) No vemos a ningún otro, que sin mencionar el nombre de Dios, sanara a los enfermos e hiciera milagros. En el pasado, todos tuvieron que decir, "En el nombre de Jehová" y hoy decimos "en el nombre de Jesús" para efectuar un milagro genuinamente de Dios, sin embargo, Jesucristo actuaba exactamente como Dios al hacer milagros.

3) No vemos a ningún otro realizar milagros de resurrección de manera tan familiar y con una fe perfecta a lo largo y ancho de las Escrituras. Aquí Jesús se identifica como el "autor de la vida" (Hch. 3:15).

4) Cristo mismo declaró que sus obras (milagros) eran prueba de su divinidad (Jn. 5:36; 10:37-38; 14:11).

5) Ninguno, y esta es la prueba más evidente, resucitó de entre los muertos, "sueltos los dolores de la muerte, por cuanto era imposible que fuera retenido por ella" (Hch. 2:24).

3. D.   Su obra vicaria en la cruz

Cristo murió por nuestros pecados conforme a las Escrituras (1 Cor. 15:3). La Biblia nos dice que Él tomó nuestro lugar (Rom. 5:8), que Dios lo hizo pecado para que nosotros fuésemos hechos justos (2 Cor. 5:21; Rom. 5:1) y que cargó en Él el pecado de todos nosotros (Is. 53:6).

La Biblia claramente enseña que Jesucristo es nuestra justicia y esto, en concordancia con Jeremías 23:6 es otra prueba de la divinidad de nuestro Señor Jesús.

De igual manera, Cristo, como nuestro Salvador, y puesto que es Dios, concuerda con Isaías 45:21-22 cuando dice: "¿Quién hizo oír esto desde el principio, y lo tiene dicho desde entonces, sino yo Jehová? Y no hay más Dios que yo; Dios justo y Salvador; ningún otro fuera de mí. ²² Mirad a mí, y sed salvos, todos los términos de la tierra, porque yo soy Dios, y no hay más". Luego Pedro declara en Hechos 4:12 que sólo en Jesucristo hay salvación (ver también Is. 43:11; Apo. 7:10; Hch. 2:11).

Un hombre no puede salvar a otro hombre y ninguno es digno de que pongamos en él nuestra confianza para nuestro destino eterno, excepto en Aquel, que no sólo es Hombre sino Dios, pues de otra manera se cumpliría lo que dice Jeremías 17:5: "Maldito el varón que confía en el hombre, y pone carne por su brazo, y su corazón se aparta de Jehová".

3. E. Su resurrección corporal de entre los muertos

La muerte de Jesús no fue en sentido figurado, ni un simbolismo, etc. Él realmente murió. El Hijo de Dios no puede jamás morir, ni por un instante dejar de ser Dios, pero su cuerpo humano realmente murió (Mt. 27:50; Jn. 19:32-33). Su cuerpo muerto fue quitado de la cruz, envuelto en una sábana limpia (Mt. 27:59; Mc. 15:46), sepultado (Mt. 27:57-6; Mc. 15:46; Rom. 6:4; 1 Cor. 15:4) y al tercer día resucitado de entre los muertos (1 Cor. 15:4).

Cristo se apareció vivo a muchas personas por 40 días, dando a ellos la prueba indubitable de su resurrección (1 Cor. 15:5-8). De esta manera también, la resurrección de Cristo, no sólo es para nosotros nuestra "novedad de vida" como veremos más adelante, sino que es en sí una evidencia más de su divinidad.

Nos dice Romanos 1:4 que "fue declarado Hijo de Dios con poder, según el Espíritu de Santidad, por la resurrección de entre los muertos". En otras palabras, es por la resurrección de Cristo que Él fue declarado Hijo de Dios mediante el Espíritu de Santidad.

Cristo mismo dijo que la señal que Él daría de que Él realmente es quien dijo que era —el Hijo de Dios—, sería su resurrección (Mt. 12:38-40).

3. F. Su exaltación a la diestra de Dios

Jamás hombre alguno hizo las declaraciones que Jesucristo hizo. Ninguno, ni aún Moisés, quien miró al Señor cara a cara (Éx. 33:11; Dt. 5:4) y de quien se dice también: "Y nunca más se levantó profeta en Israel como Moisés" (Dt. 34:10), jamás dijo lo que el Señor. Por ejemplo cuando habla con Caifás, cuando este le conjuró que le dijera si era el Cristo, el Hijo de Dios. La respuesta de nuestro Salvador fue una declaración de su divinidad: "Tú lo has dicho; y además os digo, que desde ahora veréis al Hijo del Hombre sentado a la diestra del poder de Dios, y viniendo en las nubes del cielo" (Mt. 26:64).

Ninguno está a la diestra de Dios sino el Hijo. En su oración Jesús dice: "Ahora pues, Padre, glorifícame tú al lado tuyo, con aquella gloria que tuve contigo antes de la fundación del mundo" (Jn. 17:5). "Antes de la fundación del mundo" significa, "en la eternidad". Y ciertamente el Señor fue exaltado a "lo sumo" nos dice Filipenses 2:9-11, significando que no existe mayor exaltación que estar al mismo nivel de Dios el Padre.

La exaltación de Cristo es otro de los grandes misterios del universo, pues, puesto que Él no puede dejar de ser Dios, ni dejar de estar al lado del Padre en su divinidad, ¿cómo es esto de que fue exaltado? Ciertamente habla de su humanidad, pero, habla del "nuevo" Hijo de Dios con su recientemente adquirida naturaleza humana, el Dios-hombre. Él nos dice: "Nadie subió al cielo, sino el que descendió del cielo; el Hijo del Hombre que está en el cielo" (Jn. 3:13). El Hijo de Dios nunca dejó de estar en el cielo [omnipresencia], pero al mismo tiempo el Señor estaba en el Hijo del Hombre y le hace exclamar, "glorifícame al lado tuyo". La omnipresencia del Señor le hace estar al lado del Padre mientras descendía y luego ascendía de nuevo; pero estos dos actos los dijo

Cristo mientras estaba en la tierra, hablando de ellos en pasado... algo similar a lo que dice Apocalipsis "el Cordero que fue inmolado antes de la fundación del mundo" (Apo. 13:8). ¡Oh! ¡La exaltación no deja de ser un misterio que nos maravilla!

Hebreos 1:3 es un pasaje poderoso que prueba la divinidad de Cristo en conexión con su exaltación a la diestra de Dios Padre, pues dice: "el cual, siendo el resplandor de su gloria, y la imagen misma de su sustancia, y quien sustenta todas las cosas con la palabra de su poder, habiendo efectuado la purificación de nuestros pecados por medio de sí mismo, se sentó a la diestra de la Majestad en las alturas". Dice de Cristo, "la imagen misma de su sustancia", la misma sustancia de Dios el Padre, pero habla de una imagen. Como también dice que Él es "la imagen del Dios invisible" (Col. 1:15), y esto en la pre-encarnación del Señor, el Cristo eterno pre-existente. Luego de su crucifixión, "habiendo efectuado la purificación de nuestros pecados" (el Hijo del Hombre) y finalmente, obviando su resurrección, habla de su exaltación y dice: "se sentó a la diestra de la Majestad en las alturas".

3. G. Declaraciones de la divinidad del Señor

La Biblia declara con absoluta claridad la divinidad de Cristo en pasajes tales como Juan 10:30, en donde dice Jesús que Él y el Padre son uno; Juan 5:18, en el cual los judíos reconocen que Él se hacía igual a Dios al quebrantar el día de reposo y decir que Dios era su propio Padre; 1 Timoteo 3:16, declara, "Dios fue manifestado en carne" en referencia a la encarnación del Hijo de Dios. Romanos 9:5, al hablar de Jesucristo concluye: "el cual es Dios sobre todas las cosas, bendito por los siglos. Amen". Juan 1:1 dice: "En el principio era el Verbo, y el Verbo era con Dios, y el Verbo era Dios". Luego, en 1 Juan 5:20 nos dice que Jesucristo es el verdadero Dios y la vida eterna. Otro versículo más, Colosenses 2:9 nos habla del Dios-Hombre al describir a Cristo como Aquel en quien habita corporalmente *toda la plenitud* de la Deidad.

3. H. Jesucristo adorado

Sólo a Dios se debe adorar, este es un mandamiento supremo de Dios. Éxodo 20 y Deuteronomio 5 lo menciona dentro de los diez mandamientos, pero luego por todas partes en el Antiguo Testamento y refrendado por Cristo, "al Señor tu Dios adorarás y a Él sólo servirás" (Mt. 4:10; Lc. 4:8; ver también Sal. 86:9; Sal. 22:27-28). Algunos hombres a lo largo de la historia han reclamado adoración, y otros no han detenido el ser adorados, como el caso de Herodes en Hechos 12:20-23, quien fue herido por Dios y tuvo una muerte penosísima e instantánea.

Cuando a Pedro Cornelio quiso adorarlo, aquel le dijo: "levántate, pues yo mismo también soy hombre (Hch. 10:26). También, cuando Pablo y Bernabé estuvieron en Listra, y después de haber sanado a un cojo en el nombre de Jesús, la multitud quiso adorarlos diciendo: "Dioses bajo la semejanza de hombres han descendido a nosotros" (Hch. 14:11). Al darse cuenta de ello, los siervos de Dios se esforzaron para evitar el pecado diciendo: "Nosotros también somos hombres semejantes a vosotros" (Hch. 14:15). Esto le costó a Pablo ser apedreado y quizá asesinado, pero Dios le sanó milagrosamente o quizá le resucitó (Hch. 14:19-20).

Similarmente, Juan el apóstol amado, movido por la tremendamente impresionante visión que tuvo ante sus ojos, quiso adorar a un ángel en dos ocasiones (Apo. 19:10; 22:9), sin embargo, éste le dijo repetidamente: "Adora a Dios".

Pues bien, Jesucristo, nos dicen las Escrituras, recibió adoración, la que se brinda sólo a Dios mismo. Basta con escudriñar algunos pasajes tales como Mateo 14:33; 15:25; 28:9, 17; Lucas 24:51-53; Juan 5:23, 9:35-38; Apocalipsis 5:12-13. También Tomás, estado ausente cuando Jesús, en su cuerpo resucitado, se apareció a los discípulos, cuando le vio finalmente, exclamó: "Señor mío, y Dios mío". Jesús, no corrigió sus palabras ni le reprochó que le hubiera dicho "Dios", sino que dando por sentado lo que Tomás había dicho, más bien le reprochó su incredulidad.

3. I.   Solo Dios es bueno

Existen cualidades en Dios que son tan inherentes a Él que se le reclama exclusividad. Una de esas cualidades, por su puesto es el amor. No solo se dice que Dios tiene amor sino que Dios es amor (1 Jn. 4:8). Nosotros podemos reflejar amor, tener amor en nuestros corazones por el Espíritu (Rom. 5:5), etc. pero nunca el amor será parte esencial de nuestro ser, pues solo Dios es amor.

De igual manera sucede con la bondad. Dios no sólo tiene bondad o muestra bondad sino que Él y sólo Él es bueno (Sal. 25:8; 34:8; 100:5; 106:1, etc.). Así Jesús, abordado por aquel joven rico, quien vino a Él para preguntarle qué bien debería hacer para tener la vida eterna, y le llama "Maestro bueno", el Señor le respondió: "¿Por qué me llamas bueno? Ninguno hay bueno sino uno: Dios" (Mt. 19:16-17). Ya en otras ocasiones había dicho Cristo que los hombres somos malos por naturaleza... "vosotros siendo malos" (Mt. 7:11) [nótese que dice, "vosotros" y no "nosotros"]. Y en la ocasión del joven rico Él le estaba diciendo: (paráfrasis) "ten en consideración que si me llamas bueno estás reconociendo que yo soy Dios".

Cristo no niega que Él fuera bueno y que tuviera la misma naturaleza de Dios sino hace reflexionar al rico (y a todos nosotros) acerca de su divinidad en este pasaje.

LA CAÍDA
DEL HOMBRE

IV

Dios realmente hizo un buen trabajo al crear al ser humano. Le creó a su imagen, conforme a su semejanza (Gn. 1:26). El hombre así era capaz de sentir, razonar y tener voluntad propia. Era capaz de amar, admirar y percibir la belleza. También de ser creativo, recordar el pasado, y poseer perspectiva brillante. Fue creado temporal, espacial, finito. Capaz de tener sueños y sana ambición. El hombre, la corona de la creación, creado en el sexto día, como la obra artesana magistral del Todopoderoso, fue creado perfecto.

El hombre fue formado del polvo de la tierra (Gn. 2:7) y recibió el aliento de vida, el soplo de mismo Dios, haciéndole también un ser constituido de espíritu (1 Ts. 5:23). Sin embargo, el hombre incurrió voluntariamente en desobediencia y cayó en pecado. Este pecado tuvo graves consecuencias, pues le significó la muerte física y espiritual.

4. A. El hombre fue creado bueno

A diferencia de lo que la psicología enseña,[6] el hombre es malo por naturaleza. Pero eso no significa que siempre fue así. Dios no creó un hombre o una mujer malo o mala, Él les creó buenos. El hombre fue creado bueno, pues Dios, después de terminar su creación, y al meditar sobre ella, vio que todo lo que había creado era bueno en gran manera (Gn. 1:31). El ser humano fue creado bueno.

El hombre, no sólo fue creado bueno, sino fue creado perfecto.

Un Dios perfecto crea cosas perfectas: "En cuanto a Dios, perfecto es su camino" (Sal. 18:30; 2 S. 22:31). Los sentimientos del hombre fueron perfectos, los pensamientos de éste fueron perfectos y su voluntad, en harmonía con los conceptos de Dios, fue perfecta. Su cuerpo también estuvo libre de todo tipo de enfermedad, pues esa maravilla que sigue siendo el cuerpo humano, esa máquina biológica increíble llena de misterios creativos, siempre funcionó a la perfección hasta antes de la caída.

El ser humano gozaba de todas las comodidades que se pueden desear. Él tenía:

1) Alimentación, se alimentaba del fruto de la tierra (Gn. 1:29).

2) Un lugar para habitar, pues Dios plantó el Edén y puso al hombre allí (Gn. 2:8).

3) Trabajo, tanto intelectual como físico (Gn. 2:15, 19).

4) Compañía también humana, pues Dios formó de su costilla ayuda idónea para él (Gn. 2:18, 21, 22).

5) Comunión con Dios, pues la Palabra dice que Dios se paseaba en el huerto, al aire del día (Gn. 3:8).

6) Tenía una salud perfecta, pues Dios creó un cuerpo perfecto; y,

7) Finalmente, Adán y Eva tenían los mandamientos de Dios (Gn. 1:28; 2:17), que sin ellos es imposible vivir (Mt. 4:4).

Con estas siete cosas la vida humana es suficiente y maravillosa. Ellos estaban infinitamente bendecidos.

4. B. El hombre y su composición

El hombre fue creado a semejanza e imagen de Dios. Esto significa que la imagen que tiene el hombre estuvo inspirada en Jesucristo, pues Él es la imagen del Dios invisible (Col. 1:15). La materia, aunque está separada de sus otros elementos está misteriosamente unida a ellos. Es decir, una amalgama misteriosa.

El hombre adulto cuenta con un número estimado entre 10 y

100 trillones de células (este número es algo mucho más de lo que podemos imaginar) y un solo gramo del genoma humano, dice la Universidad Harvard, almacena 700 terabytes de datos,[7] algo virtualmente imposible de entender.

Cada órgano y tejido en el cuerpo humano es algo extremadamente sofisticado. El ojo humano, por ejemplo, es reconocido como el órgano más sofisticado del cuerpo después del cerebro: puede distinguir aproximadamente 10 millones de colores diferentes[8] y el iris posee 250 rasgos distintivos únicos en cada ser humano, en tanto una huella del dedo índice tan solo tiene 40. Un ojo no puede ser trasplantado pues posee más de un millón de nervios conectados que son imposibles de reconstruir.

El cuerpo humano se caracteriza por la percepción que brindan los cinco sentidos. Es el receptor del mundo exterior y el instrumento para hacer justicia o pecado (Rom. 6:13).

El cuerpo del ser humano es fantástico, pero ¿qué decir de aquello que no es materia? El ser humano está constituido, además del cuerpo físico, de un alma y un espíritu (1 Ts. 5:23; Heb. 4:12).

El alma es el centro de las emociones, del pensamiento y de la voluntad. Es decir, el hombre es un ser sentimental, intelectual y volitivo. Las emociones nos ayudan a detectar el peligro, a tomar decisiones; nos ayudan en nuestras relaciones sociales, etc., cada elemento de nuestras emociones es necesario.

Nuestro intelecto por su parte es el centro racional, imaginativo y consciente. Es el mundo de las ideas, las secuencias y conexiones lógicas, las variedades verbales, los pasajes llenos de colorido, pero también de las inferencias, los prejuicios, etc. Este raciocinio, imaginación y conciencia tiene su centro de recursos en la memoria, parte de este intelecto, y que muchas veces está en conexión y surge de las emociones.

La voluntad o libre albedrío es la capacidad humana que nos permite tomar decisiones morales, y en el hombre, comúnmente, éstas están muchas veces asociadas a su intelecto y emociones. Sin embargo, en el hijo o hija de Dios el espíritu, la otra parte del hombre, interviene poderosamente en esta voluntad, la cual está rendida a Cristo y esto le diferencia de los que no conocen a Dios.

Es por tanto el espíritu, esa parte del ser humano que puede estar o no conectada con Dios. Es esa parte de nosotros en donde el Espíritu Santo se mueve y es el "espacio" en donde mantenemos un estado de conciencia constante de su presencia y actividad. Cuando el ser humano no está en Cristo su espíritu a la verdad está muerto, pero al habitar Él en nosotros, vive (Rom. 8:10).

4. C. El hombre y su sentido

Dios creó al hombre para que tuviese sentido, una meta. La meta que Dios le puso al hombre fue dar fruto y llenar la tierra y sojuzgarla. Dominar sobre la creación.

La meta de Dios dada al ser humano siempre (desde el principio) ha estado circunscrita al matrimonio monógamo. A un hombre y una mujer unidos en matrimonio para siempre. Que ellos trabajasen unidos para llenar la tierra, sojuzgarla, es decir, gobernarla, y dominar sobre toda la creación. Dios quiso, que el hombre fuera libre y que tuviera dominio de la creación (Gn. 1:28).

La familia en sí es una de las máximas metas de Dios, por eso Adán dijo: "por tanto, dejará el hombre a su padre y a su madre y se unirá a su mujer, y serán una sola carne" (Gn. 2:24). Adán habla de lo que no conocía, pero fue profeta aquí y repite lo que escuchó de Dios. Este mismo pensamiento lo refiere Cristo en Mateo 19:5-6, cuando habla de aquello que trasgrede esa regla establecida por Dios: el divorcio. De igual manera cualquier estado de unión que no siga esta regla se convierte en pecaminoso e innatural.

La voluntad de Dios fue que Adán y Eva vivieran con felicidad eterna, que usaran sus facultades para hacer el bien y dieran fruto en la tierra. Que desarrollaran todo aquello que Él les había dado.

El conocimiento del bien y el mal no eran necesarios para lograr esta meta y siempre no será necesario conocer lo malo para tener sabiduría. Pablo dice: "pero quiero que seáis sabios para el bien, e ingenuos para el mal" (Rom. 16:19). La palabra aquí traducida por la RV como "ingenuo" es <<*akeraios*>>, la cual significa también "sin mezcla de lo malo", "libre de engaño", "inocente", "simple". Así eran Adán y Eva antes de la caída y nosotros en Cristo somos felices sin necesidad de conocer el mal para completar nuestra felicidad, pues nuestra felicidad es completa en Cristo Jesús (Col. 2:10; 3:11).

4. D. El origen del mal

Muchos nos hemos preguntado alguna vez ¿qué fue lo que destruyó esta perfección? El hombre fue creado perfecto, con todo aquello necesario para su subsistencia y felicidad. El hombre tuvo sentido y una conciencia pura, ¿de dónde pues nació aquello que lo echó a perder todo? El mal.

El mal. Decimos que es satanás. Un ser cuyo origen los teólogos conectan con Isaías 14:12-15 y Ezequiel 28:12-19. Un ser originalmente lleno de luz y esplendor; querubín, uno de los más hermosos ángeles creados por Dios. Pero su caída obedeció a su orgullo, a creer que podría ser como Dios. Fue engañado por su mismo pensamiento que le sugirió que podría poner su trono junto al de Dios, que podría ser como Cristo mismo.

Esta misma idea fue la que trasmitió a Eva y luego ella a su marido, la falacia y tontería de que ellos podrían ser como Dios. (Gn. 3:5) El pecado nace de una ambición insana, de un engaño. Es así como el diablo opera, haciendo creer al mundo que pecar da más placer que permanecer en la bendición de Dios. Que podemos vivir sin Él y construir un principado independiente a su reino. Pero el pecado no da más placer, eso es totalmente falso; más bien, coloca fuera al ser humano de las bendiciones otorgadas por el Todopoderoso.

4. E. Jehová se paseaba en el huerto

Era la costumbre del Señor pasearse por el jardín del Edén (Gn. 3:8). De ello podemos extraer que el hombre fue creado para tener comunión con Dios, para ser su alabanza, su goce y su deleite (Prov. 15:8; Ef. 1:6, 12, 14; Apo. 4:11). Proverbios 16:4 dice: "Todas las cosas ha hecho Jehová para sí mismo". Él creó al ser humano para su gloria, pues todo lo que Él ha creado lo hizo para sí mismo.

El plan original de Dios fue platicar con Adán y Eva todos los días, que ellos le adorarán, pero también que fueran felices con Él. Todo cuanto Él creo serviría para darles satisfacción plena, pero Dios quería que el hombre entendiera que la más grande satisfacción estaba en Él mismo. No los abandonó en el huerto, proveyendo para ellos lo suficiente para sobrevivir y luego alejarse. No. Él quiso ser nuestro Padre, el que día a día nos brinda calor, que se interesa en nuestro acontecer diario. Esta comunión puede entenderse como el modelo de oración más primitivo y la prueba de un Dios bueno que se interesa por tener amistad con el hombre y la mujer.

Es inverosímil que el hombre echara por tierra todas las bendiciones señaladas por Dios para él a fin de ir tras la ilusión de un placer desconocido. Un deseo absurdo que terminó en ser la tijera que cortó lo más preciado y sirviera de refrán y ejemplo tristísimo de desobediencia para todos nosotros. Su decisión terminó en ser la calamidad y azote perenne para todas las generaciones futuras.

4. F. El engaño y pecado del hombre

El ser humano fue engañado (1 Ti. 2:14), y pecar al ser engañado no trae consigo ninguna justificación (Gn. 3:16-19), sino el mismo castigo que si se hiciera sin engaño. Eva fue engañada, pero Adán actuó totalmente consiente de lo que hacía, y ambos fueron culpables.

El hombre así, en el huerto del Edén, peca, trasgrede el mandamiento y su corazón es abandonado a la oscuridad. La naturaleza del hombre es convertida en una naturaleza caída, de engaño y perversión (Jer. 17:9). Adán es reducido a un hombre infectado del virus mortal portador que engendra una generación adúltera y perversa (Mc. 8:38). Apta para ir, con toda facilidad, deslizándose por la resbaladilla moral (2 Ti. 3:13), mediante la vanidad de sus propios razonamientos y lo tenebroso de su corazón (Rom. 1:21); hasta incurrir en toda especie de actos idolátricos y aún aquellos contra su propia naturaleza —en contra de sus propios cuerpos— (Rom. 1:21-24). Recibiendo una calificación reprobada y culpable, y el título de reo del juicio de Dios, excluido de la gloria celestial (Rom. 1:25-32; Apo. 21:27; Lc. 13:28; 2 Ts. 1:9).

El ser humano, desde la caída de Adán, tiene una naturaleza pecadora, de ingratitud y rebeldía contra Dios (Rom. 1:21). Así también nos dice Romanos 5:12 "Por tanto, como el pecado entró en el mundo por un hombre, y por el pecado la muerte, así la muerte pasó a todos los hombres, por cuanto todos pecaron". Génesis 5:3 atestigua: "Y vivió Adán ciento treinta años, y engendró un hijo a su semejanza, conforme a su imagen, y llamó su nombre Set". Voluntariamente los seres humanos, tanto hombre como mujer, perdieron la santidad que Dios les había otorgado para vivir en la miseria del pecado desde su nacimiento. Así Adán engendró a Set llevando en sus genes la naturaleza caída. También nos dice Pedro, "sabiendo que fuisteis rescatados de vuestra vana manera de vivir, la cual recibisteis de vuestros padres..." (1 P. 1:18). La manera de vivir en pecado es una herencia inevitable de nuestros padres. Y este pecado lleva consigo muerte, pues dice: "la paga del pecado es muerte" (Rom. 6:23, ver también Stg. 1:15), es decir, la separación eterna de Dios.

4. G. Las consecuencias de la caída

Podemos dividir las consecuencias de la caída en consecuencias físicas, ambientales, de gobierno, de goce físico y psicológico, morales, y espirituales.

1.- Físicas:

a.- El hombre y la mujer estarían sujetos a la enfermedad: cosa inexistente antes de la caída, pues el hombre fue creado para vivir eternamente al comer del árbol de la vida. Nos dice Apocalipsis 22:2, al reaparecer este árbol de la vida, "En medio de la calle de la ciudad, y a uno y otro lado del río, estaba el árbol de la vida, que produce doce frutos, dando cada mes su fruto; y las hojas del árbol eran para la sanidad de las naciones". Este árbol es un símbolo de Cristo, que apareció para deshacer las obras del diablo (1 Jn. 3:8) y sanar toda enfermedad (Is. 53:5).

b.- El hombre y la mujer estarían sujetos a la muerte física: "polvo eres y al polvo volverás" (Gn. 3:19). Cada uno, desde que nace está destinado a morir físicamente y cada día que pasa estamos más cercanos a ese día. Parecería que algo ocurrió en la genética del cuerpo físico original que Dios había dado a Adán y Eva, pues ahora ellos morirían físicamente.

2.- Ambientales:

a.- Los animales sufrieron un cambio radical: ya no serían aquellos que se alimentaban con frutas y verduras, sino los agresivos que atacarían a otros animales incluyendo al hombre. En el milenio, cuando Cristo reine, este efecto de la caída será revertido (Is. 11:6; 65:25).

b.- Todo el planeta tierra estaría sujeto a esclavitud: por ello nos dice Romanos 8:22 que la creación gime y está con dolores de parto hasta hoy. La tierra fue maldita por causa del pecado (Gn. 3:17).

3.- De gobierno: la mujer estaría subyugada al marido. Y esto no se refiere al sano orden de autoridad que debe mantenerse en la familia, pues esto es aún símbolo de la relación de Cristo con la iglesia (Ef. 5:23-29). Más bien se refiere a la tendencia masculina de abusar de esa autoridad dada por Dios. Se refiere también a una tácita o explícita rebeldía de la mujer en contra de esa autoridad. Tanto la primera condición como la segunda son las raíces del divorcio y de la destrucción familiar.

4.- De goce físico y psicológico:

a.- Para la mujer: el goce físico y psicológico de la procreación y dar a luz se convertiría en un suplicio y tortura. De igual manera el goce físico y psicológico de un marido protector, sustentador y guía se convertiría en un yugo.

b.- Para el varón: el goce físico y psicológico del trabajo sería reducido a un fastidio y dolor constantes.

5.- Morales: tanto el hombre como la mujer tendrían una tendencia a la degradación moral. Es por tanto comprensible universalmente que un niño que no es educado en una ortodoxia moral está condenado a una conducta criminal.

6.- Espirituales: cuando Dios dijo que el hombre, si comía del fruto prohibido, moriría, se estaba refiriendo principalmente a la muerte espiritual. Nos dice la Biblia que el hombre está por naturaleza muerto espiritualmente (Jn. 3:3; Ef. 2:1-6; Lc. 9:60; Col. 2:13). El ser humano nace muerto espiritualmente y es pecador por naturaleza. No peca para convertirse en pecador, sino porque nace pecador es que peca (Jer. 13:23; Rom. 3:10; Sal. 51:5; 58:3; Ecl. 7:20). Y la muerte, que en griego es <<*Thanatos*>> (p.e. Rom. 6:23), significa "separación". El ser humano sin Cristo está separado de Dios por causa del pecado. Nos dice Isaías 59:2 "pero vuestras iniquidades han hecho división entre vosotros y vuestro Dios, y vuestros pecados han hecho ocultar de vosotros su rostro para no oír".

4. H. La esperanza de redención

La Biblia declara: "Y pondré enemistad entre ti y la mujer, y entre tu simiente y la simiente suya; ésta te herirá en la cabeza, y tú le herirás en el calcañar" (Gn. 3:15).

Con la caída del hombre se creó una enemistad cósmica con Dios. El hombre como cabeza de la creación, al ser quebrantado por el pecado, llevó consigo, en enemistad con Dios, a toda la creación también. Es por eso que en Cristo Jesús, esta relación cósmica, tanto del hombre como de la creación toda, es restaurada (Col. 1:20). Dios reúne todas las cosas en Cristo (Ef. 1:10).

Inmediatamente, dada la sentencia de Dios a la mujer, viene consigo el pronunciamiento del plan de redención de Dios para la humanidad. En primer lugar habría una enemistad cósmica entre la simiente de la mujer y la de la serpiente. La simiente de la mujer es Jesucristo mismo y la simiente de la serpiente es satanás y todos los por él engañados. En segundo lugar, Dios habla de dos hechos violentos. El primero sucede con la serpiente, quien sería herida en la cabeza. La segunda tendría lugar con la simiente de la mujer, Jesús, quien sería herido en el calcañar. Estos dos hechos quieren decir que Cristo, con su muerte expiatoria, heriría en la cabeza al diablo y a todo el reino de las tinieblas (Col. 2:15; Heb. 2:14; 1 Jn. 3:8), pero que la simiente de la serpiente le causaría una herida pequeña en el calcañar (parte posterior de la planta del pie), refiriéndose con ello a la muerte de Jesús en la cruz, quien Dios solucionó al tercer día al resucitarle de los muertos.

La Biblia también nos declara que el aplastamiento final del diablo será cuando Cristo le arroje, de una vez por todas y para siempre, al lago de fuego. Romanos 16:20 dice: "Y el Dios de paz aplastará en breve a Satanás bajo vuestros pies" (ver también Apo. 20:10).

Así es que Dios establece, desde entonces, el plan de redención para la humanidad por medio de Cristo Jesús.

LA SALVACIÓN
DEL HOMBRE

V

El hombre sin Cristo está perdido, sin esperanza, sin Dios en el mundo (Ef. 2:12). Ningún esfuerzo, por más puro y bien intencionado que éste sea, podrá acercarlo a Dios. Aún nuestras obras son para Dios, lo dice la Biblia, como trapos de inmundicia (Is. 64:6). No hay justo ni aún uno (Rom. 3:10), ni hay quien haga lo bueno (Sal. 14:3). Y esto es porque todos fuimos constituidos pecadores (Rom. 5:19), no precisamente por pecar sino por causa de la naturaleza caída que recibimos de Adán, es decir, del pecado de éste, también llamado *pecado original*.

Ser pecador es parte de la naturaleza adámica, por eso Cristo no podía ser descendiente de Adán, porque Él tenía que ser sin pecado (Heb. 4:15; 1 P. 2:22). En otras palabras, Cristo es un humano 100% pero de una nueva creación, por eso sería llamado "Hijo de Dios" (Lc. 1:35), tal y como es también llamado Adán (Lc. 3:38).

Para ir al infierno, es decir, para recibir la condenación —algo perfectamente descrito en la Biblia, (Apo. 21:8; Mt. 25:46; 2 Ts. 1:9; Mt. 13:50; Mc. 9:43; Jud. 1:7; Mt. 13:42; etc.)—, no es necesario hacer nada, no es necesario hacer ni un solo pecado. Naturalmente, el hombre pecará desde que tiene uso de razón porque esa es su naturaleza, y comete pecado inmediatamente al despertar a la conciencia. Sus pecados son conscientes pero no puede dejar de pecar, se siente a gusto pecando tal y como el ave en el aire y el pez en el agua. Sin embargo, sabe que pecar es malo porque Dios dejó en él una conciencia (Rom. 2:15; Sal. 16:7) que le acusa y enseña; es

Dios avisando al hombre que su naturaleza caída es detestable ante Él y que recibirá justo castigo por todos sus pecados.

Ahora bien, la salvación es el regalo más maravilloso que el hombre pudo haber recibido de Dios. Se trata de la absolución gratuita de todos sus pecados para que sea *salvo* del infierno. Evidentemente una persona que está en un edificio en llamas necesita un salvador para no perecer. Cada ser humano desde que nace está etiquetado, por así decirlo, con una frase que dice: "destinado a ir al infierno" y tan sólo Jesucristo, el postrer Adán (1 Cor. 15:45), puede salvarle de ese castigo aterrador. Para interrumpir ese camino al infierno tenemos que hacer un alto en el camino, arrepentirnos y dejar que Dios, a través de Cristo cambie nuestra naturaleza. Tal como lo dice Romanos 5:19, otra vez, "Porque así como por la desobediencia de un hombre los muchos fueron constituidos pecadores, así también por la obediencia de uno, los muchos serán constituidos justos". "La obediencia de un hombre" evidentemente se refiere a la obediencia de Cristo Jesús nuestro Señor. Ahora más a detalle.

5. A. Significado de la salvación

Pablo por el Espíritu Santo dijo a Timoteo que conocer las Escrituras le puede hacer sabio para salvación (2 Ti. 3:15), es decir, las Escrituras nos guían por el camino de salvación, el cual es Cristo mismo (Jn. 14:6). La salvación principalmente es la garantía de escapar del juicio de Dios, el infierno, y de la ira de Dios por causa del pecado (Rom. 5:9, 1 Ts. 5:9). Sin embargo, la salvación no sólo nos coloca en un estado de seguridad sino también abre la puerta a distintas garantías de Dios, veamos:

1.- Es vida eterna: Juan 3:36 dice: "El que cree en el Hijo tiene vida eterna; pero el que rehúsa creer en el Hijo no verá la vida, sino que la ira de Dios está sobre él". Dios quiso que el hombre tuviera vida eterna cuando hizo a Adán y le dio el árbol de la vida para que comiera de él. Cuando Adán y Eva pecaron fueron expulsados del huerto en donde estaba este árbol y estuvieron condenados a muerte eterna (Gn. 2:17). Ahora, a través de la muerte y resurrección de Jesús, el hombre vuelve a tener vida eterna por la fe en él (Mt. 25:46; Jn. 3:15-16; 5:24; 6:40, 47, 10:28; 12:25; 17:2, 3; Rom. 6:22, etc.).

2.- Es reconciliarse con Dios: el mundo en pecado estuvo enemistado con Dios, en otras palabras, Dios está airado con todos los seres humanos desde el pecado de Adán y Eva, y todos fueron constituidos sus enemigos (Sal. 7:11; Sal. 60:1; Is. 34:2; Rom. 1:18; Rom. 2:5; 9:22; Ef. 5:6; Apo. 14:10). Isaías 34:2 dice, por ejemplo, "Porque Jehová está airado contra todas las naciones,". Dios es amor, pero también justicia; el pecado provoca su ira y no puede por tanto mostrar su amor sin antes mostrar su justicia. Es por ello que su amor le hizo proveer el camino de reconciliación con el hombre: la salvación. La salvación es reconciliarse con Dios, es así como la enemistad desaparece. Job dice: "Vuelve ahora en amistad con él, y tendrás paz; y por ello te vendrá bien" (Job 22:21). Romanos 5:10 dice: "Porque si siendo enemigos, fuimos reconciliados, con Dios por la muerte de su Hijo, mucho más, estando reconciliados, seremos salvos por su vida. [11] Y no solo esto, sino que también nos gloriamos en Dios por el Señor nuestro Jesucristo, por quien hemos recibido ahora la reconciliación" [ver también 2 Cor. 5:18-20; Col. 1:21].

3.- Es saldar nuestra cuenta: el Señor Jesucristo nos cuenta una parábola en Mateo 18 que trata de un hombre que debía al rey una deuda impagable, pero que éste, movido a misericordia perdonó a aquel todo lo que debía. Una deuda que se incrementa cada día es una carga que nos hace vivir oprimidos. Cada ofensa hace nuestra deuda con Dios mayor. Jesús llama a los pecados "deudas" en Mateo 6:12. Pues bien, la salvación significa que Cristo pagó la deuda de nuestros pecados con su sangre preciosa (1 Cor. 6:20; 1 Cor. 7:23). La deuda está saldada y no debemos nada cuando obtenemos esa maravillosa salvación por medio de la fe. Cuando Cristo dijo: "Consumado es" (Jn. 19:30), estaba diciendo que ya Él pagó el precio de todo pecado en nuestra vida.

4.- Ser inscrito en el libro de la vida: en Apocalipsis 21:27; Filipenses 4:3 y Apocalipsis 20:15, se menciona que todos los que tienen esta salvación tienen su nombre inscrito en el libro de la vida. Apocalipsis 17:8 nos enseña que ese libro es un libro en blanco que se va escribiendo con los nombres de aquellos que deciden arrepentirse y creer en el Señor, pues dice: "y los moradores de la tierra, aquellos cuyos nombres no están escritos desde la fundación del mundo en el libro de la vida". Ningún nombre estuvo inscrito en el libro de la vida hasta que el primero decidió creer en Jesucristo como Salvador y Señor, pues sólo por Él tenemos salvación (Hch. 4:12). El libro de la vida fue creado por Dios y abierto para ser escrito cuando Cristo pagó el precio de nuestros pecados (Apo. 13:8), disponible a todos los seres humanos (Jn. 11:26) y luego abierto de nuevo por Cristo para el justo juicio de Dios (Apo. 5:1-14).

5.- Recibir el amor de Dios: la salvación también significa recibir el amor de Dios. Dios ha amado al mundo, y por ello envió a su Hijo Unigénito al mundo para salvarlo (Jn. 3:16-17). Cuando alguien recibe la salvación está abriendo su corazón para recibir el amor de Dios (Rom. 5:5; 8:39; Tit. 3:4; Rom. 5:8; Ef. 2:4, etc.). Nos habla 2 Tesalonicenses de aquellos que no recibieron el amor de Dios para ser salvos (2 Ts. 2:10).

6.- Estar en Cristo: ser salvo significa estar en Cristo. En Juan 15 el Señor declara que Él es la vid verdadera y nosotros las ramas o pámpanos, todo aquel que está unido a Él lleva fruto, pero quien no está en Él será cortado y echado al fuego (Jn. 15:6). Ser salvo significa estar en Cristo y para los que están en Cristo no hay ninguna condenación (Rom. 8:1); el cuerpo está muerto por causa del pecado, más el espíritu vive por causa de la justicia (Rom. 8:10). Ya son nuevas creaturas (2 Cor. 5:17), son bendecidos con toda bendición espiritual (Ef. 1:3), sus pensamientos y corazones son protegidos (Fil. 4:7), etc. Estar en Cristo también significa la habitación de Cristo por la fe en nuestros corazones (Ef. 3:17).

7.- Ser justificado: toda persona sin salvación es catalogada por

Dios como injusto (Mt. 5:45; 1 Cor. 6:9; 2 P. 2:9), impío (Rom. 4:5; 5:6), y pecador (1 P. 4:18; ref. Prov. 11:31, Septuaginta). Ser salvo significa que Cristo, con su muerte, nos ha hecho justos ante Dios. Por eso dice, "Justificados, pues, por la fe, tenemos paz para con Dios por medio de nuestro Señor Jesucristo" (Rom. 5:1). También dice: "siendo justificados gratuitamente por su gracia, mediante la redención que es en Cristo Jesús" (Rom. 3:24, ver también Rom. 3:28 y Rom. 5:9). Esto significa que sin tener que hacer otra cosa sino arrepentirnos y creer en Jesús somos hechos justos ante Dios, no por nuestra justicia, sino por la justicia de Cristo. Todo aquel que es salvo y permanece en Cristo deja de ser injusto, impío y pecador para ser justo y santo delante de Dios. La Biblia nos dice que no hay nadie justo (Rom. 3:10; Ecl. 7:20; Sal. 14:3), pero esto se refiere a los que no han recibido todavía la justicia de Cristo, quienes aún no han sido justificados por su gracia. Ahora somos llamados por Dios congregación de primogénitos y justos hechos perfectos, y todo esto es por gracia (Heb. 12:23). ¡Aleluya!

8.- Ser redimidos: la palabra redención es muy mencionada en las Escrituras. Se refiere al hecho de una pérdida que es recobrada mediante un pago. El diccionario RAE define "redimir" como, "Rescatar o sacar de la esclavitud al cautivo mediante un precio", y "comprar de nuevo algo que se había vendido, poseído o tenido por alguna razón o título". Lo que sucedió con el hombre es que fue vendido al pecado. Pablo habla de su antigua naturaleza en Romanos 7, cuando antes de estar en Cristo estuvo "vendido al pecado" (Rom. 7:14), quiso agradar a Dios como un religioso fariseo, pero fracasó una y otra vez en su intento. Nosotros le pertenecíamos ilegalmente al pecado, al mundo (Jn. 15:19) y al diablo mismo (Col. 1:13), por lo que era necesario que Cristo nos comprara otra vez y nos recobrara. También estábamos vendidos a la maldición de la ley, la que se produce por el incumplimiento de ella, pero dice: "Cristo nos redimió de la maldición de la ley, hecho por nosotros maldición (porque está escrito: Maldito todo el que es colgado en un madero)," (Gál. 3:13). El Señor se dio asimismo por nosotros (Tit. 2:14) y nos compró con su propia sangre preciosa (Ef. 1:7; Col. 1:14; 1 P. 1:18, 19). Por tanto ser salvos es ser redimidos por su sangre preciosa, comprados otra vez y que ahora somos propiedad exclusiva de Jesucristo a fin de dar fruto para Él (Rom. 7:4; Ef. 2:10; 2 Cor. 5:15).

9.- Ser santificados: existe una enorme diferencia entre quien ha creído en Cristo y obedece por el Espíritu Santo a la fe, a quién aún no lo ha hecho. Quien aún no se ha arrepentido y creído en Cristo vive en sus pecados (Rom. 3:9; Ef. 2:1, 5) y el pecado se enseñorea de él o ella. Sin embargo, quien es salvo, el pecado no le domina (Rom. 6:14) y tiene victoria sobre éste porque Cristo le ha santificado (1 Cor. 6:9-11). La salvación significa ser libres del pecado, hechos siervos de Dios, vivir en santidad (Rom. 6:22) y tener la vida eterna en consecuencia a esa santidad (Heb. 12:14). Pablo llama a los corintios "santificados en Cristo" (1 Cor. 1:2) y Cristo es para nosotros esa santificación (1 Cor. 1:30). Nos dice la Palabra que nuestra santificación es realizada: **1)** Por la sangre de Cristo (Heb. 9:13 -14; 10:29; 13:12; Apo. 1:5; 7:14; 1 Jn. 1:7), y, **2)** Por el Espíritu Santo (Rom. 15:16; 1 Cor. 6:11; 2 Ts. 2:13; Tit. 3:5; 1 P. 1:2). Por tanto, ser salvos significa vivir en victoria sobre el pecado y en santidad mediante la sangre preciosa de Cristo y por el poder del Espíritu de Dios en nosotros. Antes fuimos pecadores más ahora santos, no practicamos el pecado por ser mejores humanamente que alguien más, sino por causa de la santificación que hemos recibido gratuitamente del Señor (1 Jn. 5:18; 1 Jn. 3:8-9), y debido a la nueva vida y nueva naturaleza que Él nos ha otorgado.

La santificación, como veremos más adelante, no es por nuestras obras sino por fe, es un regalo de Dios que Él quiso darnos en las tres partes de nuestro ser (1 Ts. 5:23).

10.- Cristo nos ha sustituido: la salvación significa el hecho consumado de Cristo en el calvario acerca de nuestra sustitución. Éramos dignos de muerte (Rom. 1:32), sin embargo, Cristo murió por nosotros (Rom. 5:8). Estábamos condenados a muerte pero ahora no tenemos ninguna condenación por causa de que Él tomó nuestro lugar (Rom. 8:1, 34). Cuando Cristo muere en la cruz potencialmente salva al mundo entero (Jn. 4:42; 1 Jn. 4:14), tomando el lugar de todos (2 Cor. 5:14-15; 5:21); sin embargo, sólo los que se arrepienten y creen en Él logran ser salvos (Jn. 3:16; 5:24).

11.- Nacido de nuevo: obtener la salvación significa también haber nacido de nuevo. Cristo Jesús, al hablar con Nicodemo, le dice: "Os es necesario nacer de nuevo" (Jn. 3:7), y es necesario nacer de nuevo para ver el reino de Dios. Juan lo había dicho ya: "Los cuales no han sido engendrados de sangre, ni de voluntad de carne, ni de voluntad de varón, sino de Dios" (Jn. 1:13). Aquellos que se arrepienten y tienen fe para salvación, el Señor les hace renacer en Cristo Jesús a una esperanza viva (1 P. 1:3). Luego, el que ha nacido de Dios no practica el pecado (1 Jn. 3:9), "y no puede pecar, porque es nacido de Dios". Ser nacido de Dios es haber adquirido una nueva naturaleza, una naturaleza santa, la naturaleza del Señor, el primogénito entre muchos hermanos (Rom. 8:29). Santiago 1:18 nos dice que hemos nacido por la palabra de verdad [el evangelio], para que seamos primicias de sus creaturas; y es que somos creaturas suyas creadas en Cristo Jesús (Ef. 2:10). No solo se trata de empezar una nueva vida, se trata de recibir una nueva vida, se trata de ser nuevas creaturas (Gál. 6:15; 2 Cor. 5:17).

El nuevo nacimiento siempre será un misterio y todo aquel que es nacido de Dios, dice Cristo, es como el viento, escuchas su sonido (el fruto del nuevo nacimiento) pero ni sabes de donde viene ni a dónde va (Jn. 3:8) [cómo es que se opera, o qué será después, esto es un misterio]. Es un maravilloso milagro que tan sólo es realidad mediante la intervención directa del Espíritu Santo.

5. B. Hechos previos a la salvación

Los profetas que fueron antes de Cristo vislumbraron por la fe esta salvación tan grande. 1 Pedro 1:10 nos dice: "Los profetas que profetizaron de la gracia destinada a vosotros, inquirieron y diligentemente indagaron acerca de esta salvación,". Ellos profetizaron de Cristo y sin entender plenamente acerca de esto, alcanzaron por la fe la salvación de sus almas (Hab. 2:4).

La frase de Habacuc 2:4 es repetida tres veces en el Nuevo Testamento (Rom. 1:17; Gál. 3:11; Heb. 10:38) y es realmente significativa para todos, no solo para nosotros sino para los antiguos antes de Cristo. Nos dice la Biblia que ninguno puede ser salvo por las obras de la ley (Gál. 2:16-17; 3:11; Rom. 3:20) sino por la fe. Así fue como fue salvo Abraham (Rom. 4:3), quien vivió más de 400 años antes del establecimiento de la ley de Moisés; así lo fueron todos los profetas y aquellos que vieron por la fe el advenimiento del Señor (Jn. 8:56). Ellos creyeron en Cristo antes de su venida, por ejemplo dice de Moisés, que prefirió el vituperio de Cristo que los deleites temporales del pecado (Heb. 11:24-26) y él luego escribió de Cristo (Jn. 5:39, 46). David habló de Cristo y de la justicia por la fe en el Salmo 32:1, de quien habla y explica Pablo en Romanos 4:4-8, etc.

Hebreos 11 nos hace una pequeña lista de ejemplos de hombres y mujeres que alcanzaron justicia de Dios por medio de la fe y lo que hicieron fue por medio de ella. Concluye diciendo que ellos no alcanzaron lo prometido, "proveyendo Dios alguna cosa mejor para nosotros," (Heb. 11:40). Los hombres y mujeres del Antiguo Testamento nunca gozaron plenamente de los beneficios del calvario, y aunque alcanzaron algunas promesas (Heb. 11:33), no recibieron todas las promesas que Dios otorga por medio de Cristo (Rom. 15:8; Gál. 3:16; 2 Cor. 1:20; Heb. 6:12) a la iglesia (a los creyentes).

Dios hizo pacto con los israelitas y dio por medio de Moisés la ley, pero Gálatas 3:19-24 nos explica cuál fue el propósito de la ley: guiarnos a Cristo. También nos dice Romanos 3:20 que ésta nos sirve para tener conciencia y conocimiento del pecado; y que fue "añadida" por causa de las trasgresiones (Gál. 3:19), es decir, para que el pueblo no se desenfrenara en el pecado, tuviera responsabilidad y entendiera las consecuencias de sus actos. Sin embargo, ni la ley fue dada para alcanzar la salvación ni tampoco alguno pudo guardar jamás la ley de Moisés excepto Cristo (Jn. 8:46, 55; Mt. 5:17-18).

5. C. Cristo, autor de la salvación

Tanto los antiguos en el Antiguo Testamento como los postreros, los que somos de Cristo acá, somos salvos por medio de la fe en Él, porque nos dice: "Este Jesús es la piedra reprobada por vosotros los edificadores, la cual ha venido a ser cabeza del ángulo. [12] Y en ningún otro hay salvación; porque no hay otro nombre bajo el cielo, dado a los hombres, en que podamos ser salvos" (Hch. 4:11-12). Pedro está citando Salmos 118:22 para comprobar que sólo en Cristo hay salvación para todos (ver Jn. 14:6).

Hebreos dice que Cristo es el autor de la salvación (Heb 2:10) y luego añade la palabra "eterna", eterna salvación (Heb. 5:9). Un autor es alguien a quien le pertenece una obra, por eso es que dice Juan, cuando narra en su visión la gran multitud de gente vestida con vestiduras blancas y palmas en las manos, constituida por gente de todo pueblo, tribu y lengua, que clamaba a gran voz diciendo: "La salvación pertenece a nuestro Dios que está sentado en el trono, y al Cordero" (Apo. 7:9-10). A Él sea la gloria por los siglos de los siglos.

5. D. Alcance de la salvación

La Biblia nos declara que la salvación es para todos los hombres (1 Ts. 5:4; 1 Ti. 2:4; Tit. 2:11; 2 P. 3:15). En 2 Pedro 3:15 el Apóstol Pedro nos dice que la paciencia de nuestro Señor es para salvación, que Pablo ha escrito acerca de ello y que la voluntad de Dios es que ninguno perezca (ver también 2 P. 3:9).

La Biblia dice que Dios quiere que "el resto de los hombres" (los que no son salvos aún) "busque a Dios" (Hch. 15:17). También dice que Él manda a todos los hombres en todo lugar que se arrepientan (Hch. 17:30). Pablo se esforzaba y sufría oprobios por causa del evangelio para anunciar al Salvador de todos los hombres (1 Ti. 4:10).

Cristo murió por todos (2 Cor. 5:14), es decir, la oportunidad está abierta para todo ser humano. El trono de misericordia (Heb. 4:16) está disponible para todos, sin embargo, se hace una distinción en cuanto a los que creen, pues éstos son los que realmente hacen efectivas las garantías del calvario y son destinados para vida eterna (Hch. 13:48). Por lo tanto, la clave para entender aquellos versículos que parecieran hablan de una eterna predestinación para algunos (Rom. 8:29, 30; Ef. 1:5, 11; Hch. 2:47), es que Dios, desde antes de la fundación del mundo determinó que todos los que creyeran en Cristo serían salvos y que es nuestra decisión la que finalmente determina si esta salvación es efectiva o no en nosotros. En otras palabras la predestinación es para todos los hombres, pero sólo los que se arrepienten y creen en Jesucristo son salvos. Es como si Dios hubiese dado cheques valederos y el nombre de cada uno escrito en ellos, pero sólo los que van a su banco y hacen efectivo ese cheque, les es otorgada esa preciosa salvación. El Señor nos insta a entrar por la puerta angosta que lleva a la vida (Mt. 7:13), y luego nos dice que Él mismo es la puerta (Jn. 10:9), pero es la decisión de cada uno entrar o no.

5. E. Condiciones para la salvación

Dos condiciones son indispensables para que se dé el milagro de la salvación. La primera tiene que ver con el pasado, y nuestros pecados; y la segunda tiene que ver con un paso hacia adelante y fuera de nuestra condición pasada. En los términos bíblicos tenemos dos palabras; arrepentimiento y fe.

1.- Arrepentimiento: para entender en lo que realmente consiste el arrepentimiento tenemos que recordar que el ser humano está compuesto de un espíritu, un alma y un cuerpo. El espíritu sin Cristo está muerto y el alma, cuya expresión tripartita, llámese sentimientos, intelecto y voluntad está entenebrecida por una errónea concepción del pecado y de Dios. Para que exista un verdadero arrepentimiento debemos identificar algunos cambios que son dados en estas tres partes o áreas del alma.

a.- *Los pensamientos:* un verdadero arrepentimiento envuelve las tres partes del alma y una de ella son los pensamientos. Veamos:

(1) *Culpabilidad:* el evangelio logra penetrar en la mente del pecador quien llega a la conclusión de que es totalmente culpable. Que ninguna de las excusas que pudiera dar es válida (Rom. 2:1). Entiende que esa es la razón de su separación de Dios (Is. 59:2).

(2) *Su pensamiento acerca de Dios:* el pecador pudiera tener distintas nociones y entendimientos acerca de Dios, pero en el arrepentimiento genuino, el pecador penitente comienza a ver a Dios como un juez justo que le condena con toda razón por haber quebrantado sus leyes (Sal. 7:11). Entiende que no es porque Dios le aborrezca voluntariamente, sino que, por causa de su naturaleza santa, Él jamás admite ni tolera la rebelión ni el pecado (Jos. 24:19).

(3) *Definición de pecado:* el pecador penitente ahora ve distinto el pecado. Ahora le ve como Dios mismo lo ve: como algo detestable, destructivo e intolerable. Y al decir pecado, no podemos referirnos solamente al pecado que alguien en particular ha cometido, sino también, sobre todo, acerca del pecado de Adán y Eva, pues desde esa raíz es que Dios está airado con el hombre (Rom. 5:12); por eso es que la salvación es para todos los pecadores tanto buenos como malos (Mt. 22:10).

(4) *Definición de sí mismo:* el pecador arrepentido genuinamente se ve a sí mismo como uno que ha equivocado la ruta y que está en graves problemas por ello. Alguien lo ha ilustrado con el pasajero de un tren que después de haber avanzado en el camino, entiende que ha equivocado su ruta. Al principio siente terror de su destino, luego siente tristeza por haber malgastado su tiempo y dinero, e inmediato a estas dos reacciones, está determinado a bajar del tren en la siguiente estación y corregir el rumbo; y así lo hace sin tardanza y con todas sus fuerzas. De la misma

manera el pecador ahora entiende que es reo del infierno y quiere a toda costa ser salvo.

(5) *Vuelve en sí:* piensa que debe volverse a Dios de todo corazón, pues esa será la única solución para su situación (Lc. 15:17).

b.- Los sentimientos: a diferencia de un pensamiento, el cual surge de la acción de razonar, un sentimiento es una reacción particular activada por las emociones existentes en el individuo. Una persona que realmente se ha arrepentido tendrá las siguientes reacciones emocionales:

(1) *Tristeza profunda:* el pecador penitente siente una tristeza profunda según Dios que le guía al verdadero arrepentimiento (2 Cor. 7:10).

(2) *Estado de humillación total:* se humilla ante el Todopoderoso, tal y como lo hicieron los ninivitas ante la proclamación del mensaje de Jonás (Jon. 3:5; Mt. 12:41). En su corazón el pecador siente lo que sentían aquellos hombres del Antiguo Testamento que echaban polvo y cenizas sobre sus cabezas y se vestían de cilicio (p.ej. Dn. 9:3; Jon. 3:6; Mt. 11:21).

(3) *Aborrece el pecado:* el pecador arrepentido empieza a sentir repulsión por sus propios pecados. No sólo ve el pecado como algo detestable, no sólo como un veneno mortal que debe mantener tan lejos sea posible, sino que lo aborrece en su corazón. Se fascina de cómo antes el pecado fuera para él o ella algo deseable o fascinante, pues ahora lo odia.

c.- La voluntad: es la parte volitiva del ser humano, aquella parte en donde las decisiones son generadas. La determinación para una acción.

(1) *Renuncia al pecado:* Nos dice el texto sagrado: "enseñándonos que, renunciando a la impiedad y a los deseos mundanos, vivamos en este siglo sobria, justa y piadosamente" (Tit. 2:12). El pecador penitente renuncia

terminantemente al pecado porque entiende que es asqueroso, detestable, mortífero y destructivo. Su renunciamiento es a la impiedad y a los deseos mundanos. Su renunciamiento no es algo meramente intelectual ni aun impulsado por sólo sentimientos, ha renunciado al pecado ya, y está realmente decidido a jamás volver por ese camino.

(2) *Tiene un impulso a la acción:* el pecador penitente cambia de camino (Sal. 50:23; Jer. 36:3). Su arrepentimiento es genuino porque empieza a trabajar, en las obras dignas de arrepentimiento al decir: "Señor, qué quieres que yo haga" (Hch. 9:6). Al oír y creer la palabra, respalda su arrepentimiento con acciones tales como pedir perdón y restituir el daño o el robo, etc. (Hch. 26:20). Se ha puesto delante de él el camino de vida y el de muerte (Jer. 21:8), y se mueve rápido para caminar por el de la vida; pues entiende que el camino que transita, aunque parecía derecho, realmente es un camino totalmente equivocado (Prov. 7:27).

El mensaje del Señor Jesucristo y de su precursor Juan el Bautista, y el de los apóstoles, fue de arrepentimiento (Hch. 17:30; 2 Ti. 2:25; Mt. 3:2; 4:17; Hch. 2:38; 3:19). De esta manera, Cristo manda que nuestra predicación sea también de arrepentimiento y perdón de pecados (Lc. 24:47), ya que sin arrepentimiento no puede haber una salvación genuina (Lc. 13:3, 5).

La predicación del evangelio incluye la explicación de la gravedad de la condición humana. No sólo por los pecados que el pecador ha hecho, sino por su propia condición de pecador por su naturaleza adámica. ¿Cómo el pecador podrá ver el amor de Dios para con él o ella si no comprende su condición ruin y detestable ante un Dios santo? ¿Cómo podría alguien buscar al Salvador si no se ha dado cuenta del peligro de muerte en que se encuentra?

Ahora veamos el aspecto de la fe.

2.- Fe: el otro requisito para la salvación nace de la comprensión de la solución de Dios. En el arrepentimiento, el hombre comprende la naturaleza de su más grande problema, en tanto con la fe comprende el camino que Dios ha provisto para solucionarlo.

La fe es un estado de total confianza en la palabra de Dios (Heb. 11:1). Nace de escucharla (Rom. 10:17) y estar plenamente convencido de que Dios es poderoso para hacer todo lo que ha prometido (Rom. 4:21). La fe es la lógica de Dios, su aritmética, su modo de ver, oler, sentir, su modo de hacer todas las cosas. Por ello el pecador que cumple con este requisito es salvo.

El pecador arrepentido busca hacer obras dignas de arrepentimiento, pero estás serán el resultado de entender la gracia de Dios por medio del Señor Jesús. Se apodera de la salvación sin necesidad de ninguna obra, y de la vida eterna tan sólo por la fe en Cristo. Pues nos dice la Biblia: "Porque por gracia sois salvos por medio de la fe; y esto no es de vosotros, pues es don de Dios;[9] no por obras para que nadie se gloríe" (Ef. 2:8-9). La salvación es un don, el regado de Dios por medio de Cristo Jesús.

El hombre, por causa de su naturaleza caída busca, como lo hicieron Adán y Eva al coser hojas de higuera para ocultar su desnudez (Gn. 3:7), cubrir y remediar por sí mismo su pecado, busca aplacar su conciencia. Muchos pecadores tratan de "purgar" sus pecados por medio de obras. Pero quien se arrepiente verdaderamente y comprende que no es por su pecado únicamente que es pecador, sino porque su naturaleza le hace pecador y que nunca por sí mismo podrá cambiar esa naturaleza, entonces está ante un problema sin solución humana.

Y luego, al conocer que el evangelio dice que jamás nadie podrá ser justificado por las obras (Gál. 2:16), se vence y desploma ante los pies de Cristo teniendo total certidumbre de que tan sólo por medio de Él será salvo (Hch. 4:12).

Así descansa en Cristo, cree que Él ha muerto en la cruz en su lugar (Rom. 5:8) y toma por la fe ese sacrificio personalmente. Cristo en ese momento se convierte en su único y suficiente Salvador y un gozo maravilloso inunda su ser, se trata del Espíritu Santo entrando por primera vez a su vida diciéndole a su espíritu, "levántate" eres libre. Dios le hace una nueva creatura, su espíritu resucita y su conexión natural con Dios ha iniciado.

El arrepentimiento le pone en crisis diciéndole: "Has pecado, eres totalmente culpable, Dios es justo y mereces el infierno, necesitas un Salvador". Ahora el autor de la fe Jesús de Nazaret le dice: "Lo único que necesitas hacer es poner toda tu confianza en mí, yo soy tu Salvador". Comprende que la única acción que necesita tomar es ponerse de rodillas ante el Hijo de Dios, confesarlo como su Salvador y entregarle totalmente su vida. El pecador arrepentido y creyente entregará totalmente su vida al Señor para que Él tome el trono de su corazón y el mando completo del timón de su vida. Su entrega es total. La entrega total es el único medio de salvación.

La fe le dice que todo está solucionado, que Cristo murió por sus pecados y resucitó para que tuviera una vida nueva (1 Cor. 15:3). Cree entonces que Jesucristo le cambiará totalmente y dejará de ser pecador para convertirse en santo y justo ante Dios (Rom. 5:19).

La incredulidad y el diablo dicen: "¿Cómo podrás ser justo y santo de un momento a otro? Es imposible, siempre serás un pecador, toda tu vida has pecado y hasta la muerte seguirás siendo igual". En tanto la fe le dice: "Cristo Jesús hace de ti una nueva creatura, ahora serás santo y justo" (2 Cor. 5:17). El pecador arrepentido decide creer en Cristo, entonces el milagro ocurre.

Al día siguiente, quien se ha rendido al Señor y recibido por la fe el regalo de la vida eterna, con su nueva naturaleza, despertando por la mañana, va y hace sin problema esas obras dignas de arrepentimiento que otras veces había también querido hacer, pero nunca había podido. Ahora ve que sí puede hacerlas y se siente gozoso por ello. Restituye lo robado o defraudado, pide perdón a todos los que hubo agraviado, deja de oprimir a su prójimo, etc. Dios le ha fortalecido (1 Ti. 1:12) también para dejar los vicios, siente el gozo del Señor y amor para compartir su testimonio; y en una palabra, el Señor le ha cambiado totalmente (Gál. 1:23).

El arrepentimiento genuino siempre estará acompañado de genuina fe, pero existe también un arrepentimiento espurio o falso, así como una fe espuria.

5. F. Arrepentimiento y fe espurios[9]

Existen las condiciones en donde el pecador pudiera pensar que ha obtenido salvación pero realmente esa salvación no se ha operado porque no ha tenido un arrepentimiento genuino o una fe genuina. La palabra de Dios nos dice que existe una "tristeza según el mundo" que produce muerte en contraposición con una tristeza según Dios que produce arrepentimiento (el arrepentimiento genuino) (2 Cor. 7:10). Así también, existe una "fe fingida" (1 Ti. 1:5; 2 Ti. 1:5).

1.- Arrepentimiento falso: veamos ahora las condiciones en donde se podría producir un arrepentimiento falso.

a.- Se siente víctima: el pecador siente que es víctima de otros a quienes culpa de ser la causa de su situación. Llora en el altar, no porque esté arrepentido sino porque se acuerda del daño que le hicieron y ve todo ello como una injusticia en su contra.

b.- Disposición para pecar: el pecador no siente una disposición para dejar de pecar. Realmente lamenta los pecados que ha hecho a causa de los problemas que éstos le han ocasionado, pero si éstos tuvieran consecuencias inofensivas le gustaría volverlos a hacer porque los ama todavía.

c.- No dispuesto a confesar ni a restituir: el pecador no arrepentido verdaderamente podrá pasar al altar y llorar allí, pero no está dispuesto realmente a pedir perdón a otros por sus pecados contra ellos, ni a confesar públicamente su pecado si fuere necesario ni a restituir el agravio cometido a su prójimo. Si ha robado, no le gusta la idea de devolverlo voluntariamente, si ha puesto cargos injustos contra su prójimo no es capaz de retirarlos, si está actuando con injusticia con alguien no está dispuesto a modificar su conducta.

d.- Siente únicamente remordimiento: el pecador impenitente siente remordimiento por sus actos, se declara culpable de ellos, pero los justifica.

e.- Temor a las consecuencias del pecado: el pecador impenitente deja de pecar, no porque aborrece el pecado, sino porque teme a los padecimientos que éste produce. Entiende que el pecado es destructivo y tan sólo por ello es que no peca, pero no porque le desagrade pecar.

f.- Una reforma parcial en su conducta: el pecador impenitente no ha tenido un cambio de corazón por lo que únicamente deja algunas prácticas que le parecían las más malas, pero otras aún las continúa practicando. De esta manera no manifiesta una aversión completa hacia el pecado como lo hace siempre un cristiano verdadero.

g.- No ha abandonado realmente el pecado: quien no se ha arrepentido realmente deja el pecado por un día pero al siguiente vuelve a él. Luego, el domingo, va a la reunión y pide perdón a Dios pero vuelve al mismo ciclo vez tras vez.

h.- La vida cristiana le parece muy difícil: quien no ha alcanzado salvación (pues no se ha arrepentido verdaderamente) siente la vida cristiana y los mandamientos del Señor, no como una bendición maravillosa, sino como una carga grande, difícil de llevar. No puede ver el yugo del Señor como ligero y fácil (Mt. 11:30), sino como algo inalcanzable, una simple utopía; y al mismo tiempo se justifica por pecar diciendo que nadie es perfecto.

i.- No tiene un corazón de niño: quien en realidad no se ha arrepentido tiene aún un corazón duro. Quizá tenga religiosidad, pero no un corazón quebrantado ante el Señor y ni fácil de enseñar. Juzga los mensajes, pero no le llegan al alma, y su corazón se endurece cada vez más.

2.- Fe espuria o falsa: es posible también que la persona manifieste una fe falsa o espuria. Veamos algunos casos.

a.- Sólo cree en Cristo como uno que resuelve problemas: no deposita totalmente su confianza en Cristo para salvación sino le ve como uno que resuelve sus problemas. Cuando tiene bienestar en las cosas del mundo no busca a Dios, pero cree en Cristo como alguien que tiene a su lado siempre para ayudarle sólo cuando lo necesite.

b.- Cree en Cristo, pero no solamente en Él: cree que Cristo murió por él o ella en la cruz pero no alcanza a entender que solamente por la fe en Él es posible ser salvo o salva. Por ello se auxilia de otras cosas que considera como "recursos adicionales". Por ejemplo, puede creer que dar dinero o hacer algunas buenas obras son parte de los requerimientos para la salvación.

c.- Una fe meramente intelectual: el entendimiento de los mecanismos de la salvación y de la doctrina no es fe verdadera. Tampoco aceptar al "Jesús histórico" que algunos teólogos no salvos proclaman. La fe no sólo es algo del intelecto, sino que envuelve el espíritu y afecta el cuerpo (p.ej. Jud. 1:20), la fe nos transforma y no sólo nos convence.

d.- La fe que no produce gozo: cuando una persona tiene una fe genuina ésta le produce gozo. Cuando el etíope, por ejemplo, tuvo fe en el Señor para ser salvo, después siguió gozoso su camino (Hch. 8:39). Es natural que quien ha creído realmente en Cristo manifieste un rostro distinto, un rostro transformado y lleno de gozo.

5. G. Evidencias de la salvación

Jamás podremos decir que hubo una salvación genuina si no existen evidencias de esa salvación. Alguien podrá decir, que "Dios conoce los corazones", sin embargo, la Biblia nos habla de que toda persona que es salva manifiesta conductas, modos de pensar, convicciones, y fruto de labios distintos que los que tuvo antes de venir a los pies del Señor.

Existe un cambio de corazón. Ahora el creyente tiene un corazón nuevo (Ez. 18:31; 36:26), un espíritu resucitado (Ef. 2:1) y una mente regenerada (Tit. 3:5, vea Rom. 12: 1-2). Aunque el nuevo convertido entra en un proceso de madurez espiritual en donde su fe es fortalecida y su conocimiento de las Escrituras expandido, toda persona salva, desde el primer instante de su conversión, tiene fruto de salvación debido a que el Espíritu Santo, ahora dentro de él o ella, dirige su vida.

Las evidencias de esta salvación son puestas en dos grandes grupos, las evidencias internas y las evidencias externas. Veamos.

1.- Evidencias internas: dentro del ser humano, el que antes tuvo una naturaleza caída, una naturaleza adámica que trae muerte, ahora ha sido mudado en otro hombre por la intervención milagrosa del Espíritu Santo (Tit. 3:5). Ahora es nacido en Dios, en Cristo Jesús (Rom. 8:29; Heb. 2:10; 1 Cor. 15:22) y esto trae a su vida una certeza de que es hijo o hija de Dios (Rom. 8:16). No la idea universalmente aceptada de que todos somos hijos de Dios (1 Jn. 3:10), ni la que busca auto-justificación y culpa a los demás de sus pecados (Gn.3:12; Rom. 2:1), sino un testimonio del Espíritu Santo dentro de él o ella.

El Espíritu mora ahora en el creyente (2 Cor. 1:22; Rom. 5:5). 1 Juan 3:24 dice: "y el que guarda sus mandamientos, permanece en Dios, y Dios en él. Y en esto sabemos que él permanece en nosotros, por el Espíritu que nos ha dado". Aquel que ha nacido de nuevo obedece por naturaleza los mandamientos del Señor y permanece en Dios, unido a la vid verdadera que es Cristo (Jn. 15) y el Espíritu que le ha sido dado testifica dentro de él acerca de su nueva naturaleza.

En varias ocasiones, en la carta de 1 Juan, él menciona la palabra "sabemos" y esto habla de una certeza interna. Esta certeza interna es evidente en varios aspectos:

a.- La fe de Dios brilla dentro de nuestros corazones: ahora creemos totalmente la Palabra de Dios. Antes sometíamos todas las cosas al razonamiento humano, ahora aceptamos la verdad de Dios sin cuestionamiento. Estamos totalmente seguros de que realmente Cristo vive, que Él ha resucitado. Este no es un conocimiento religioso o meramente intelectual es una substancia de fe dentro de nosotros.

b.- El amor de Dios es derramado en nuestros corazones (Rom.

5:5): ahora el nacido de nuevo tiene una maravillosa disposición para amar por causa del Espíritu Santo dentro de él.

c.- Capacidad y necesidad de adorar (Jn. 4:24): tiene ahora capacidad de adorar porque su espíritu (su conexión con Dios) ha resucitado y necesita hacerlo tal como dice Juan 4:24, en espíritu y verdad.

d.- Oración nacida del corazón (Rom. 8:15): el hijo de Dios ora, no movido por motivos religiosos o por un causante social, sino debido a la nueva relación que ahora tiene en Cristo Jesús.

e.- Un corazón humilde (Mt. 11:29): el ahora hijo o hija de Dios tiene un corazón humilde como el de Cristo, un corazón enseñable, un corazón que está dispuesto a obedecer al Señor en todo.

2.- Evidencias externas: las evidencias externas se refieren a todo aquello que las personas circundantes pueden ver, oír, o percibir acerca de aquel que ha recibido el regalo de la salvación. Veamos ahora algunos aspectos importantes.

a. La confesión: La confesión es un acto público que manifiesta el sentir auténtico de un corazón arrepentido que ha creído en Cristo Jesús como su Salvador personal. La confesión es el resultado de un corazón que ha experimentado una genuina transformación de vida, tal y como lo expresa Romanos 10: 9 -10 "que si confesares con tu boca que Jesús es el Señor, y creyeres en tu corazón que Dios le levantó de los muertos, serás salvo. [10] Porque con el corazón se cree para justicia, pero con la boca se confiesa para salvación". Pablo está diciendo: 1) que nuestra fe en Cristo nunca podría ser algo privado, guardado en el corazón, de lo que no queremos que nadie se entere; 2) que la salvación podría ser abortada cuando alguien, sometido a la prueba de la confesión, falle por causa del temor; y 3) que nuestra confesión debe ser de lo sobrenatural (partiendo del fundamento de la resurrección de Cristo mismo) y no del hecho de habernos adherido a la membresía de una religión, llámese así, principalmente, a la confesión sincera de la operación sobrenatural de Dios en nuestra propia vida. En otras palabras, la persona confiesa que Cristo hizo un milagro en su vida y no que ahora tiene una simple idea distinta acerca de Dios. Veamos ahora otros aspectos adicionales:

(1) *El valor de la confesión en la Biblia:* la Biblia nos habla del valor de la confesión desde el escenario del primer pecado. Dios buscó a Adán y le interrogó (Gn. 3:9-11). ¿Por qué un Dios omnisciente hace este interrogatorio al primer hombre? Porque quería que Adán confesara su pecado. Dios quiere que el pecador confiese su culpabilidad ante Él y su fe en Cristo Jesús como su único medio de salvación.

(2) *La confesión es demostración de la fe:* la Palabra de Dios nos dice que la salvación requiere del arrepentimiento y la fe en Cristo Jesús, sin embargo, la confesión es la demostración de esa fe, tal y lo dice 2 Cor. 4:13 (en referencia a Sal. 116:10), "creí por lo cual hablé;" y también dice antes, "teniendo el mismo espíritu de fe". Por tanto, sabemos que la fe es primero, pero esa fe se refleja en la confesión.

(3) *Si no confesamos a Cristo, Él tampoco nos confesará:* nos dice Jesús. "A cualquiera, pues, que me confiese delante de los hombres, yo también le confesaré delante de mi Padre que está en los cielos. [33] Y a cualquiera que me niegue delante de los hombres, yo también le negaré delante de mi Padre que está en los cielos" (Mt. 10:32-33). Por ello, quien se niega a confesar a Cristo públicamente como su Salvador personal también está demostrando no ser salvo.

(4) *La confesión no es sólo la "oración del pecador":* la confesión no se reduce a la "oración del pecador," la que se hace habitualmente en campañas de avivamiento y en los templos evangélicos. La confesión, a que la Biblia hace

referencia, es la que se hace, principalmente, dentro de nuestro círculo de amistades íntimas y familiares. Cuando una persona no se avergüenza de Jesús y de sus palabras, entonces está demostrando una fe genuina. Nos dice el texto bíblico, otra vez, "Porque el que se avergonzare de mí y de mis palabras, de éste se avergonzará el Hijo del Hombre cuando venga en su gloria, y en la del Padre, y de los santos ángeles" (Lc. 9:26).

(5) *Confesión es profesión:* la palabra griega para confesar <<*homologeo*>> también es traducida como "profesar" en la Reina Valera en pasajes tales como Tito 1:16 y 1 Timoteo 6:12. El diccionario *merriam-webster* define la palabra "profesar" como: "declarar o admitir abiertamente o libremente". Por lo que confesar es hacer una declaración de fe. En la Biblia nosotros vemos el valor que Dios da a la palabra hablada, tanto que nos dice, "por la fe entendemos haber sido constituido el universo por la palabra de Dios" (Heb. 11:3), y del juramento: "un pacto, aunque sea de hombre, una vez ratificado, nadie lo invalida, ni le añade" (Gál. 3:15). Dios ve nuestra fe cuando escucha nuestra confesión, puesto que nuestra confesión es la señal de estar diciendo lo mismo que Él dice, es decir, de haber sintonizado nuestra vida con su Palabra.

Dios da tanto valor a nuestras palabras que dice Cristo, "porque por tus palabras serás justificado, y por tus palabras serás condenado" (Mt. 12:37). Proverbios 18:21 también nos dice: "La muerte y la vida están en poder de la lengua,". Y otra vez, "Porque de la abundancia del corazón habla la boca" (Mt. 12:34).

En los tiempos apostólicos la confesión pública de Cristo fue sinónimo de persecución, cárceles, e incluso la muerte (p. ej. Hch. 7:52-60). Ahora, existen aún países que guardan estas mismas consecuencias. En otros, en los más tolerantes, los círculos familiares y políticos vuelven la confesión de Cristo en la razón para ser desheredados,

perder negocios, ser despedidos o recibir crudo menospre-
cio por amigos y familia. Sin embargo, quien no esté dispuesto o dispuesta a confesar a Cristo demuestra que no
es salvo todavía, que su aferro a este mundo le impide ser
ciudadano del cielo (Fil. 3:20).

b.- Deja de pecar: Romanos capítulo 6 nos habla de la victoria
que Dios nos ha dado sobre el pecado. Quien ha realmente
experimentado la salvación tiene la misma perspectiva de
Dios acerca del pecado y Él le ha dado poder para dejarlo.
Romanos 1:16 dice que el evangelio es "poder" <<*gr. dy-
namis*>> para salvación. Por tanto tenemos el poder de Dios
para vivir una vida santa. Los que antes conocieron al antes
pecador, ahora reconocen el cambio de vida experimentado
después de su conversión y esto es una evidencia del poder
del evangelio.

c.- Hace obras de justicia: ahora, quien ha sido salvo, es
"esclavo de la justicia" (Rom. 6:16), esto quiere decir que
ahora el nuevo convertido es obediente a los mandamientos
de Dios y lo hace con todo su corazón porque ama al Señor,
está agradecido por la libertad del pecado que ha experimentado del Señor, y le sirve por amor y gratitud (Heb. 12:28).

Aunque fue salvo por la fe, es celoso de buenas obras (Tit.
2:14), y se ocupa de ellas (Tit. 3:8, 14). Ahora, como Dorcas,
abunda en buenas obras y se preocupa por el pobre (Hch.
9:36). Entendemos que algunos no convertidos a Cristo también pueden mostrar obras, pero sus obras no son por la fe de
Cristo sino con la intención de ser vistos por los demás (Mt.
6:5; 23:5) y para justificarse ante Dios (Lc. 16:15), pero el salvo
lo hace porque ha creído en Cristo, muestra sus obras en sabia
mansedumbre (Stg. 3:13) y su fe por sus obras (Stg. 2:18).

5. H. Seguridad de salvación

Todo cristiano entiende que su salvación está asegurada en Cristo
Jesús. En tanto él o ella permanezca en Cristo y se mantenga uni-

do a la vid verdadera que es el Señor (Jn. 15) todo estará seguro en Él. La Biblia declara: "Yo soy la vid, vosotros los pámpanos; el que permanece en mí, y yo en él, éste lleva mucho fruto [obras, evidencias de salvación]; porque separados de mí nada podéis hacer".

1.- Nadie nos arrebatará de su mano: Juan 10:28 dice: "y yo les doy vida eterna; y no perecerán jamás, ni nadie las arrebatará de mi mano". Esto nos da la plena seguridad de que Jesús quiere que nosotros corramos con paciencia la carrera que tenemos por delante (Heb. 12:1) y lleguemos hasta la meta (Fil. 3:14), por lo que nos da la plena seguridad y certeza de que estando en Él, es imposible que no tengamos vida eterna, es imposible perecer y es imposible que algo o alguien nos pueda arrebatar de su mano.

2.- Tenemos ahora mismo vida eterna: Juan 3:36 dice: "El que cree en el Hijo tiene vida eterna..." La Biblia enseña que quien ha creído en Cristo Jesús tiene (no sólo tendrá, sino desde hoy), vida eterna. La vida eterna empezó desde el momento que recibimos la salvación de Dios.

3.- Dios es poderoso para mantenernos sin caer: Judas 1:24 dice: "Y a aquel que es poderoso para guardarnos sin caída, y presentaros sin mancha delante de su gloria con gran alegría". Tenemos la garantía inconmovible de que Dios es poderoso para preservar nuestra alma hasta el fin. El Señor es poderoso para guardarnos del pecado y llevarnos seguros hasta el puerto celestial.

4.- Nuestra seguridad descansa en el poder de Dios: 1 Pedro 1:3 -5 "... según su grande misericordia nos hizo renacer para una esperanza viva... que sois guardados por el poder de Dios mediante la fe, para alcanzar la salvación que está preparada para ser manifestada en el tiempo postrero". Dios nos asegura que su poder nos guardará hasta alcanzar salvación, que nuestra salvación no depende de nuestras obras sino de la fe en Cristo Jesús (aunque, por supuesto, se evidencia en nuestras obras). Si mantenemos nuestra fe en Cristo entonces el poder de Dios continuará siendo manifiesto.

5.- Nada nos puede separar del amor de Cristo: Romanos 8:35-39 nos habla de que nada nos puede separar del amor de Cristo. "Ni la muerte, ni la vida, ni ángeles, ni principados, ni potestades, ni lo presente, ni lo por venir, ni lo alto, ni lo profundo, ni ninguna otra cosa creada nos podrá separar del amor de Dios que es en Cristo Jesús Señor nuestro". Estas maravillosas palabras nos recuerdan que no existe ningún peligro que algo o alguien nos pueda jamás separar del amor del Señor. Por ello tenemos plena seguridad de que, estando unidos a Cristo, no hay forma de que nada pueda separarnos de su amor. El cristiano no vive en temor pensando que alguna cosa pudiera jamás hacerle perder su seguridad en Cristo. "Si Dios es por nosotros, ¿quién contra nosotros?" (Rom. 8:31). Estando nosotros en el Señor, la batalla está ganada de antemano. El Señor nunca ha perdido una sola batalla, por la que todas nuestras batallas espirituales están ganadas estando en Él.

5. I. Perseverar para ser salvo

Mateo 10:22 nos dice: "Y seréis aborrecidos de todos por causa de mi nombre; más el que persevere hasta el fin, éste será salvo". La vida cristiana es una carrera de fe. Muchos inician pero no todos terminan. "Muchos procurarán entrar, y no podrán" (Lc. 13:24). La vida cristiana tiene un costo de fe que no todos están dispuestos a pagar. Algunos empiezan a dar fruto, pero luego dejan de ser fructíferos y no son aprobados por el Señor. Nos dice la Biblia: "Más la que cayó en buena tierra, éstos son los que con corazón bueno y recto retienen la palabra oída, y dan fruto con perseverancia" (Lc. 8:15).

Pablo y Bernabé dijeron a los discípulos de Antioquía de Pisidia que perseveraran en la gracia de Dios (Hch. 13:43), es decir, nosotros podemos decidir perseverar en la gracia de Dios o no, es nuestra fe la que nos permite perseverar. Pablo les dice a los Gálatas que habían caído de la gracia de Dios (Gál. 5:4) al tratar de agradar a Dios a través de sus propios esfuerzos guardando la ley y no por la fe. Hebreos 11:6 nos dice que "sin fe es imposible agradar a Dios" y Pablo les dice a los Gálatas que vivían en la carne y no en el Espíritu por causa de confiar en las obras de la ley (Gál. 3:1-5).

Romanos 2:7 nos dice: "Vida eterna a los que, perseverando en bien hacer, buscan gloria y honra e inmortalidad". Es decir, que lo que nos hace tener vida eterna ahora depende del fruto que damos para Dios y este fruto está directamente conectado con perseverar en la fe de Cristo Jesús. Juan capítulo 15 nos lo explica muy claramente. Nos dice Jesús: "Permaneced en mí, y yo en vosotros. Como el pámpano no puede llevar fruto por sí mismo si no permanece en la vid, así tampoco vosotros, si no permanecéis en mí" (Jn. 15:5). Cristo nos dice que la única manera de dar fruto es permaneciendo en Él, pues dice también: "Yo soy la vid, vosotros los pámpanos, el que permanece en mí, y yo en él, éste lleva mucho fruto; porque separados de mí nada podéis hacer" (Jn. 15:5). En otras palabras la clave será permanecer en Cristo y que Él permanezca en nosotros, y esto únicamente es posible por medio de la fe. La fe produce fruto y el fruto es demostración de nuestra fe y de nuestra permanencia en Él.

El capítulo 15 de 1 Corintios nos exhorta una vez más a permanecer en la doctrina del Señor, pues de otra manera, dice la Escritura, creísteis en vano, veamos: "Además os declaro, hermanos, el evangelio que os he predicado, el cual también recibisteis, en el cual también perseveráis, ² por el cual asimismo, si retenéis la palabra que os he predicado, sois salvos, si no creísteis en vano". La salvación final del creyente lleva en si una condición: perseverar en la doctrina de Cristo, el evangelio que es por la fe de Cristo Jesús. En los versículos siguientes Pablo recuerda a todos en lo que consiste este evangelio, en la muerte, sepultura, resurrección de nuestro Señor y su ascenso al cielo. También dice Gálatas 1:7-8 "No que haya otro [evangelio], sino que hay algunos que os perturban, y quieren pervertir el evangelio de Cristo. ⁸Más si aún nosotros, o un ángel del cielo, os anunciare otro evangelio diferente del que os hemos anunciado, sea anatema". Pablo dice que el evangelio de Cristo se puede pervertir y esto provoca maldición. Jesús nos dice que no llevar fruto (por no permanecer en Él) lleva una sentencia terrible (ver Jn. 15:6), en otras palabras, el requisito para alcanzar finalmente nuestra salvación es permanecer en la fe de Cristo hasta el fin.

Juan también nos habla de la perseverancia, nos dice: "Cualquiera que se extravía, y no persevera en la doctrina de Cristo, no tiene a Dios; el que persevera en la doctrina de Cristo, ése si tiene al Padre y al Hijo" (2 Jn. 1:9). Es evidente que, de aquella persona que no persevera en la doctrina de Cristo, no podemos engañarnos pensando que tiene a Dios. Juan nos dice con claridad que no debemos escucharle porque tal persona no tiene a Dios.

Podemos entender el pasaje de Lucas 13:24, cuando Cristo nos dice que nos esforcemos a entrar por la puerta angosta, a la luz de lo que Pablo dice a Timoteo: "Tú, pues, hijo mío, esfuérzate en la gracia que es en Cristo Jesús" (2 Ti. 2:1). Nuestro esfuerzo consiste, no en nuestras obras, sino en permanecer en la fe que es en Cristo Jesús; y así, el fruto de labios, santidad y buenas obras será producido en nosotros automáticamente por el Espíritu Santo.

 5. J. **Posibilidad de perder la salvación**

La Biblia nos advierte, de que, aunque tenemos plena seguridad en el Señor y que nuestra vida está totalmente segura en Él, tenemos que mantener una vida de vigilancia constante, puesto que existe la posibilidad de que volvamos al mismo estado en donde estuvimos antes de ser salvos si descuidamos nuestra relación con Él. Es, decir, existe la posibilidad de que la salvación se pierda.

1.- Consideraciones de la naturaleza del hombre: antes de pasar a los versículos bíblicos que respaldan esta verdad, tenemos que entender que la raíz de la pérdida de la salvación está en el ser humano y no en Dios.

a.- La voluntad del hombre: la voluntad de nadie fuera de nosotros puede separarnos del amor de Dios, sin embargo, el Señor no nos deshumaniza al salvarnos y el ser humano está equipado de una libre voluntad. Nuestra voluntad jamás será arrollada por Dios. Cada uno de los que hemos sido salvos entramos en la vida por voluntad propia y permanecemos en esa vida por la misma causa. Cuando una persona está fuera de Cristo ha entregado su voluntad a sus pensamientos pecaminosos y al diablo (Ef. 2:1-3; 2 Ti. 2:26), pero en Cristo, se convierte en un siervo de la justicia (Rom. 6:15-18). Sin embargo, hay una diferencia entre la esclavitud de la carne y satanás con la de Cristo. El Señor nos deja en libertad de tomar siempre nuestras propias decisiones. Cada día tomamos decisiones y éstas pueden ser de vida o de muerte. De ir a Cristo o de lentamente irnos separando de Él hasta que dejamos de dar fruto.

b.- *La carne continúa allí:* la carne se puede definir como una propensión al pecado, por causa de la naturaleza adámica aún en nosotros. Por medio de la fe en el Señor, como lo veremos más adelante, podemos mantener una vida santa mediante el poder de Dios. De esta manera es posible mantener cauterizada o sin efecto la presencia de la carne en nosotros. Sin embargo, eso no significa su extirpación.[10] 1 Pedro 2:11 declara: "Amados, yo os ruego como extranjeros y peregrinos, que os abstengáis de los deseos carnales que batallan contra el alma". Los deseos carnales continúan estando en nosotros, pero mediante nuestra fe en Cristo les mantenemos a raya y no permitimos que nos obliguen a pecar.

Ahora bien, puesto que tenemos la carne todavía dentro de nosotros, como también lo explica Pablo en Romanos 8, Gálatas 5 y otros pasajes, y una libre voluntad para alimentarla a ella o al espíritu, existe la posibilidad, como lo dice Hebreos 2:1, que nos deslicemos. Ir deslizándose es un proceso, no es algo súbito. Una persona que se ha consolidado en el Señor necesita permanecer en Cristo para continuar dando fruto para Dios. Nos dice el texto entero: "Por tanto, es necesario que con más diligencia atendamos a las cosas que hemos oído, no sea que nos deslicemos... ¿cómo escaparemos nosotros, si descuidamos una salvación tan grande?" La salvación se puede descuidar, nos podemos deslizar y esto produce "justa retribución". El resto del capítulo 2 de Hebreos y los capítulos 3 y 4 nos hablan del ejemplo del pueblo de Israel, que, habiendo sido libertado por el Señor, su incredulidad le impidió entrar a la tierra prometida (Heb. 3:19).

2.- Más respaldo bíblico de la posibilidad de la pérdida de la salvación:[11] Veamos algunas consideraciones para comprobar la posibilidad de la pérdida de la salvación con algunos ejemplos de pasajes bíblicos.

a.- Apóstatas: la Biblia nos habla de los apóstatas (1 Ti. 4:1). Apostatar (gr. <<*aphistemi*>>) significa, "abandonar, remover, ir de alguien". Por tanto, "apostatar de la fe" significa abandonar la fe, remover la verdadera fe con otra fe, etc. Cuando uno abandona algo significa que estuvo con ello o en ello, de otra manera no sería abandonar, no se puede apostatar de algo que no se ha tenido primero. Pablo nos dice que "en los postreros tiempos algunos apostatarán de la fe, escuchando a espíritus engañadores y a doctrinas de demonios". Si la salvación no se perdiera, entonces tampoco podría haber apóstatas.

b.- Los que recayeron: Hebreos 6:4-6 "Porque es imposible que los que una vez fueron iluminados y gustaron del don celestial, y fueron hechos partícipes del Espíritu Santo, 5 y asimismo gustaron de la buena palabra de Dios y los poderes del siglo venidero, 6 y recayeron, sean otra vez renovados para arrepentimiento, crucificando de nuevo para sí mismos al Hijo de Dios y exponiéndole a vituperio". Evidentemente este pasaje habla de aquellos que no pueden volver a Dios y esto únicamente se puede dar, dice Jesús, en aquellos que han cometido el pecado imperdonable, la blasfemia contra el Espíritu Santo (Mt. 12:31). La blasfemia contra el Espíritu Santo es atribuir a satanás las obras del Espíritu Santo. Por esto es un terreno peligroso hablar mal de los siervos de Dios y de los milagros que ocurren en sus ministerios. Señal de que alguien a blasfemado contra el Espíritu Santo es que él o ella no siente deseos de arrepentirse de ningún pecado, pues el Espíritu Santo es quien nos guía al arrepentimiento (Jn. 16:7-8). Ahora bien, el punto que estamos tratando en el pasaje de Hebreos 6:4-6 es que el escritor de Hebreos, inspirado por el Espíritu Santo dice que hay (y hubo) personas que habiendo sido salvas recayeron, es decir, perdieron su salvación.

c.- Contristar al Espíritu Santo: Efesios 4:29-30 "Ninguna palabra corrompida salga de vuestra boca, sino la que sea buena para la necesaria edificación, a fin de dar gracia a los oyentes. [30] Y no contristéis al Espíritu Santo de Dios, con el cual fuisteis sellados para el día de la redención". La palabra corrompida (gr. <<*sapros*>>) significa también podrida, putrefacta e inútil. La corrupción produce muerte, palabras de muerte, palabras de duda, palabras que no promueven la fe sino la destruyen, son causa de maldición en lugar de bendición. ¿Puede uno que ha creído en Cristo decir estas palabras? Si descuida su vida espiritual, y permite el engaño del diablo sí, nos dice la Palabra que es posible. Y el Espíritu Santo, el cual se recibe por el oír con fe (Gál. 3:2), y quien en el creer nos llena de paz y gozo (Rom. 15:13), y quien además con su gozo nos trae seguridad de que estamos en el reino de Dios (Rom. 14:17), se contrista (gr. <<*lypeo*>>). Si el Espíritu Santo está contristado o agraviado, no hay gozo verdadero, y no hay fruto. Porque el Espíritu Santo produce el fruto (Gál. 5:22-23; Ef. 5:9). Y si no hay fruto, entonces la salvación del tal está en peligro (Jn. 15:6).

d.- Piedras de tropiezo: Romanos 14:15 dice: "Pero si por causa de la comida tu hermano es contristado, ya no andas conforme al amor. No hagas que por la comida tuya se pierda aquel por quien Cristo murió". Este versículo nos habla de dos tipos de personas, la que contrista y el que es contristado. El Señor Jesús nos dice acerca de quien fuere piedra de tropiezo, que mejor le sería morirse (Mt. 18:6), pues en tanto vive irá de mal en peor, engañando y siendo engañado (2 Ti. 3:13) y recibirá mayor condenación (Mt. 23:14; Mc. 12:40; Lc. 20:47; Stg. 3:1). Sin embargo, en este pasaje no parece hablar de alguien que sea un engañador consumado sino alguien que simplemente "no anda conforme el amor", y esto por causa de una pequeñez: la comida.

Ahora, el punto principal para respaldar lo que venimos diciendo es lo que dice de la otra persona. Aquella por quien Cristo murió; aquel que es hermano en Cristo, de quien el pasaje dice que puede perderse por causa de un asunto insignificante. La salvación de alguien que ahora camina en el Señor puede perderse por la torpeza de otros cristianos, porque ellos no anden conforme al amor, y el amor es el gran mandamiento de Cristo, el que únicamente se puede guardar por la operación del Espíritu Santo (Rom. 5:5; 15:30; Col. 1:8). Si la salvación no se pudiera perder, entonces no importa el comportamiento de los demás para con el que es salvo, pues éste siempre sería salvo.

e.- Judas nos advierte: Judas 1:5-6, "quiero recordaros..." La doctrina que dice que debemos cuidar nuestra salvación para no ser engañados y perderla, era enseñada por los apóstoles. El apóstol Judas nos llama a un recordatorio. "Quiere recordaros, ya que una vez lo habéis sabido, habiendo salvado al pueblo sacándolo de Egipto, después destruyó a los que no creyeron. ⁶ Y a los ángeles que no guardaron su dignidad, sino que abandonaron su propia morada, los ha guardado bajo oscuridad, en prisiones eternas, para el juicio del gran día;". Para probar la doctrina, Judas pone de ejemplo a los israelitas, quienes fueron una vez salvados, pero que luego fueron destruidos debido a su incredulidad, como lo dice también el libro de Hebreos. Un ejemplo más nos da Judas, los propios ángeles de Dios, quienes una vez fueron santos, pero que no "guardaron su dignidad, sino que abandonaron su propia morada". En ambos casos nos habla de personas que una vez caminaron en obediencia pero que luego fueron destituidos.

En esta breve carta, Judas habla duramente para los que hacen errar al pueblo de Dios, "los que desde antes habían sido destinados para esta condenación" (Jud. 1:4). La Biblia nos dice que la salvación está abierta para todos y que todos tienen acceso al trono de la gracia (Heb. 4:16), pero Judas habla de la sentencia pronunciada de Cristo acerca de aquellos que no creen al Señor (Jn. 3:18) y toda persona podría caer en tal sentencia. Por ello no se debe entender que hay personas destinadas para perderse. Veamos la descripción que da en el versículo 12: "Estos son manchas en vuestros ágapes, que comiendo impúdicamente con vosotros se apacientan a sí mismos; nubes sin agua, llevadas de acá para allá por los vientos; árboles otoñales, sin fruto, dos veces muertos y desarraigados;". Judas describe a personas que no admiten el pastoreo, sino que se apacientan a sí mismos, no admiten la autoridad de los siervos de Dios, que no dan fruto y que han experimentado la muerte dos veces. Una antes de convertirse a Cristo y otra al convertirse en lo que son ahora. También les llama "desarraigados", alguien que una vez estuvo arraigado, pero ahora no.

f.- Los que son vencidos: 2 Pedro 2:20-22 nos dice: "Ciertamente, si habiéndose ellos escapado de las contaminaciones del mundo, por el conocimiento del Señor y Salvador Jesucristo, enredándose otra vez en ellas son vencidos, su postrer estado viene a ser peor que el primero. [21] Porque mejor les hubiera sido no haber conocido el camino de la justicia, que después de haberlo conocido, volverse atrás del santo mandamiento que les fue dado. [22] Pero les ha acontecido lo del verdadero proverbio: El perro vuelve a su vómito, y la puerca lavada a revolcarse en el cieno." Pedro nos habla de los que son vencidos, [no seas vencido de lo malo, Rom. 12:21], de los que son vencidos por el pecado, que vuelven atrás. Ellos habían escapado de las contaminaciones del mundo, conocieron el camino de la justicia, y anduvieron en el santo mandamiento, pero se enredaron, como dice 2 Timoteo 2:4, "en los negocios de la vida", y fueron endurecidos por el engaño del pecado (Heb. 3:13).

g.- Himeneo y Fileto: 2 Timoteo 2:17-18 "Y su palabra carcomerá como gangrena; de los cuales son Himeneo y Fileto, [18] que se desviaron de la verdad, diciendo que la resurrección ya se efectuó, y trastornan la fe de algunos." Pablo nos habla de dos personas que dejaron que la gangrena les carcomiera, llegando al punto de desviarse de la fe y enseñar falsa doctrina. Ese ha sido el caso de algunos a través de la historia del cristianismo. Gente que eran verdaderos hijos de Dios, que vivían en santidad y andaban en la verdad pero que se desviaron.

h.- Los que naufragan en cuanto a la fe: 1 Timoteo 1:18-19 "Este mandamiento, hijo Timoteo, te encargo, para que conforme a las profecías que se hicieron antes en cuanto a ti, milites por ellas la buena milicia' [19] manteniendo la fe y buena conciencia, desechando la cual naufragaron en cuanto a la fe algunos". La Biblia nos enseña acerca de la posibilidad de naufragar en cuanto la fe. Evidentemente uno que naufraga es quien primero navegaba bien, mientras el capitán de su barco era Cristo.

i.- Jesús habla de siervos útiles e inútiles: Mateo 24:44-51 "... ¿Quién es, pues, el siervo fiel y prudente, al cual puso su señor sobre su casa para que les dé alimento a tiempo? [46] Bienaventurado aquel siervo al cual, cuando su señor venga, le halle haciendo así... Pero si aquel siervo malo dijere en su corazón: Mi señor tarda en venir; [49] y comenzare a golpear a sus consiervos, y aun a comer y a beber con los borrachos... lo castigará duramente, y pondrá su parte con los hipócritas; allí será el lloro y el crujir de dientes". El Hijo de Dios nos dice que habrá siervos fieles y prudentes y siervos malos (en Mt. 25:30 les llama siervos inútiles). Ambos son siervos de Dios, pero unos dan fruto para Dios, otros son inútiles, malos y negligentes, es decir, perezosos.

j.- El que hace volver a un extraviado: Santiago 5:19-20 "Hermanos, si alguno de entre vosotros se ha extraviado de la verdad, y alguno le hace volver, [20] sepa que el que haga volver al pecador del error de su camino, salvará de muerte un alma, y cubrirá multitud de pecados." Santiago nos habla de aquel que se extravió de la verdad, es decir, uno que habiendo encontrado la verdad luego se extravió; que si alguno le hace volver (el que vuelve es que ya estuvo antes en Dios) salvará de muerte (del infierno) un alma. Una persona que ha perdido su salvación puede ser restaurada, puede volver al Señor y este le perdonará y será reunido al cuerpo de Cristo una vez más (Gál. 6:1; 1 Jn. 5:16).

5. K. ¿Cuándo una persona ha perdido su salvación?

Se puede decir que es fácil mantenerse en el Señor cuando confiamos totalmente en Él para vivir en santidad, pues el fruto no es producido por nosotros, sino por el Espíritu Santo. Cuando una persona deja de buscar a Dios, y al dejar la fe, confía en sus propias fuerzas para mantenerse alejado del pecado, empezará a pecar y también dejará de mostrar amor a sus semejantes.

La pérdida de la salvación es un proceso. Los pecados ocasionales son muestras de debilidad espiritual y de que un hijo de Dios empieza a vivir en la carne. El cristiano carnal vive en un constante peligro, porque si muere o el Señor viene y le encuentra en pecado, no irá con Cristo (Lc. 12:37). Necesita confesar su falta al Señor inmediatamente. 1 Juan 1:9 nos dice: "Si confesamos nuestros pecados, él es fiel y justo para perdonar nuestros pecados, y limpiarnos de toda maldad". Si el cristiano no confiesa su pecado —arrepintiéndose realmente y alejándose de él— entonces seguirá deslizándose y su corazón se endurecerá cada vez más. Llega entonces un momento que vuelve a sentarse en el trono su propio "yo" y Cristo es desplazado; no vive para Dios sino para satisfacer sus deseos, aunque pueda continuar adherido a una religión cristiana. Peca deliberadamente, aunque pueda mantener cierta moralidad, en lo secreto se comporta como todos los que no conocen a Dios. No refrena sus labios para hablar palabras corrompidas, no anda en amor, es piedra de tropiezo para otros y golpea a sus consiervos. En una palabra, no vive en obediencia. Este es el estado espiritual más horroroso y atroz del ser humano, porque estas personas viven en el engaño de pensar que están incluidos en reino de Cristo cuando la Biblia claramente dice que están excluidos. Estos son los tibios espirituales que menciona Apocalipsis 3:16, los cristianos nominales.

Quien se mantiene en Cristo no pecará deliberadamente y la sangre de Jesucristo el Hijo de Dios le limpia de todo pecado (1 Jn. 1:7). No se jacta de ser santo por sus medios, sino que sabe que el Señor le santifica y es santo a causa de su poder. No es un pecador, sino en su ser sabe que está limpio de toda culpa, porque su corazón no le reprende (1 Jn. 3:20), es decir, el Espíritu Santo le da testimonio de fe y santidad. El tal manifiesta sin esfuerzo alguno el fruto del Espíritu y camina confiado y seguro de su salvación. Más adelante veremos con más detalle el tema de la santidad.

5. L. Señales de peligro

La Biblia nos enseña algunas señales que nos dicen que vamos por el camino equivocado y tenemos que regresar al camino correcto de inmediato.

1.- Cuando dejamos de leer la Biblia: la Biblia es el alimento espiritual (Mt. 4:4), si no nos alimentamos espiritualmente no podremos permanecer unidos a Cristo. La fe viene por oír la Palabra de Dios (Rom. 10:17). Es indispensable alimentarse de la Palabra de Dios diariamente y esto no es sólo para los que recién empiezan a caminar en Cristo sino para todos los cristianos independientemente de su nivel de conocimiento de las Escrituras. Ningún libro cristiano, por más espiritual y excelente que sea sustituirá jamás la Biblia.

2.- Cuando los afanes de este mundo nos atrapan: Mateo 13:22 dice: "éste es el que oye la palabra, pero el afán de este siglo y el engaño de las riquezas ahogan la palabra, y se hace infructuosa". Los afanes de este mundo han sido la piedra de tropiezo para que muchos se conviertan en solamente oidores de la Palabra y no hacedores (Stg. 1:22). Éstos se engañan a sí mismos pensando que porque van a cierta reunión a oír la Palabra de Dios por ello están unidos a Cristo.

3.- Al ser engañados por las riquezas: 1 Timoteo 6:9 "Porque los que quieren enriquecerse caen en tentación y lazo, y en muchas codicias necias y dañosas, que hunden a los hombres en destrucción y perdición". El cristiano que camina bien en el Señor, pero que de pronto empieza a ceder ante al deseo de enriquecerse, dice la Biblia, caerá en tentación y lazo... hasta llegar a la perdición de su propia alma.

4.- Cuando dejamos la oración: Mateo 26:41 "Velad y orad, para que no entréis en tentación; el espíritu a la verdad está dispuesto, pero la carne es débil". El Señor Jesús nos recuerda que la única forma de ser fuertes espiritualmente es usando el instrumento de la oración. La oración, dice el Señor, nos mantendrá lejos de la tentación. Es decir, el pecado no será suficientemente atractivo para nosotros para hacernos caer en él.

5.- Cuando dejamos de tener comunión con otros cristianos: 1 Corintios 1:10 "... sino que estéis perfectamente unidos en una misma mente y en un mismo parecer". Dios nos manda que nos amistemos con otros cristianos y nos fortalezcamos unos a otros. Esa es una de las razones de ser parte de la iglesia. Una iglesia en donde existe verdadera comunión y compañerismo cristiano, cumple con una de las características de la iglesia que el Señor dejó como modelo (Hch. 2:46-47).

6.- Cuando tratamos de imitar al mundo: 1 Juan 2:15 "No améis al mundo, ni las cosas que están en el mundo. Si alguno ama al mundo, el amor del Padre no está en él." Las cosas de este mundo pueden tener mucho colorido y ser muy atractivas, pero pueden también alejarnos del Señor. Un cristiano tratará de imitar a Cristo y no a las modas pasajeras de este mundo.

7.- Cuando nos avergonzamos de predicar el evangelio: Marcos 8:38 "Porque el que se avergonzare de mí y de mis palabras en esta generación adúltera y pecadora, el Hijo del Hombre se avergonzará también de él, cuando venga en la gloria de su Padre con los santos ángeles." Avergonzarse del evangelio y de Cristo es una falta muy grave y señal de que no estamos caminando realmente con él.

LAS ORDENANZAS DE LA IGLESIA

VI

A diferencia de otros credos, en los que los ritos y prácticas externas cobran gran importancia para la salvación del individuo, nosotros creemos que cualquier práctica externa jamás será algo incluido como requisito para la salvación propia o de cualquier otro individuo.

Creemos también que existen ordenanzas y no sacramentos, los cuales fueron enseñados por Jesús con fines importantes, más no vitales para la salvación, aunque sí de trascendencia en nuestro caminar cristiano. Un sacramento, tal es entendido por otras religiones, es una señal externa que produce la gracia de Dios al alma. La Biblia no enseña tal cosa, pues la gracia de Dios nos ha sido dada por medio de Jesucristo (Jn. 1:17; 1 Cor. 1:4; 2 Ti. 1:9).

Sabemos también, que en lugar de sacramentos tenemos ordenanzas, las cuales son simplemente ceremonias o prácticas establecidas bajo los términos del nuevo pacto que tienen la finalidad de traernos algunos simbolismos para reafirmar nuestra fe, más no producirla.

Las únicas dos ordenanzas contenidas en las Escrituras, en el nuevo pacto —instaurado por Cristo— son el bautismo en agua y la santa cena. De estos dos es que hablaremos en este capítulo.

 6. A. **El bautismo en agua**

En el Nuevo Testamento observamos tres bautismos: el bautismo en agua, el bautismo en el cuerpo de Cristo y el bautismo en el

Espíritu Santo. El primero de ellos es el practicado por Juan el bautista, "el bautismo de arrepentimiento y perdón de pecados" (Mc. 1:4). Este bautismo, jamás antes visto en la Biblia, fue una idea de Dios para que el mismo Jesucristo, siendo sin pecado (Heb. 4:15), participara de él, a fin de cumplir "toda justicia" (Mt. 3:15), es decir, como un ejemplo de la ordenanza que el Señor establecería.

Luego de Juan el Bautista, Jesús no bautizaba a nadie, (aunque sí sus discípulos, Jn. 4:1-2), y no sería sino hasta la inauguración de la iglesia, en el año 30, d. C. que la práctica del bautismo en agua sería puesta en real funcionamiento por los discípulos del Señor.

Existen otros dos bautismos aparte del bautismo en agua y estos son: el bautismo en el cuerpo de Cristo (1 Cor. 12:13; Gál. 3:24-27; Rom. 6:3), que no es sino una alusión a la salvación misma y el bautismo en el Espíritu Santo, del que hablaremos en otro capítulo dentro de este libro. Veamos ahora varios aspectos del bautismo en agua.

1.- Ordenado por Cristo

El bautismo en agua fue *ordenado* por Cristo cuando Él dice: "El que creyere y fuere bautizado, será salvo; más el que no creyere, será condenado" (Mc. 16:16). También dice: "Por tanto, id, y haced discípulos a todas las naciones, bautizándolos en el nombre del Padre, y del Hijo, y del Espíritu Santo;" (Mat. 28:19). Y luego fue *practicado* por los apóstoles en pasajes como Hechos 2:38, 41; 8:12, 16, 36-38; 10:48; 18:8; 22:16. Puesto que las Escrituras declaran que la salvación es otorgada por gracia, es decir, es un don de Dios, el cual no se obtiene por obras, es que creemos que el bautismo no es un requisito para la salvación, sin embargo, ¿cómo se explica Marcos 16:16, "el que creyere y fuere bautizado, será salvo;"? El bautismo se convierte en un requisito para la salvación cuando éste es una demostración de nuestra fe. Es decir, la única razón por la que una persona se negara a ser bautizada en agua es que realmente no ha sido salvo aún, y es por ello que se avergüenza del Señor.

Por otro lado, el bautismo de una persona que no ha dado fruto de salvación no trae ningún beneficio, aunque pudiere traer cierta convicción al individuo a fin de llevarle a la verdadera salvación, la cual únicamente se alcanza mediante el arrepentimiento y la fe en Cristo Jesús como Salvador personal.

2.- ¿Qué es el bautismo en agua?

El bautismo en agua es un acto externo que simboliza lo ya ocurrido en el corazón: la regeneración por el Espíritu Santo (Tit. 3:5) y el lavamiento de nuestros pecados (Hch. 22:16; Apo. 1:5). Es una ceremonia o acto público de testimonio de nuestra fe en Cristo Jesús. El bautismo en agua tiene que ver con la confesión de nuestra fe, de aquello que ya hemos aceptado y creído de corazón, y es el simbolismo de lo que ha ocurrido en nuestra vida mediante esa fe.

Romanos 6:4 lo explica fehacientemente, "somos sepultados juntamente con él para muerte por el bautismo, a fin de que como Cristo resucitó de los muertos por la gloria del Padre, así también nosotros andemos en vida nueva." También Colosenses 2:12 nos dice: "sepultados con él en el bautismo, en el cual fuisteis también resucitados con él, mediante la fe en el poder de Dios que le levantó de los muertos". El bautismo tiene como finalidad fijar en nuestra vida, reafirmar, y hacernos vivir una experiencia física simbólica acerca de básicamente dos cosas: 1) Nuestra muerte al pecado, "fuimos sepultados con él en el bautismo", y 2) Nuestra nueva vida en santidad, "a fin de como Cristo resucitó... nosotros andemos en vida nueva" (Rom. 6:4).

En el bautismo en agua nosotros decimos al mundo que hemos renunciado al pecado y decidido seguir a Cristo; que esto ha sido posible mediante la muerte y resurrección de Jesús y por el poder del Espíritu Santo. Es por eso que estamos muertos al pecado (Rom. 6:11, 13; 8:36) y muertos a la ley [nuestros esfuerzos personales y obras para justificarnos ante Dios, Rom. 6:14, 15; 7:6; Gál. 3:10; 3:23; 4:5; 5:18]. El que está muerto [y permanece muerto] para pecar no puede pecar (Col. 2:11).

Y el que está muerto es sepultado, pues no es el bautismo lo que nos hace morir al mundo, al pecado y a la ley, sino que esto es un hecho que ya ha sucedido previamente y el bautismo es un reconocimiento público de esta condición.

Ahora bien, la segunda parte, pasando por la sepultura (el instante que somos sumergidos totalmente en el agua) es nuestra resurrección, la vida nueva en Cristo, nuestra vida de santidad, pues Cristo nos dio esa victoria, para vivir para Dios (1 Jn. 4:9; Rom. 14:8; 1 Ts. 5:10; 1 P. 2:24) mediante el poder del Espíritu Santo (Rom. 8:1-14).

3.- Formula del bautismo en agua

Algunos han argumentado que la práctica de la iglesia primitiva era bautizar solamente en el nombre de Jesús y referencian algunos versículos del libro de Hechos para respaldar esta idea, por ejemplo Hechos 2:38, Hechos 10:48, y Hechos 19:5. Sin embargo, el Señor Jesucristo dice en Mateo 28:19 "Por tanto, id, y haced discípulos a todas las naciones, bautizándoles en el nombre del Padre, y del Hijo, y del Espíritu Santo;" ¿Cómo puede darse una explicación?

Ser bautizado en el nombre de Jesús en estos pasajes se refiere, no a la formula, pues no podría contradecirse lo que Cristo dijo, sino que esto se refiere a la autoridad para bautizar. En "el nombre de Jesús" así significa "en la autoridad de lo enseñado por Jesús". Esto es diferente a la fórmula utilizada en el bautismo.

Un dato interesante es lo que contiene la *Didaché,* (una obra de literatura cristiana primitiva que habla de las doctrinas de los apóstoles del Señor y que pudo haberse escrito antes de la destrucción de Jerusalén, alrededor del año 65 a. C.), en relación a la formula bautismal. Nos dice: "Pero en relación al bautismo así bautizad vosotros: habiendo recitado primero todos estos preceptos, bautizad en el nombre del Padre, y del Hijo, y del Espíritu Santo, en agua corriente".[12] El *Didaché,* es considerado el primer catecismo de los cristianos y contiene tres principales secciones que tratan de lecciones cristianas, las ordenanzas del bautismo, la santa cena, y la organización de la iglesia.

4.- El mecanismo del bautismo

El bautismo debe ser de inmersión total. Esto tiene que ver con el simbolismo de la totalidad del renunciamiento al pecado, de la muerte total a éste y de una rendición completa al Señor.

5.- Un mandamiento del Señor

Aunque el bautismo en agua sea únicamente un simbolismo de la salvación que ya se ha operado en nosotros no podemos pasarle por alto, pues es un mandamiento del Señor. Cristo lo ha ordenado y todo lo que el Señor dice debe obedecerse sin titubeos. Por ello le llamamos "ordenanza" porque es una orden dada por el Señor. Cristo Jesús dijo: "De cierto, de cierto te digo, que el que no naciere de agua y del Espíritu, no puede entrar en el reino de Dios" (Jn. 3:5). Por ello, el bautismo en agua, es parte de nuestras doctrinas fundamentales, porque es Cristo quien le dio esa importancia. Y tiene esa importancia, como ya dijimos, porque esto tiene que ver con nuestro testimonio de fe.

6.- Edad para el bautismo en agua

Una diversidad de denominaciones cristianas practica el bautismo de infantes. Algunas de estas denominaciones son: la católica romana, ortodoxa oriental y occidental, anglicana, luterana, presbiteriana reformada u otras. Aunque cada una de estas denominaciones pudiera tener distintos puntos de vista en cuanto al significado de tal práctica y su justificación.

De nuevo la *Didaché* nos ayuda a entender que los primeros discípulos de Cristo no bautizaban a los bebés puesto que dice: "Pero antes del bautismo, que tanto el baptizador como el bautizado ayunen, y cualquier otro que pueda hacerlo; pero ordenarás al bautizado ayunar uno o dos días antes".[13] No se puede ordenar a los bebés que ayunen.

Ahora bien, la prueba más contundente es la Biblia misma en donde Cristo establece el orden del bautismo: primero el arrepentimiento y la fe y luego el bautismo (Mc. 16:16; Hch. 2:38; Hch. 8:36-38). ¿Cómo un infante podría arrepentirse y creer? También la Palabra de Dios habla del fruto de arrepentimiento

(Lc. 3:7-8), es decir, las evidencias de una genuina salvación. Es evidente que ningún infante podría mostrar tales evidencias.

Por otro lado, no existe una edad mínima para el bautismo si el candidato cumple con los requisitos de éste. Si ha tenido ya conciencia de pecado, se ha arrepentido y creído en Cristo y ha evidenciado una salvación genuina, es entonces un candidato viable para ser bautizado.

Algunas iglesias establecen el requisito adicional que el recién convertido haya ganado un alma para Cristo a fin de ser candidato viable para el bautismo; y esto, aunque no es sino una práctica de uso particular y sin base bíblica, no deja de ser una buena práctica.

El bautismo es una decisión personal y nadie más puede tomarla por nosotros, sin embargo, quien ha sido salvo realmente no tendrá jamás objeción en bautizarse —y de hecho lo anhelará con todas sus fuerzas—, pues ahora está unido al Señor Jesús y al grupo de gente lavada con la sangre preciosa de Cristo en todo el mundo.

7.- ¿Qué de una persona que no se alcanza a bautizar y muere?

Por supuesto que existen casos en que una persona, en el lecho de muerte, acepta al Señor como su Salvador personal, arrepintiéndose de sus pecados. Un caso similar fue el del ladrón en la cruz, el que fue crucificado con Cristo, quien, aprovechando los últimos minutos de su vida, dejó que Cristo le salvara. Éste no dio fruto de arrepentimiento, sino únicamente la confesión implícita en la frase, "acuérdate de mí cuando vengas en tu reino" (Lc. 23:42). Esto sirve para probar que el bautismo en sí no salva a nadie ni es requisito para la salvación.

Sin embargo, alguien que pudiendo ser bautizado, y está dudoso en hacerlo, o bien, quien manifiesta temor de ser desacreditado públicamente, está demostrando con su comportamiento, no haber tenido una salvación genuina y existe una sentencia tremenda en Apocalipsis 21:8: "los cobardes e incrédulos... tendrán su parte en el lago que arde con fuego y azufre,".

8.- ¿Puede haber casos de quien deba bautizarse otra vez?

En el libro de los Hechos capítulo 19 Pablo preguntó a los efesios acerca del bautismo en el Espíritu Santo, pero ellos, ignorando lo que esto significaba, le respondieron que tan sólo habían sido bautizados en el bautismo de Juan. Entonces Pablo no les dejó así, sino que acercándoles al camino doctrinal establecido por Dios, les volvió a bautizar, pero ahora usando la fórmula de Cristo (Hch. 19:1-5). De igual manera, cualquier persona que no haya sido bautizada de manera correcta, tal bautismo no tiene validez y necesita ser bautizado con el bautismo bíblico otra vez. Los casos en que esto deba hacerse son:

a.- Cuando alguien fue bautizado sin ser salvo:

Algunas religiones, como la Iglesia de los Santos de los Últimos Días, dan énfasis a la práctica del bautismo, y los conversos al Señor de entre ésta, ya bautizados mediante un bautismo espurio, necesitarán ser bautizados de nuevo. Asimismo, los que fueron bautizados de bebés, etc., y en general toda aquella persona que no haya sido bautizada sin antes tener una experiencia de salvación genuina necesitará bautizarse de nuevo.

El mismo caso pudiere darse dentro de alguna denominación cristiana evangélica y aun entre los pentecostales. Si una persona no era salva cuando se bautizó en agua necesitará bautizarse de nuevo a fin de cumplir con esta ordenanza debidamente. Por ello es muy importante que los líderes de la iglesia se cercioren de que bautizan a una persona realmente salva.

b.- Cuando alguien fue bautizado usando una formula distinta:

La ordenanza del bautismo en agua tiene la fórmula dada por Cristo en Mateo 28:19, por lo que si el bautismo fue tan sólo en el nombre de Jesús o bien usando cualquier otra fórmula, tal persona necesitará bautizarse una vez más a fin de obedecer al Señor.

Finalmente, una persona que habiendo creído en Cristo y habiendo dado evidencia de salvación, y que fue bautizada en el nombre del Padre, y del Hijo, y del Espíritu Santo, no deberá ser bautizada de nuevo, puesto que el bautismo efectuado correctamente es una sola vez. Aún y una persona haya sido reincidente y luego regresara al camino, no podrá ser bautizado de nuevo, porque no existe base bíblica de tal práctica. Tal persona necesitará pedir perdón al Señor, y así regresar a la senda angosta usando el recurso de la misericordia de Dios mientras su trono de misericordia esté en vigencia (Heb. 4:16; 9:27).

6. B. La santa cena

La otra ordenanza establecida por Cristo es la santa cena o santa comunión. Cuando Jesús celebró con sus discípulos la última cena antes de ser crucificado, Él mismo instituyó la santa cena. El apóstol Pablo lo explica con claridad en 1 Corintios 11:23-26, "Porque yo recibí del Señor lo que también os he enseñado: Que el Señor Jesús, la noche que fue entregado, tomó pan; 24 y habiendo dado gracias, lo partió y dijo: Tomad, comed; esto es mi cuerpo que por vosotros es partido; haced esto en memoria de mí. 25 Asimismo tomó también la copa, después de haber cenado, diciendo: Esta copa es el nuevo pacto en mi sangre; haced esto todas las veces que la bebiereis, en memoria de mí. 26 Así, pues, todas las veces que comiereis este pan, y bebiereis esta copa, la muerte del Señor anunciáis hasta que él venga".

La santa cena es un acto establecido por el Señor Jesús para fines de recordatorio. Algunos escritos antiguos, como *La apología primera*, de Justino Mártir (siglo II) capítulo 66 menciona la práctica común de la santa cena entre los cristianos salvos. Ignacio de Antioquía, en su *Carta a los efesios,* dice, "tratad de reuniros más frecuentemente para celebrar la cena del Señor y alabarlo. Porque cuando os reunís con frecuencia, los poderes de Satanás son derrocados y su destructividad desecha por la unanimidad de vuestra fe". En la *Didaché* también leemos: "Pero no comáis la Santa Cena a menos de que halláis sido bautizados en el nombre del Señor, en relación a esto también el Señor dijo, 'no deis lo santo a los perros".[14]

La santa cena es un acto ceremonial ordenado por el Señor para los cristianos lavados con su sangre preciosa en todo el mundo y en todas las épocas hasta que Él venga. Ésta consiste en el recordatorio de la muerte del Señor Jesús, representada en el pan, su cuerpo, y en el vino, su sangre. Veremos ahora algunos detalles con respecto a este tan importante simbolismo.

1.- Objetivo de la santa cena

El Señor Jesucristo oró por la unidad del cuerpo de Cristo, que es la iglesia, en Juan 17. Y el fin último de la santa cena es la comunión en amor de los cristianos. Lo que nos trae esa unión es el sacrificio perfecto de Jesús en la cruz del calvario (Ef. 4:3-6); por esto la santa cena es también llamada, la "santa comunión".

La celebración de la santa cena nos recuerda los beneficios de la cruz, por ello también Pablo, inspirado por el Espíritu le llama "la copa de bendición". Nos dice este pasaje: "La copa de bendición que bendecimos, ¿no es la comunión de la sangre de Cristo? El pan que partimos, ¿no es la comunión del cuerpo de Cristo? (1 Cor. 10:16). Por esto, cada vez que tomamos la santa cena estamos participando de la bendición del Señor.

2.- Nuestra bendición proviene de la comunión

Con la santa cena, el Señor nos recuerda vez tras vez que la bendición de Dios únicamente puede lograrse mediante la comunión con Dios, a través de su sangre, pues nos dice Hebreos 10:19, "Así que, hermanos, teniendo libertad para entrar en el Lugar Santísimo por la sangre de Jesucristo,". Y a la comunión con su cuerpo, que es la iglesia (Sal. 133; Hch. 2:42; 1 Jn. 1:5-7).

Es por la sangre de Cristo que nosotros tenemos acceso al trono de Dios. Asimismo por la sangre de Cristo fuimos comprados para Dios (Hch. 20:28), encontramos misericordia ante el Padre (Rom. 3:25), fuimos justificados (Rom. 5:9), tenemos redención (Ef. 1:7; Col. 1.14; Apo. 5:9), tenemos paz para con Dios (Col. 1:20), y fuimos hechos santos (Heb. 13:12). Apocalipsis resume todo esto en nuestra victoria: "Y ellos le han vencido por medio de la sangre del Cordero y de la palabra del testimonio de ellos," (Apo. 12:11).

Por el cuerpo de Cristo, que fue herido por nosotros, fuimos sanados (Is. 53:5; Mt. 8:17; 1 P. 2:24). Por ello cada vez que participamos de la cena del Señor estamos recordando que fuimos salvos por su sangre preciosa derramada en la cruz y sanados por su cuerpo que fue partido o herido por nosotros.

La comunión con la iglesia de Cristo es también esencial para lograr la bendición de Dios, pues Dios se manifiesta con poder en la unidad de su cuerpo (Sal. 133). El apóstol Pablo compara la iglesia con el cuerpo humano y que así como el cuerpo está unido para lograr homeostasis, así la iglesia (1 Cor. 12) se mantiene fuerte participando cada uno con sus dones. Efesios 4:16 y Colosenses 2:19 también nos hablan de esta unidad, que produce crecimiento en amor. La santa cena es un símbolo de esta unidad. Asimismo el apóstol Juan nos habla, casi en todo lo que escribe en sus cartas, acerca de lo esencial de la comunión con nuestros hermanos. Tanto es así, que dice que si no amamos a nuestro hermano y: "decimos que no tenemos pecado, nos engañamos a nosotros mismos, y la verdad no permanece en nosotros" (1 Jn. 1:8). No tener comunión con nuestros hermanos y no mostrarles amor nos hace culpables de pecado y es una prueba de que no andamos en luz. Por otro lado, andar en luz [perfectamente unidos a Cristo, quien es la luz] es traducido en santidad y en comunión unos con otros, y la sangre de Jesucristo su Hijo nos limpia [tiempo imperecedero, eterno continuo, <<a cada instante>>] de todo pecado (1 Jn. 1:7; Rom. 8:1).

3.- Distorsiones de la práctica de la santa cena en Corinto

En el capítulo 11 de 1 de Corintios, Pablo nos da a conocer el problema que había con los hermanos en la participación de la santa cena. No se estaba celebrando para bendición sino para juicio. Nos dice, "no os congregáis para lo mejor sino para lo peor" (1 Cor. 11:17).

a.- Desorden en la cena del Señor: había división entre los corintios y esto hacía que algunos se adelantaran y tomaban la cena; no se hacía como una ceremonia, sino como un festín en donde algunos inclusive se embriagaban (1 Cor. 11:17-22).

b.- Tomaban la cena del Señor en pecado: lo que nos dice el versículo 28, "Por tanto, pruébese cada uno a sí mismo, y coma así del pan, y beba de la copa"; así también los versículos 31 y 32 denotan que la falta de santidad al momento de participar de la santa cena estropea el propósito de ésta.

c. No discernían el cuerpo de Cristo: la palabra griega <<*diakrinō*>> significa también "separar", "hacer una distinción", o "discriminar". Y es que los corintios comían el pan de la cena del Señor como comer cualquier otro pan, no tomando en cuenta que el cuerpo del Señor es sagrado y es por su cuerpo herido que nosotros fuimos sanados. "Por lo cual hay muchos enfermos y debilitados entre vosotros, y muchos duermen" (1 Cor. 11:30). Por lo que el cuerpo del Señor, si se toma irrespetuosamente y en pecado, en lugar de sernos una bendición para confirmación de nuestra fe en la sanidad divina, será para juicio. Tanto que hasta muchos habían ya muerto, "muchos duermen" —nos dice—. Nótese que Pablo no dice "algunos" sino "muchos". Este asunto es algo realmente serio.

Por tanto, Cristo fue sacrificado para nuestra salud integral, tanto del alma como del cuerpo, tanto física como espiritual. Entender esto es el fundamento subyacente de la celebración de la santa cena y no deba hacerse nunca tan sólo por meros fines rituales.

4.- Significados erróneos de la santa cena

La santa cena es un acto que los cristianos evangélicos hacemos en cumplimiento a la ordenanza del Señor. Es algo simbólico, pero muy importante. La santa cena debe ser parte de las costumbres de todas las comunidades cristianas en el mundo que se reúnen para adorar al Dios vivo y verdadero.

Fuera de esta verdad bíblica, entre algunas denominaciones cristianas, se da a esta práctica un significado distinto. Veamos:

a.- La transustanciación: es la idea de que el cuerpo de Cristo y su sangre son trasladados literalmente al pan y al vino, los cuales los fieles de la religión comen y beben para recibir así a Cristo con esta práctica. La Iglesia Católica le llama, el "sacrificio incruento del Cristo eucarístico" y dice: "Cristo ofreció Su Cuerpo como un sacrificio incruento..., [y que] él ordenó la renovación del Sacrificio Eucarístico por todos los tiempos a través de la Iglesia es claro por la adición: Hagan esto en conmemoración mía."[15]

Contrario a esta doctrina, la Biblia nos dice claramente que Jesús ofreció un sacrifico único (Heb. 9:12, 24-28; 10:10-14) y de una vez y para siempre (Rom. 6:9).

En los anales de la historia encontramos que esta práctica tuvo su origen en el año 1215 en donde la Iglesia Católica adoptó la idea de lo literal del cuerpo y sangre de Cristo en los elementos eucarísticos. Sin embargo, Cristo dijo, cuando instituyó la santa cena, "esto es mi cuerpo" (Lc. 22:19), entendiéndose así que no se trataba de su cuerpo literal sino de un simbolismo, pues su cuerpo estaba entre ellos intacto, pues él no había sido crucificado todavía. Por otro lado, y esto es lo más importante, está comprobado con las Escrituras, que a Cristo no se le recibe mediante una ceremonia, sino mediante el arrepentimiento y la fe genuinas.

b.- Sólo un ritual ceremonial: aunque la celebración de la santa cena deba hacerse siguiendo un orden específico, esto no quiere decir que se trata únicamente de un acto litúrgico que debe observarse religiosamente. Tenemos que ir siempre al espíritu del acto. Cristo no vino a enseñarnos religión, Él vino a darnos vida, Él quiso que su vida fruyera en nosotros. Cada vez que nosotros tomamos la santa cena estamos recordando los beneficios de la cruz y estamos tomando la copa de bendición (1 Cor. 10:16). Cada vez que participamos de la santa cena tenemos que hacerlo en fe, y así renovar los beneficios de la muerte de Cristo en nuestras vidas.

EL BAUTISMO EN EL ESPÍRITU SANTO

VII

El bautismo en el Espíritu Santo es una experiencia distinta a la salvación en la que una persona salva es "investida del poder desde lo alto" (Lc. 24:49). Todos los cristianos tenemos acceso a este bautismo, puesto que dice la promesa de Joel 2:28: "Y después de esto derramaré mi Espíritu sobre toda carne, y profetizarán vuestros hijos y vuestras hijas; vuestros ancianos soñarán sueños, y vuestros jóvenes verán visiones". Todos los hijos de Dios deberíamos anhelar, buscar fervientemente, y perseverar en esta búsqueda, hasta ser bautizados en el Espíritu Santo, pues este fue el mandato del Señor Jesucristo. El bautismo en el Espíritu Santo fue la experiencia normal de la iglesia primitiva y ello nos enseña, que si la iglesia de hoy desea vivir plenamente el evangelio, necesita recibir lo mismo que ellos recibieron.

 7. A. **Distinción del bautismo en el Espíritu Santo**

El bautismo en el Espíritu Santo es una experiencia distinta a la salvación. Veamos algunas de las comprobaciones que las Escrituras nos proporcionan acerca de esta verdad:

1.- Distinción hecha por Juan el bautista: cuando Juan bautizaba era necesario que el pueblo se arrepintiera al oír su mensaje. Este era el requisito que él quería ver primero antes de bautizarles. Cuando vienen los fariseos para ser bautizados por él, éste al verles les decía: "¡generación de víboras! ¿Quién os enseñó a huir de la ira venidera? [8] Haced, pues, frutos dignos de arrepentimiento" (Mt. 3:7-8). Juan bautizaba con agua, pero dice de Cristo: "él os bautizará con el Espíritu Santo". Juan hace una distinción entre el bautismo en agua y el bautismo en el Espíritu Santo.

2.- Pablo en Éfeso: cuando Pablo llegó a Éfeso, lo primero que pregunta a los discípulos fue esto: "¿Recibisteis el Espíritu Santo cuando creísteis? Y ellos le dijeron: Ni siquiera hemos oído si hay Espíritu Santo" (Hch. 19:2). Luego Pablo, al saber que fueron bautizados con el bautismo de Juan les explica: "Juan bautizó con bautismo de arrepentimiento, diciendo al pueblo que creyesen en aquel que vendría después de él, esto es, en Jesús el Cristo" (Hch. 19:4). Luego Pablo primero les vuelve a bautizar en agua, ahora con la formula bautismal de Jesús, y les impone las manos para que reciban el bautismo en el Espíritu Santo. Es evidente que para poder bautizarlos en agua Pablo estaba seguro de que estos hombres eran salvos ya, pero luego les impone las manos y ellos recibieron una segunda experiencia, distinta a la salvación: el bautismo en el Espíritu Santo.

3.- La experiencia en Samaria: en el capítulo 8 de Hechos sucedió algo similar, aunque los creyentes ya habían sido bautizados en agua. Nos dicen las Escrituras: "Cuando los apóstoles que estaban en Jerusalén oyeron que Samaria había recibido la palabra de Dios, enviaron allá a Pedro y a Juan; ¹⁵ los cuales, habiendo venido, oraron por ellos para que recibiesen el Espíritu Santo; ¹⁶ porque aún no había descendido sobre ninguno de ellos, sino que solamente habían sido bautizados en el nombre de Jesús" (Hch. 8:14-16). Ahí podemos ver con claridad que el bautismo en el Espíritu Santo es una experiencia distinta a la salvación.

4.- El gran regalo del Padre: Ya Jesús había hecho esta distinción cuando habla de la oración en el Capítulo 11 de Lucas. Él dice: "Pues si vosotros, siendo malos, sabéis dar buenas dádivas a vuestros hijos, ¿cuánto más vuestro Padre celestial dará el Espíritu Santo a los que se lo pidan?" (Lc. 11:13). Jesús está ciertamente hablando a los hijos de Dios, es por eso que dice:

"vuestro Padre celestial", y puesto que creemos que una persona que es salva y constituida en hijo o hija de Dios recibe el Espíritu Santo en su corazón (junto con el Padre y con el Hijo, pues Dios es un Dios trino), entonces aquí está hablando del bautismo en el Espíritu Santo, una experiencia distinta a la salvación.

Las Escrituras nos enseñan contundentemente que el bautismo en el Espíritu Santo es una experiencia distinta y posterior a la salvación y esto lo podemos comprobar también con pasajes tales como Hechos 8:12-17; 10:44-46; 11:14-16; 15:7-9, etc.

7. B. Requisito para el bautismo en el Espíritu Santo

Tal como sucede con el bautismo en agua, cuyo requisito es que una persona haya recibido de Dios una salvación genuina, así, es necesario que toda persona que busque el bautismo en el Espíritu Santo ya sea salva. Pues nos dice la Biblia: "Arrepentíos, y bautícese cada uno de vosotros en el nombre de Jesucristo para perdón de los pecados; y recibiréis el don del Espíritu Santo. [39] Porque para vosotros es la promesa, y para vuestros hijos, y para todos los que están lejos; para cuantos el Señor nuestro Dios llamare" (Hch. 2:38, 39). Pedro estaba hablando de todas las generaciones por venir y de todos los pueblos sobre la tierra. Para todos, el requisito de Dios sigue siendo el mismo.

1.- Los discípulos ya eran salvos: los ciento veinte discípulos reunidos en el Aposento Alto de Hechos 2 eran ya salvos, se habían arrepentido y creído en Cristo, pero ellos recibieron una segunda experiencia, pues el Espíritu Santo descendió sobre ellos y "fueron todos llenos del Espíritu Santo, y comenzaron a hablar en otras lenguas, según el Espíritu les daba que hablasen" (Hch. 2:4). Cuando Jesús les dice a sus discípulos, "ya vosotros estáis limpios por la palabra que os he hablado" (Jn. 15:3), está diciendo que los apóstoles ya eran hombres regenerados, "aunque no todos" (Jn. 13:10, refiriéndose a Judas el traidor). Ellos eran hombres regenerados o salvos, más todavía no habían sido bautizados con el Espíritu Santo, lo cual fue un acto posterior (Hch. 1:5).

2.- No es requisito ser bautizado en agua: fue requisito para los apóstoles y discípulos de Jesús ser salvos, mas no que estuviesen bautizados en agua, pues aún Cornelio, sus familiares y amigos reunidos en su casa fueron bautizados en el Espíritu Santo después de haberse arrepentido y creer en sus corazones. Nos dice el pasaje: "Mientras aún hablaba Pedro estas palabras, el Espíritu Santo cayó sobre todos los que oían el discurso. [45] Y los fieles de la circuncisión que habían venido con Pedro se quedaron atónitos de que también sobre los gentiles se derramase el don del Espíritu Santo. [46] Porque los oían que hablaban en lenguas, y que magnificaban a Dios" (Hch. 10:44-46). El bautismo en agua se vuelve en un requisito cuando, pudiendo bautizarse en agua, el individuo no quiere dar el paso. Eso es señal de una salvación espuria.

Una persona puede ser bautizada en el Espíritu Santo el mismo día que cree en Cristo, el mismo día de su conversión, aun un instante después de haber sido salvo, pero siempre será una experiencia distinta y posterior a la salvación.

3.- Requisito único, la salvación genuina: por supuesto que esta salvación debe ser genuina, y como ya vimos en el capítulo referente al tema de la Salvación, el arrepentimiento para lograr la salvación, es un renunciamiento total al pecado. Cualquier pecado es un obstáculo para que el bautismo en el Espíritu Santo sea efectuado. Sin embargo, la fe en Cristo nos hace vencer al pecado (Hch. 26:18) y así tenemos seguridad de esa santificación, pues es Dios quien lo hace y no nosotros. La fe es contraria al pecado pues dice la Biblia, "todo lo que no proviene de fe es pecado" (Rom. 14:23); y un pecado no confeso (o inclusive la duda de si algo es pecado o no) será un obstáculo para que la bendición de Dios llegue (Hch. 5:32). Es por tanto indispensable tener una conciencia limpia (1 Ti. 3:9, Heb. 9:14) mediante la sangre de Cristo (1 Jn. 1:7), y mantenernos en santidad mediante la fe y el poder del Espíritu Santo. En capítulos posteriores, en el tema de la santidad, veremos con mucho más detalle este tema.

 ## 7. C. El bautizador

La Biblia nos enseña que el único bautizador es Cristo Jesús. Leemos: "Yo a la verdad os bautizo en agua; pero viene uno más poderoso que yo, de quien no soy digno de desatar la correa de su calzado; él os bautizará en Espíritu Santo y fuego" (Lc. 3.16). No es el Espíritu Santo quien bautiza, ni el Padre, es el Hijo de Dios.

El bautismo en el Espíritu Santo no es sentir la presencia de Dios solamente ni sentir libertad para orar. No es producto de una emoción ni de una autosugestión. Pues es Cristo quien bautiza y Él lo hará ahora si tenemos fe, pues la fe, como con cada una de las promesas de Dios, es también indispensable para recibir el bautismo en el Espíritu Santo. Él lo hará ahora mismo si se lo pedimos.

7. D. La naturaleza de la experiencia

Ahora veremos algunos aspectos de esta experiencia:

1.- Elementos del bautismo: para que exista un bautismo se necesita el conjunto de tres: un bautizador, quien es bautizado y el elemento en donde es bautizado. El bautizador es Cristo, el creyente es quien es bautizado y en donde es bautizado es el Espíritu Santo. Para que un bautismo sea bautismo se necesita inmersión. La palabra griega <<*baptizō*>> significa literalmente inmersión o sumersión. Cuando uno es bautizado en el Espíritu de Dios el tal es inmerso en la gloria de Dios, es inmerso en el poder sobrenatural y presencia del Todopoderoso.

2.- Es un descenso o un derramamiento: en el pasaje de Hechos 8:14-16 podemos notar la frase: "No había descendido sobre ninguno de ellos". El bautismo en el Espíritu Santo es el descenso del poder y la gloria de Dios sobre un individuo. Una persona puede tener la salvación, pero la experiencia de la salvación no es todo lo que Dios ha preparado para sus hijos, Él quiso que sobre nosotros descendiera su gloria desde lo alto. Es verdad que el Espíritu Santo ya está con nosotros y que siendo un Dios trino, habita en aquel que ha sido salvo (Rom. 8:15; 1 Cor. 2:12; 2 Cor. 11:4, etc.), sin embargo, Dios quiere que experimentemos su gloria.

En la profecía de Joel 2:28-29, Dios habla de un derramamiento: "y después de aquellos días derramaré de mi Espíritu... y también sobre los siervos y sobre las siervas derramaré de mi Espíritu". Y luego en Hechos 10:45 se dice de los de Cornelio, "de que también sobre ellos se derramase el Espíritu Santo". La experiencia del bautismo en el Espíritu Santo es un descenso y derramamiento sobrenatural del Espíritu, y denotan la inmersión [bautismo] en la <<*shekina*>> gloria y presencia de Dios.

3. Una llenura: Ahora bien, el bautismo en el Espíritu Santo no solo es un derramamiento y un descenso de la gloria de Dios sino también una llenura. El derramamiento o descenso del Espíritu Santo tiene que ver con lo externo, (estar inmersos en el Espíritu de Dios), pero la llenura tiene que ver con lo interno. Esto tiene relación con las palabras de Pablo en 1 de Corintios 12:13, "Porque por un solo Espíritu fuimos todos bautizados en un cuerpo, sean judíos o griegos, sean esclavos o libres; y a todos se nos dio a beber de un mismo Espíritu". La primera parte de este versículo tiene que ver con la salvación, pero la segunda parte, que es una idea separada —aunque dentro de la misma oración (separada por un punto y coma)—, habla del bautismo en el Espíritu Santo, "se nos dio a beber de un mismo Espíritu". Dos versículos más veremos como ejemplo de esta verdad.

a.- Juan 7:37-38: "En el último y gran día de la fiesta, Jesús se puso en pie y alzó la voz, diciendo: Si alguno tiene sed, venga a mí y beba. [38] El que cree en mí, como dice la Escritura, de su interior correrán ríos de agua viva. [39] Esto dijo del Espíritu que habían de recibir los que creyesen en él;". El Señor dice que recibir el bautismo con el Espíritu es una llenura, ríos de agua viva corriendo en nuestro interior (ver también Is. 58:11).

b.- Efesios 5:18: "No os embriaguéis con vino, en lo cual hay disolución; antes bien sed llenos del Espíritu". El vino produce una alegría superflua y artificial, pero también disolución. La palabra traducida por la Reina-Valera como "disolución", (gr. <<*asōtia*>>) significa abandono, pero también atrevimiento. Quien se entrega a los vicios o placeres, "viviendo está muerto" (1 Ti. 5:6) y tiene atrevimiento para hacer cosas arbitrariamente, en abandono, y en soledad. Una vida de embriaguez se traduce en tristeza y finalmente en muerte. Sin embargo, nos dice además el texto, "antes bien sed llenos del Espíritu". La llenura del Espíritu son los ríos de agua viva de Dios; es beber del agua del Dios viviente, ser totalmente saciados de Él y ser usados por el Omnipotente como un canal de bendición espiritual a otros. Con la salvación alguien puede tener lo suficiente para él mismo, pero con el bautismo en el Espíritu Santo tendrá la maravillosa bendición de ayudar a un mundo que muere sin Dios.

7. E. Empieza con un anhelo ferviente

Cristo dijo: "Si alguno tiene sed..." (Jn. 7:37). Dios quiere que tengamos sed del bautismo y que lo pidamos fervientemente (Is. 44:3). Quiere que tengamos un anhelo profundo en el corazón de recibir su regalo (Lc. 11:9-13). No será posible anhelar profundamente algo si primero no entendemos el valor que esto tiene. Jesús dijo: "Pues si vosotros, siendo malos, sabéis dar buenas dádivas a vuestros hijos, ¿cuánto más vuestro Padre celestial dará el Espíritu Santo a quienes se lo pidan? (Lc. 11:13). El Señor Jesús dice en este pasaje, que el regalo más grande que los hijos de Dios pueden recibir en esta tierra es el bautismo en el Espíritu Santo. No está hablando de la salvación, pues está dirigiéndose a aquellos, que como hijos de Dios, tienen derecho a pedir lo que quieran al Padre (Jn. 15:7; 16:24, 26). Por tanto el bautismo en el Espíritu Santo se otorga a los que fervientemente y sin desmayar piden al Señor por él.

1. **Responsabilidad de pedir:** una verdad es dicha: que siendo el

bautismo en el Espíritu Santo para todos y que el requisito de la salvación está cumplido, resta sobre la responsabilidad de cada uno buscar fervientemente el bautismo puesto que, ¿nos pedirá cuentas el Señor de todas las almas que no salvamos por no estar revestidos de este poder desde lo alto? ¿Nos pedirá cuentas por todas las almas que no edificamos? Pienso que sí. Cada uno tiene la gran responsabilidad de pedir fervientemente por este regado tan maravilloso del Padre hasta recibirlo.

2.- Pedir por los motivos correctos: pedir fervientemente implica también que pidamos con los motivos correctos, pues el bautismo en el Espíritu Santo no es para cumplir nuestros deseos ni motivaciones egoístas. Una persona que desee el bautismo en el Espíritu y pida fervientemente pero esté pensando en motivos que no concuerdan con lo que Dios quiere, no será escuchada. Es por tanto necesario renunciar a nosotros mismos y tener un espíritu de sumisión total y obediencia para así recibir el don de Dios (Stg. 4:3).

3.- Pedir con fe: También Santiago nos recuerda que para recibir cualquier cosa del Señor debemos orar con fe: "Pero pida con fe, no dudando nada; porque el que duda es semejante a la onda del mar, que es arrastrada por el viento y echada de una parte a otra. [7] No piense, pues, quien tal haga, que recibirá cosa alguna del Señor" (Stg. 1:6-7). En Marcos 11:24 dice Jesús: "Por tanto, os digo que todo lo que pidieres orando, creed que lo recibiréis y os vendrá". La *King James Version* es más exacta en la traducción: "*Therefore I say unto you, What things soever ye desire, when ye pray, believe that ye receive them, and ye shall have them*". [Por tanto, os digo, que todas las cosas que deseares al orar, creed que las recibes (tiempo presente, voz activa, indicativo) y las tendrás]. La fe por tanto implica vivir en *presente* lo que estamos pidiendo, tal como si ya lo tuviésemos (ver 1 Jn. 5:14-15). Este mismo principio de fe se aplica a todas las doctrinas bíblicas, incluyendo la santidad, sanidad y cualquier otra doctrina bíblica.

7. F. La fuente del bautismo en el Espíritu Santo

Ciertamente el bautismo en el Espíritu Santo tiene bases doctrinales poderosas. Algunos argumentan que la mayor parte de nuestra base escritural es sólo en el libro de los Hechos, sin embargo, el libro de los Hechos nos habla de la vida ejemplar de la iglesia cristiana. Por supuesto no sólo en el libro de los Hechos encontramos bases, como hemos estado —y seguiremos— examinando en este capítulo, sin embargo, además de esto, el bautismo en el Espíritu Santo no sólo es un entendimiento teológico, es una experiencia. La experiencia pentecostal es algo eminentemente práctico.

La práctica es algo visible. La mente y el corazón no pueden verse, pero sí pueden verse nuestras actitudes y palabras. Si nuestro corazón está lleno del Espíritu, también fluirá el Espíritu de adentro de nosotros. Cuando la Palabra de Dios se convierte en vida dentro de nosotros la verdad encarnada en nosotros será notable. De esa manera, la experiencia del don del Espíritu es una confirmación de la verdad bíblica.

La fuente del bautismo es el mismo Verbo de Dios que es Cristo, quien desea seamos "fortalecidos en el hombre interior por su Espíritu" y "seamos llenos de la plenitud de Dios" (Ef. 3:16-19). Es el deseo de Dios lo que nos invita a recibir una experiencia y no sólo un conocimiento teórico.

7. G. Funciones del bautismo en el Espíritu Santo

Veremos en esta sección algunas consideraciones acerca del propósito del bautismo en el Espíritu Santo.

1.- Aquello para lo que _no_ es:

Antes de ver para qué nos sirve el bautismo en el Espíritu Santo, veremos aquello para lo que _no_ es el bautismo.

a.- _No es para limpiarnos del pecado:_ nos dice la Biblia que la sangre preciosa de Cristo nos limpia de todo pecado (1 Jn. 1:7), por lo que el bautismo en el Espíritu Santo no es para la santificación, aunque también es función del Espíritu de Dios santificarnos (Tit. 3:5; Rom. 15:16). La santificación no es efectuada cuando una persona recibe el bautismo en el Espíritu Santo; aunque mantenerse lleno del Espíritu implica andar en el Espíritu y vivir en santidad, es decir, comprueba que una persona ha sido santificada por Dios.

b.- No es para meramente tener un sentimiento: Dios no nos ha llamado a experimentar emociones, aunque las emociones siguen a la experiencia y al entendimiento. Ninguna base bíblica existe para demostrar que las emociones son el objetivo del bautismo en el Espíritu Santo.

c.- No es para tener poder en un llamamiento que no es el nuestro: 1 Corintios 12:11 nos dice "pero todas estas cosas las hace uno y el mismo Espíritu, repartiendo a cada uno en particular como él quiere". Para la predicación, por ejemplo, se necesita un llamamiento del Señor y un conocimiento profundo y erudito de las Sagradas Escrituras como uno de sus requisitos indispensables y no todos son llamados para ello, pues el Espíritu da talentos y dones particulares. El bautismo en el Espíritu Santo traerá una dimensión mayor a cualquier ministerio, pero debemos asegurarnos que estamos ubicados en aquello para lo que Dios nos llamó, pues este bautismo no es para hacer aquello para lo cual no fuimos llamados.

d.- No es para erradicar el pecado de nosotros ni la naturaleza pecaminosa: la naturaleza adámica (carnal) aun permanecerá con nosotros hasta que estemos en el cielo y no existe ningún versículo que apoye que el bautismo en el Espíritu Santo es dado para erradicar esto. Es posible mantener un dominio y victoria constante contra la carne, pero siempre existirá esa lucha, en donde la fe nos dará siempre la victoria (Rom. 8).

2.- Aquello para lo que sí es el bautismo en el Espíritu Santo:

El bautismo en el Espíritu Santo es un derecho de todos los creyentes, que nos abre las puertas de una dimensión superior de experiencia cristiana. En esta sección veremos algunas de las grandes bendiciones que esto representa:

a.- Poder para ser testigos de Cristo: cuando los discípulos le preguntaron a Jesús acerca del poder político y terrenal al decir, "¿Restaurarás el reino de Israel por este tiempo?" (Hch. 1:6), el Señor les responde que no es acerca del poder político de lo que se trata el reino de Dios sino del poder espiritual, "pero recibiréis poder, cuando haya venido sobre vosotros el Espíritu Santo, y me seréis testigos en Jerusalén, en toda Judea, en Samaria, y hasta lo último de la tierra" (Hch. 1:8).

El bautismo en el Espíritu Santo tiene la función de equiparnos con poder para **el testimonio del Señor a otros** (Hch. 1:5, 8; 4:31, 33). Cuando una persona es llena con el Espíritu Santo tiene una gracia de Dios sobrenatural para compartir la fe de Cristo. Una madre que es bautizada en el Espíritu Santo tiene gracia de Dios para evangelizar y enseñar a sus niños en el temor de Dios, en amonestación y disciplina. Es capaz de llegar a los corazones de aquellos a quienes antes evangelizaba o ministraba sin ningún fruto.

Jesús sabía que sin el bautismo en el Espíritu Santo, la iglesia fracasaría, por ello dice a sus discípulos, "pero quedaos en Jerusalén, hasta que seáis investidos del poder desde lo alto" (Lc. 24:49). De igual manera, la iglesia de Dios no podrá forjar verdaderos y robustos cristianos si no es mediante el poder del Espíritu de Dios obtenido en el bautismo que da Jesús a todo aquel que ha sido salvo por su gracia. Cualquiera diría que los apóstoles estaban ya preparados para salir al mundo, habían estado tres años con Jesús, tuvieron entrenamiento de sanar a los enfermos y echar fuera demonios, e incluso habían visto durante 40 días al Cristo resucitado, pero ellos necesitaban el bautismo para tener éxito en su tarea gigantesca.

b.- Poder para el ejercicio del ministerio y los dones: aquel que ha recibido el llamamiento para un ministerio, cuando es bautizado en el Espíritu Santo, recibe de Dios la gracia para hacerlo con un poder sobrenatural.

La Biblia nos dice, que aunque tenemos derecho a pedir algún don en especial (1 Cor. 12:31), es el mismo Espíritu Santo quien es soberano en la repartición de los dones (1 Cor. 12:11). Por ello, el poder de Dios será aplicado al don que el mismo espíritu nos ha dado a fin de que le sirvamos en el área que Él quiera y no donde nosotros queramos. Sin embargo, si es de una forma u otra, el bautismo en el Espíritu Santo nos dará poder sobrenatural de Dios para el servicio con el fin de la salvación y edificación de otros.

Cristo es el ejemplo máximo de esto. Él tuvo el llamamiento más grande de todos, pero no fue sino hasta que Él fue ungido con el Espíritu Santo que inicia su ministerio. De esto dice Pedro, cuando predicaba a Cornelio y sus amigos: "cómo Dios ungió con el Espíritu Santo y con poder a Jesús de Nazaret, y cómo este anduvo haciendo bienes y sanando a los oprimidos por el diablo, porque Dios estaba con él" (Hch. 10:38). Cuando Jesús fue ungido en el Jordán con el Espíritu Santo, quien descendió sobre Él en forma de paloma, fue llevado inmediatamente por Éste para ser tentado por el diablo; y luego de terminar con eso nos dice el texto sagrado, "Y Jesús volvió en el poder del Espíritu a Galilea, y se difundió su fama por toda la tierra de alrededor" (Lc. 4:14). Cristo es nuestro ejemplo máximo, quien después de su unción empezó su ministerio y "anduvo haciendo bienes y sanando a los oprimidos por el diablo, porque Dios estaba con él" (Hch. 10:38). Nosotros también necesitamos hacerlo así. Por tanto, el bautismo en el Espíritu Santo es absolutamente necesario para el ministerio y el ejercicio de cualquier don sobrenatural dado por Dios. Alguien puede tener un claro llamamiento de Dios para la predicación o la enseñanza, pero debe ser bautizado en el Espíritu Santo antes de empezar formalmente su ministerio. Las buenas noticias es que este bautismo puede recibirlo hoy mismo toda persona que camina con Cristo.

Hay quienes al tener un llamamiento, prefieren predicar con "excelencia de palabras o de sabiduría" (1 Cor. 2:1) y no "con demostración del Espíritu y de poder" (1 Cor. 2:4).

c.- *Nos abre la puerta a lo sobrenatural de Dios:* Hebreos 6:4-5, aunque introduce el tema de los que recayeron, nos da luz acerca del bautismo en el Espíritu Santo cuando dice: "[que] gustaron el don celestial, y fueron hechos partícipes del Espíritu Santo,[5] y asimismo gustaron de la buena palabra de Dios y los poderes del siglo venidero". En este pasaje podemos observar que el bautismo en el Espíritu Santo —participantes del Espíritu Santo— nos abre la puerta a lo sobrenatural, a los "poderes del siglo venidero", es decir, lo que está reservado para el tiempo en donde lo natural desaparezca. Dicho de otro modo, lo sobrenatural, es disfrutado ahora mismo para aquellos que "fueron [son] hecho partícipes del Espíritu Santo", los que son bautizados en Él.

La iglesia primitiva vivía en lo sobrenatural cada día. En cada uno de los relatos del libro de los Hechos ocurre uno o más milagros. Hechos 19:11 nos dice: "Y hacía Dios milagros extraordinarios por mano de Pablo", dando ello evidencia que los milagros eran cosa ordinaria entre los cristianos de la iglesia primitiva y que por mano de Pablo aún Dios hacía milagros fuera de lo ordinario. Esto era demostración del poder que Cristo prometió que recibirían los discípulos cuando fueran bautizados en el Espíritu Santo.

d.- Nos brinda una nueva dimensión de oración: cuando una persona es bautizada en el Espíritu Santo, como lo veremos más adelante, recibe lenguas de Dios como evidencia de ese bautismo. Estas lenguas nos ayudan a orar en una dimensión superior al simple ejercicio de los idiomas naturales. Nos dice Pablo en Romanos 8:26-27, "Y de igual manera el Espíritu nos ayuda en nuestra debilidad; pues qué hemos de pedir como conviene, no lo sabemos, pero el Espíritu mismo intercede por nosotros con gemidos indecibles. [27] Más el que escudriña los corazones sabe cuál es la intención del Espíritu, porque conforme a la voluntad de Dios intercede por los santos".

Cuando una persona recibe las lenguas del Señor como evidencia de su bautismo, ahora podrá orar a Dios en el Espíritu, y tendrá derecho a lo que este pasaje de Romanos nos dice: que el Espíritu Santo nos ayudará en nuestra debilidad [se refiere a la debilidad del ser humano debido a la carne, y no a enfermedad física] para pedir [en lenguas] conforme a la voluntad de Dios para que tengamos las bendiciones de Dios. Al estar en Cristo no oramos conforme a nuestra voluntad, sino conforme a la voluntad de Dios, pero en muchas ocasiones no conocemos cuál es esa voluntad. Es entonces que el Espíritu Santo intercede por los santos ministrando en su templo, el cual somos cada uno de nosotros, orando a través nuestro.

e.- Enciende el fuego de Dios dentro de nosotros: Juan el Bautista dio testimonio de Cristo que Él nos bautizaría en Espíritu Santo y fuego. ¿Qué es este fuego? El fuego fue el instrumento utilizado para los sacrificios del pueblo de Dios, para ofrecer ofrenda a Dios (Lv. 1:7, 8, 13, 17; 2:2, etc). También nos dice que el fuego puesto sobre el altar no podría apagarse nunca (Lv. 6:13). Cuando alguien es bautizado en el Espíritu Santo se enciende el fuego de Dios dentro de él, es un fuego del don de Dios. Por ello es que dice Pablo a Timoteo: "No descuides el don que hay en ti, que te fue dado mediante profecía con la imposición de mis manos" (1 Ti. 4:14), en conexión con, "por lo cual te aconsejo que avives el fuego del don de Dios que está en ti por la imposición de mis manos" (2 Ti. 1:6). Cuando somos bautizados "en fuego" Dios enciende una llama dentro de nosotros para que arda continuamente. Por esto también dice: "Orad sin cesar... no apaguéis el Espíritu" (1Ts. 5:17, 19). El don de Dios se puede apagar si dejamos de avivar el fuego de Dios dentro de nosotros, si dejamos de llenarnos constantemente del Espíritu Santo en la oración en el Espíritu, después de ser bautizados. Ese fuego trae en nosotros una mayor consagración, mayor temor y reverencia al Señor (Hch. 2:43; Heb. 12:28), además del ejercicio del don o dones que el Espíritu nos haya otorgado.

f.- Trae unidad en el cuerpo de Cristo: los judíos y gentiles estuvieron desunidos por mucho tiempo. Aún en el inicio de la iglesia primitiva en Jerusalén, los judíos no podían aceptar que otros fuera de su nación podrían ser salvos, y aunque

Pedro ya había predicado, "Y todo aquel que invocare el nombre del Señor, será salvo" (Hch. 2:21), aun él mismo no entendía esas palabras. Pero cuando Pedro y los fieles de la circuncisión vieron que el Espíritu Santo había llenado a los gentiles en la casa de Cornelio, "quedaron atónitos de que también sobre los gentiles se derramase el don del Espíritu Santo. [48] Porque los oían que hablaban en lenguas, y que magnificaban a Dios" (Hch. 10:45-46). Luego, en el concilio de Jerusalén, Pedro volvió a referir el hecho como una prueba de hermandad en Cristo cuando dice: "Y Dios, que conoce los corazones, les dio [hablando de los gentiles] testimonio, dándoles el Espíritu Santo lo mismo que a nosotros" (Hch. 15:8). Es una realidad que dentro del cristianismo existen distintas denominaciones con diferentes puntos de vista pero, al ver que el Espíritu Santo es derramado sobre ellos igual que a nosotros, podremos decir lo mismo que Pedro y sus acompañantes. Esto es una prueba de que ellos son nuestros hermanos también (mientras se mantengan en Cristo y en esa llenura).

g.- *Trae dirección y enseñanza:* El Señor Jesucristo dijo que cuando el Espíritu Santo descendiera, 1) Nos guiaría a toda la verdad (Jn. 16:13), y 2) Nos enseñaría todas las cosas (Jn. 14:26). Los discípulos, después de que Jesús ascendió al cielo, eran salvos por haberse arrepentido y creer en Cristo. El Señor ya había muerto y resucitado por ellos, pero aún no habían sido bautizados en el Espíritu Santo. Y, teniendo la idea de sustituir al discípulo que había caído, a Judas, utilizaron el mismo método que se usó en el Antiguo Testamento, (p.ej. en Josué 21) para tomar una decisión: la suerte. Sin embargo, después de que fueron bautizados en el Espíritu Santo, ellos esperaban a que fuera el Espíritu de Dios quien les guiara en todas sus obras (p.ej. Hch. 16:6-10). De igual manera, la predicación de Pedro, Esteban y Pablo, registradas en el libro de los Hechos nos muestran una compresión sobrenatural de las Escrituras que ningún hombre sin el bautismo en el Espíritu Santo podría tener. De igual manera, aquel que es lleno del

Espíritu recibe de Dios una dirección sobrenatural y un entendimiento superior de las Escrituras. Por supuesto, que no podemos menospreciar a quienes enseñan las Escrituras, aun sin ser bautizados, sin embargo, quienes *lo son* tienen un potencial mayor que aquellos que no lo han sido por causa de la promesa de Jesús en Juan 14:26.

7. H. Diferencia entre bautismo y llenura en el Espíritu Santo

Las Escrituras utilizan varios términos para hablar del bautismo en el Espíritu Santo. En Hechos 10:45 se le llama, "el don del Espíritu Santo"; en Hechos 10:47 o Hechos 8:17 se le llama, "recibir el Espíritu Santo". En otros pasajes dice: "cayó el Espíritu Santo" (Hch. 11:15); también se le llama "la promesa del Padre" (Hch. 1:4); "don de Dios" (Jn. 4:10; Hch. 8:20; Rom. 5:15; 2 Ti. 2:6) "la promesa del Espíritu Santo" (Hch. 2:33); "investidura del poder desde lo alto" (Lc. 24:49); o bien al referirse al término, "bautizados *con* el Espíritu Santo" (Mc. 1:8; Hch. 11:6; Hch. 1:5). Todas estas expresiones se refieren a lo mismo, al bautismo en el Espíritu Santo.

Sin embargo, al hablar de la llenura, las Escrituras se refieren a una continua "recarga" del poder de Dios, y es más aplicado a los que ya fueron bautizados en el Espíritu Santo (primera experiencia de la llenura del Espíritu Santo), pero luego fueron llenos de nuevo. Esto se comprueba, por ejemplo, con el pasaje de Hechos 4:31 que dice: "Cuando hubieron orado, el lugar en que estaban congregados tembló; y todos fueron llenos del Espíritu Santo, y hablaban con denuedo la palabra de Dios". Aquellos discípulos que oraron ya habían sido bautizados con el Espíritu Santo, pero Dios les dio una nueva y fresca llenura. Cada uno que es bautizado con el Espíritu Santo necesita ser lleno constantemente con el Espíritu Santo y mantener una debida conexión con el Señor para mantenerse en el fuego de Dios. No sólo es muy importante ser bautizados en el Espíritu Santo sino más aun es vivir en ese bautismo cada día hasta que Cristo venga.

Ahora bien, no siempre la Biblia habla de la llenura del Espíritu Santo cuando el bautismo ya se efectuó, (p. ej. en Hch. 2:4; Hch. 9:17), pues varias veces se menciona "lleno del Espíritu" cuando alguien fue "bautizado en el Espíritu Santo", pero cada vez que alguien ya fue bautizado, lo siguiente es continuar siendo lleno del Espíritu de Dios, ya que este bautismo no es un evento particular aislado, es sólo el inicio de la llenura del Espíritu que debe ser mantenida diariamente, pues nos dice la Biblia, "andad en el Espíritu, y no satisfagáis los deseos de la carne" (Gál. 5:16).

 7. I. La responsabilidad al ser bautizado en el Espíritu

Todo privilegio lleva consigo alguna responsabilidad y la llenura del Espíritu no es la excepción. Ser bautizado en el Espíritu Santo es una exaltación del Señor, disponible para todos los creyentes, en donde el cristiano debe administrar el regalo que ha recibido de Dios. Algunas de estas consideraciones son presentadas en esta sección:

1.- El Espíritu Santo no controlará lo que nosotros podemos controlar: Dios no controla a nadie. El diablo, al poseer un cuerpo, lo controla, Dios no. La Biblia dice: "los espíritus de los profetas están sujetos a los profetas" (1 Cor. 14:32). Una persona, por ser llena del Espíritu no puede dejar de tomar sus propias decisiones y ser responsable por ello, porque Dios no nos controla, nos guía, nos ordena, nos señala el camino correcto.

2.- El bautismo en el Espíritu Santo es uno de varios aspectos: debemos siempre entender que la experiencia del bautismo es sólo una parte de los aspectos de la vida cristiana pero no el todo. Por ejemplo, el apóstol Pablo nos dice: "Seguid el amor; y procurad los dones espirituales, pero sobre todo que profeticéis" (1 Cor. 14:1). Aquí se hace una diferenciación entre el amor, los dones, y la predicación (la profecía). No es sólo el amor sino también los dones, no sólo los dones, pero también el amor y la profecía. También en 2 Timoteo 3:10-11 dice: "Pero tú has seguido mi doctrina, conducta, propósito, fe, longanimidad, amor, paciencia, [11] persecuciones, padecimientos," es decir, Pablo menciona varios elementos de la vida cristiana en donde él fue ejemplo para Timoteo. En Efesios 6:10-17 Pablo menciona la armadura del cristiano y cada uno de esos elementos tiene su lugar para tener la protección necesaria. No sólo el bautismo y los dones del Espíritu sino el fruto del Espíritu (Gál. 5:22, 23). En 2 Corintios 6:6 dice también: "en pureza, en ciencia, en longanimidad, en bondad, en el Espíritu Santo, en amor sincero". Pablo menciona el bautismo en el Espíritu Santo entre otras expresiones cristianas. Todo esto nos ayuda a comprobar que aunque el bautismo en el Espíritu Santo es el más grande regalo de Dios en la vida cristiana, Él ha reservado muchos otros regalos para el cristiano; y también, que la persona del Espíritu Santo no sólo está presente en el bautismo, sino en nuestra regeneración (Tit. 3:5), santificación (Ro. 15:16), fruto del Espíritu (Gál. 5:22, 23), etc. Asimismo el bautismo en el Espíritu no es una substitución para ninguno de estos aspectos y el cristiano tiene la responsabilidad de buscar todo lo que la Biblia ha provisto para él.

3.- La entrada en lo sobrenatural implica una lucha más encarnizada con el enemigo: cuando Cristo volvió de ser bautizado en el Jordán, y descendió sobre Él el Espíritu Santo, éste le llevó al desierto para ser tentado por el diablo (Mt. 3:15-4:1). Y ¿cómo fue que venció el Señor al diablo? Con la palabra de Dios. El diablo también sabía la Palabra, pero Cristo demostró saber y entender más para no permitir que los argumentos del diablo le vencieran. Aquel que es bautizado en el Espíritu entra al mundo sobrenatural en donde la lucha con el enemigo es más encarnizada. Debemos por tanto armarnos de la espada del Espíritu, que es la Palabra de Dios (Ef. 6:17), saberla y entenderla bien para vencer al enemigo cada vez que venga contra nosotros, y obedecerla para consolidarla en el corazón (Mt. 7:24).

4.- La responsabilidad de orar en el Espíritu: todo aquel que es bautizado en el Espíritu Santo tiene la responsabilidad de mantener una vida de oración en el Espíritu y mantenerse lleno del

Espíritu. Dios nos ha dado este don para administrarlo. Cuando oramos en el Espíritu (en lenguas), y de esto vamos a ver más profundamente en otro capítulo, estamos orando misterios (1 Cor. 14:2). Y hay ocasiones que podemos estar intercediendo en el Espíritu por alguna persona desconocida para nosotros, por lo que Dios quiere usarnos como instrumentos. Orar en el entendimiento es una necesidad para todo cristiano pero además de ello, para quien ha sido bautizado en el Espíritu, orar en el Espíritu es sumamente importante para mantenernos en esa llenura. Ahora bien, aunque la administración del don de Espíritu es indispensable, realmente los beneficios otorgados por Dios no son comparables con lo que Él pide de nosotros.

7. J. Obstáculos para el bautismo en el Espíritu Santo[16]

Ya que el bautismo en el Espíritu Santo es la más grande de las bendiciones de Dios otorgadas a una persona salva, es natural que todos la deseemos con todo el corazón. Sin embargo, ¿qué es lo que pueda obstaculizar que esa bendición llegue a nuestra vida? Mencionaremos los obstáculos para el bautismo en el Espíritu Santo.

1.- Pecado: todo cristiano tiene la enorme bendición de ser libre del pecado (Ro. 6:14). Es una libertad obtenida por la fe en Cristo. Pero si descuida su vida espiritual deja de ser un vencedor. La Biblia dice que somos más que vencedores en nuestra lucha contra el pecado (Rom. 8:37; Jn. 16:33; Rom. 12:21; 1 Jn. 2:13, 14; 4:4). Y hemos escapado de las contaminaciones del mundo (Mt. 15:18; 2 P. 2:20). Sin embargo, si la fe se debilita y el pecado aparece, éste será una piedra de tropiezo para que nos sea otorgado el don del Espíritu Santo. Es necesario en tal caso, volver al camino de santidad mediante la fe en el Hijo de Dios, y dejar que el poder del Espíritu actúe en nosotros para darnos total victoria contra el pecado. Luego, sin temor y con toda confianza buscar el bautismo. El bautismo en el Espíritu no es para santificar al creyente, pues la santidad es una victoria para todos los que han obtenido la salvación por la obra terminada de

Cristo en el Calvario y su resurrección gloriosa de la tumba. Sin embargo, mantenernos llenos del Espíritu nos ayudará en nuestra tarea de consagración a Dios.

2.- Desobediencia al llamamiento: cuando una persona ha sido llamada por Dios para una tarea a la que se niega cumplir (1 Cor. 7:17), y más bien quiere el bautismo en el Espíritu para poder realizar otra obra a la que Dios no le ha llamado (2 Cr. 26:18), carece de una total rendición al Señor. En tal caso, la persona deberá someterse totalmente a la voluntad de Dios y dejar que Dios le use como Él quiere. Entonces caerá el Espíritu sobre ella y hará aquello para lo que fue llamado. Siempre recordando que el Señor quiere lo mejor para los suyos (Lc. 11:13; Sal. 23, etc.)

3.- Materialismo: un problema muy frecuente es menospreciar el don de Dios creyendo que si éste no trae algún beneficio económico entonces es realmente inútil. Este es el caso de aquella persona que no ha entendido el gran valor del más grande regalo de Dios y aún su propia salvación está en peligro (1 Ti. 6:9). Ni el don de Dios se obtiene por dinero (Hch. 8:20), ni es para obtener ganancias (1 Ti. 6:5). Aquellos que piden constantemente a Dios por lo material para sí mismos, están demostrando tener amor al dinero (1 Ti. 6:10). También están violando el mandamiento de Jesús en Mateo 6:33 "buscad primeramente el reino de Dios y su justicia,".

4.- Incredulidad: se da el caso del engaño del diablo al creer que de alguna manera hay pecado en nosotros, pues es imposible que no haya pecado. Si esto fuera así, entonces no podríamos entrar al cielo, porque la Biblia nos dice que no entrará allí cosa inmunda (Ap. 21:27). Los pecadores no pueden ser bautizados en el Espíritu sino los que han sido constituidos santos por Dios (Hch. 2:38). Por tanto, el diablo es mentiroso, pues mientras tengamos limpia conciencia (1 Ti. 3:9) y nuestro corazón no nos reprenda, "confianza tenemos en Dios" (1 Jn. 3:21), quien nos mantiene limpios de todo pecado por la sangre de Cristo (1 Jn. 1:7). La sangre de Jesucristo ha limpiado nuestras "conciencias de obras muertas para que sirvamos al Dios vivo" (Heb. 9:14). Pero si hay duda en el corazón acerca de cualquier cosa, entonces esto se transforma en un pecado (Rom. 14:5; Rom. 14:23) y esta incredulidad, ese pecado obstaculiza el fluir de Dios y el bautismo en el Espíritu Santo.

LA EVIDENCIA FÍSICA INICIAL DEL BAUTISMO EN EL ESPÍRITU SANTO

El libro de los Hechos es el modelo para la iglesia del Señor a través de los siglos. Nos dice la Biblia que estamos "edificados sobre el fundamento de los apóstoles y profetas, siendo la principal piedra del ángulo Jesucristo mismo" (Ef. 2:20), por tanto la iglesia se fundamenta, no sólo en la enseñanza, sino en la práctica cotidiana de los apóstoles del Cordero narrada en el libro de los Hechos.

La iglesia del Señor ha pasado por distintas pruebas en la historia, luchas diversas, ataques funestos, despojos repentinos; martirios, cárceles, maltratos inhumanos; corrientes heréticas, la furia tempestuosa del humanismo, etc. Sin embargo, "las puertas del Hades [infierno] no prevalecerán contra ella" (Mt. 16:18). Tenemos que volver a nuestros principios, a lo que trajo éxito a la iglesia de Dios.

Vemos en la iglesia primitiva patrones que debemos seguir. Indudablemente la iglesia primitiva estaba conformada por hombres y mujeres de carne y hueso como nosotros, sin embargo, la razón por la que su historia es parte de las Sagradas Escrituras es porque Dios quiere que sigamos su ejemplo y demostrar que es posible vivir un evangelio verdadero, auténtico y original. Es posible vivir a diario en el fuego del Espíritu Santo. Es posible experimentar a diario milagros de Dios y vivir la doctrina bíblica. Si alguien piensa que es imposible vivir el evangelio descrito en estas 16 verdades fundamentales que explicamos en este libro, le tengo buenas noticias: Dios demostró en el libro de los Hechos que sí es posible.

Todo inicia con el derramamiento del poder del Espíritu Santo.

Pero ¿cuál sería la evidencia de ese bautismo? Muchas experiencias podría haber pero para cada experiencia hay un distintivo. La mujer que está embarazada manifiesta indicios naturales. Quien es salvo manifiesta evidencias de haber nacido de nuevo; y de la misma manera, quien ha sido bautizado en el Espíritu Santo manifiesta la evidencia inicial de hablar en otras lenguas.

8. A. Cristo dijo que sería la evidencia de los creyentes

Cristo, antes de partir al cielo, mientras estuvo con sus discípulos les instruyó diciendo. "Y estas señales seguirán a los que creen: En mi nombre echarán fuera demonios; hablarán nuevas lenguas; [18] tomarán en sus manos serpientes, y si bebieren cosa mortífera, no les hará daño; sobre los enfermos pondrán sus manos, y sanarán" (Mc. 16:17-18). El Señor dice que lo que distinguiría a los creyentes serían cinco cosas. 1) Echar fuera demonios en su Nombre. 2) Hablar nuevas lenguas. 3) Tomar en sus manos serpientes. 4) No ser dañados por ninguna bebida mortífera; y 5) sanar a los enfermos en su Nombre al poner sobre ellos las manos.

Cuando habla de "los que creen" se refiere a aquellos que han sido salvos, y claramente el Señor habla, no sólo de obtener la vida eterna sino de manifestar el poder del Espíritu Santo en el mundo. Todo cristiano puede por la fe echar fuera demonios en el Nombre poderoso de Jesucristo de Nazaret de Galilea, puede por la fe tomar en sus manos serpientes, puede salir librado de un envenenamiento sin daño alguno y puede sanar a los enfermos en el poderoso Nombre de Cristo imponiendo sobre ellos las manos. Pero, nótese que no dice: "serán bautizados en el Espíritu Santo". ¿Por qué? Porque está hablando de señales (o evidencias, o distintivos). Cristo, en lugar de hablar de lo subjetivo que podría ser "ser bautizado en el Espíritu Santo" habla de la evidencia misma, "hablar en nuevas lenguas". Por esto, cuando "comenzaron a hablar en otras lenguas, según el Espíritu les daba que hablasen" (Hch. 2:4), Pedro sabía (y todos los que recibieron el bautismo sabían) que se trataba de lo que había dicho Jesús: "He aquí yo enviaré la promesa de mi Padre sobre vosotros" (Lc. 24:49).

Cristo dijo que el distintivo de los verdaderos creyentes sería, entre las cinco cosas que mencionó, hablar en nuevas lenguas. Y no estaba hablando de señales para los apóstoles y los cristianos del siglo primero, (como algunos erróneamente han creído) estaba hablando de "los que creen". Entonces podemos preguntar a alguno en nuestros días, ¿tú has creído en Cristo? ¿Eres salvo? Bueno, para ti es hablar en nuevas lenguas.

8. B. El bautismo en el Espíritu Santo en el libro de los Hechos

El libro de los Hechos nos narra acontecimientos doctrinales. No son sólo historietas de una naciente religión, realmente son acontecimientos que forjan el molde y prototipo de la iglesia que el Señor quiere. Nos dice la narración sagrada: "y se les aparecieron lenguas repartidas, como de fuego, asentándose sobre cada uno de ellos. 4 Y fueron todos llenos del Espíritu Santo, y comenzaron a hablar en otras lenguas, según el Espíritu les daba que hablasen" (Hch. 2:3-4). Esta es la inauguración de la iglesia y el comienzo de las actividades gloriosas del Espíritu Santo en el mundo. Y el mundo de lo sobrenatural se estaba abriendo delante de sus ojos. Los extranjeros que estaban ahí, decían, "les oímos hablar las maravillas de Dios" (Hch. 2:11). Aquellos que estaban ahí, eran el semillero para todas las naciones de la tierra. A ellos Pedro les dijo: "Arrepentíos, y bautícese cada uno de vosotros en el nombre del Señor Jesucristo para perdón de pecados; y recibiréis el don del Espíritu Santo. 39 Porque para vosotros es la promesa, y para vuestros hijos, y para todos los que están lejos; para cuantos el Señor nuestro Dios llamare" (Hch. 2:38-39). Pedro les estaba diciendo que fueran salvos y bautizados en el Espíritu Santo exactamente de la misma manera que ellos lo habían sido. Ninguna diferencia hizo entre ellos y aquellos a quienes predicaba. Tampoco la hizo con los hijos de éstos ni con aquellos que estaban lejos, aquellos que a su vez escucharían el testimonio de ellos. Luego, nos dice: "Así que, los que recibieron su palabra fueron bautizados; y se añadieron aquel día como tres mil personas". ¿Qué sucedió luego? Nos dice que "perseveraban en la doctrina de los apóstoles". Y la doctrina de los apóstoles incluía la de los versículos de Hechos 2:38-39; la doctrina de Pedro, quien siendo uno de los apóstoles había dicho estas palabras.

Muchos de aquellos primeros convertidos y bautizados en el Espíritu Santo regresaron a sus propias naciones llevando el patrón del bautismo en el Espíritu Santo enseñado por ejemplo y voz de los apóstoles de Cristo.

Sin embargo, los gentiles, según se pensaba, no eran parte de esta promesa, aunque Pedro ya lo había profetizado por el Espíritu, repitiendo lo que Joel hacía siglos había dicho: "Y todo aquel que invocare el nombre del Señor será salvo" (Hch. 2:21, ref. Jl 2:32). Pero cuando Dios indicó a Pedro ir a la casa de Cornelio, otro paradigma se establece. Analicemos bien, dice: "Mientras aún hablaba Pedro estas palabras, el Espíritu Santo cayó sobre todos los que oían el discurso. 45 Y los fieles de la circuncisión que habían venido con Pedro se quedaron atónitos de que también sobre los gentiles se derramase el don del Espíritu Santo. 46 Porque los oían que hablaban en lenguas, y que magnificaban a Dios" (Hch. 10:44-46). Era necesario que se mencionara lo de las lenguas en este pasaje pues se estaba rompiendo una idea errónea acerca de los gentiles, y esto de suma importancia para millones de personas. La razón por la que los discípulos judíos quedaron convencidos de que aquellos gentiles habían recibido el bautismo en el Espíritu Santo era "porque les oían que hablaban en lenguas". Estos hechos doctrinales estaban estableciendo que el bautismo en el Espíritu Santo tiene con evidencia hablar en lenguas tanto para judíos como para gentiles idénticamente.

Tenemos un tercer caso. ¿Qué sería de aquellos que no estuvieron rodeando aquel aposento alto, ni que recibieron la doctrina de los apóstoles? Se trataba de creyentes que habían creído en Cristo y habían recibido la salvación, arrepintiéndose en el perdón de sus pecados, pero que ajenos a la doctrina del Señor, habían sido solamente bautizados en el bautismo de Juan. Cuando Pablo llega con ellos a Éfeso, la primera pregunta que les hace es esta:

"¿Recibisteis el Espíritu Santo cuando creísteis?" (Hch. 19:1). Recibir el Espíritu Santo, cuando así se menciona en la Biblia, no se refiere al Dios trino que viene a habitar en nuestro corazón por la fe, pues de otra manera la pregunta sería ilógica. Pero cuando Pablo indaga sobre el asunto endereza la doctrina torcida bautizándoles con la fórmula de Cristo e imponiéndoles las manos, recibieron el Espíritu Santo. Aquí de nuevo aparece el hablar en lenguas (Hch. 19:9). ¿Por qué? El Espíritu Santo enfatizaba por tercera vez, que esta es la señal inequívoca del don de Dios. Era necesario que los efesios entendieran que la doctrina correcta es esta: que la gracia (la salvación) y el don de Dios (el bautismo en el Espíritu santo, Hechos 8:20) se obtienen por la gracia del hombre llamado Jesucristo (lea Rom. 5:15).

El bautismo en el Espíritu Santo
8. C. en la iglesia de Corinto

En la iglesia de los corintios existía desconocimiento de varias doctrinas importantes que Pablo aclara en su primera carta. "No quiero, hermanos, que ignoréis acerca de los dones espirituales" (1 Cor. 12:1). La ignorancia acerca de los dones espirituales tiene consecuencias indeseables en la iglesia de Corinto y esto puede ser también en cualquier otra iglesia del mundo. La ignorancia de esto trae desórdenes y debilidad a la iglesia de hoy. En primer lugar, Pablo menciona las lenguas como uno de los dones del Espíritu, y dice: "Porque a este es dada por el Espíritu palabra de sabiduría; a otro, palabra de ciencia según el mismo Espíritu;[9] a otro, fe por el mismo Espíritu; y a otro, dones de sanidades por el mismo Espíritu. [10] A otro, el hacer milagros; a otro, profecía; a otro discernimiento de Espíritus; a otro, diversos géneros de lenguas; y a otro, interpretación de lenguas" (1 Cor. 12:8-10). El bautismo en el Espíritu Santo nos abre la puerta a los dones del Espíritu y la evidencia de este bautismo es el hablar en lenguas. Estas lenguas son esencialmente lo mismo que el don de lenguas, por lo que cada persona que ha recibido el bautismo en el Espíritu Santo podría dar un mensaje en lenguas en la iglesia; y de esta manera se convierte en un don (pues los dones son para provecho de la iglesia 1 Cor. 12:7). Sin embargo, el don de lenguas en la iglesia, tal lo explica el Apóstol, requiere del don de interpretación de lenguas (capítulo 14), de otra manera las lenguas no deben de hablarse en público pues no traen edificación a la iglesia (1 Cor. 14:4, 5). 1 Corintios 12:30 nos da a entender que hay personas que desarrollan más el don de lenguas, pues si en una iglesia todos son bautizados en el Espíritu Santo, como pareciera era el caso de los corintios mismos, no todos son los que hablan lenguas en la iglesia para ser interpretadas. Y esto es así si analizamos el verso 13: "Porque por un solo Espíritu fuimos todos bautizados en un cuerpo, sean judíos o griegos, sean esclavos o libres; y a todos se nos dio a beber de un solo Espíritu" (1 Cor. 12:13), esto nos hace recordar las palabras de Cristo cuando dijo: "Si alguno tiene sed, venga a mí y beba. [38] Y el que cree en mí, como dice la Escritura, de su interior correrán ríos de agua viva. [39] Esto dijo del Espíritu que habían de recibir los que creyesen en él; pues aún no había venido el Espíritu Santo, porque Jesús no había sido aún glorificado" (Jn. 7:37-39). Aunque todos los corintios hablaran lenguas, no todos deberían hablarlas en público, pues de otra manera se haría un desorden. Consecuentemente, el Apóstol les dice que debía haber interpretación y que esta práctica (lenguas e interpretación) debía hacerse una a la vez con un máximo de tres veces (1 Cor. 14:10-27).

8. D. El fruto y los dones del Espíritu Santo

La Biblia nos expone grandes bendiciones que cualquiera puede recibir por fe. Primero la salvación del alma, luego el bautismo en el Espíritu Santo, y también el fruto del Espíritu (que es resultado de andar en el Espíritu) y los dones espirituales (o del Espíritu). Cuando una persona recibe al Señor en su corazón, se arrepiente y cree en Jesucristo como su único y suficiente Salvador y recibe por fe la salvación, está posibilitado para recibir el Bautismo en el Espíritu Santo y todos (uno o alguno) de los dones del Espíritu Santo, asimismo puede manifestar el fruto del Espíritu. Pero el

Espíritu reparte sus dones como Él quiere, aunque nosotros podemos pedirle por uno u otro don en particular (1 Cor. 12:11, 31). Las lenguas es la evidencia de haber recibido el bautismo, pues de otra manera, ¿cómo podríamos estar seguros de que lo hemos recibido? Sin embargo, Dios quiere que nosotros sigamos adelante recibiendo sus regalos.

El bautismo en el Espíritu Santo es distinto al fruto del Espíritu, que manifiesta que una persona anda en el Espíritu, como lo veremos en el capítulo siguiente. Por otro lado, el bautismo en el Espíritu Santo abre para nosotros la puerta de los dones espirituales, los cuales son dones sobrenaturales que operan bajo el poder de Dios. No todos vamos a tener *todos* los dones (1 Cor. 12:7, 29, 30) pero todos podemos tener el fruto del Espíritu, que es la manifestación del carácter de Cristo en nosotros.

Por el otro lado, no es requisito tener el bautismo en el Espíritu Santo para manifestar el fruto del Espíritu —lo que equivale a andar en el Espíritu— (Gál. 5:16-13), y si andamos en el Espíritu, no hay impedimento alguno para que recibamos el bautismo en el Espíritu, las lenguas (su evidencia inicial) y los demás dones. Asimismo, que una persona sea bautizada en el Espíritu *genuinamente* certifica que Dios le ha dado el fruto del Espíritu y el bautismo le ayudará a continuar andando en el Espíritu. Todo esto se recibe por la fe y es posible recibirlo el mismo día, pues son regalos de Dios otorgados por gracia.

Sin embargo, una vez otorgado el don de lenguas una persona pudiera hablar en lenguas (puesto que los dones son irrevocables, Rom. 11:26), y no por ello andar en el Espíritu, tal era el caso de los corintios, que más bien andaban en la carne (1 Cor. 3:13).

8. E. Las lenguas para edificación propia

Cuando las lenguas no son interpretadas, deben de hablarse sólo en privado. Esto es muy importante "porque el que habla en lenguas no habla a los hombres, sino a Dios;" (1 Cor. 14:2) y "el que habla en lengua extraña a sí mismo se edifica". La palabra griega traducida como "edificar" es <<*oikodomeō*>> y ésta quiere decir "construir una casa, o erigir un edificio". 1 Corintios 3:9 dice que somos "edificio de Dios". El Espíritu Santo es el constructor de ese edificio y lo hace mediante la oración a Dios en lenguas. Es por eso que el reino de Dios es fortalecido dentro de nosotros cuando oramos en lenguas.

Debemos orar en lenguas todos los días para que ese edificio de Dios se fortaleza y permanezca. No es sólo a través de nuestro intelecto que aprendemos de Dios y crecemos. No es sólo a través de la enseñanza y de la predicación, sino que las lenguas también juegan un papel importante, aunque éstas sean algo "misterioso". Fue Dios quien diseñó ese recurso tan valioso para el cristiano, del cual habremos de echar mano para crecer. La edificación es algo espiritual, pues dice la Biblia que "Dios es el que da el crecimiento" (1 Cor. 3:7).

La edificación está directamente relacionada con la fe del individuo, pues el espíritu es la residencia de la fe (2 Cor. 4:13). En otras palabras, Dios mismo fortalece la fe del cristiano cuando éste ora en lenguas. Judas 1:20 "Pero vosotros, amados, edificándoos sobre vuestra santísima fe, orando en el Espíritu Santo". Cuando un cristiano ora en lenguas está edificando su santísima fe, en otras palabras, crece en fe. ¿Alguien quiere hacer crecer su fe? Ore en lenguas. Eso es lo que la Biblia nos dice.

8. F. Las lenguas como medio de intercesión del Espíritu

Otra de las importantes funciones de la oración en lenguas es la intercesión del Espíritu Santo a través nuestro. Nos dice la Biblia: "Y de igual manera el Espíritu nos ayuda en nuestra debilidad; pues qué hemos de pedir como conviene, no lo sabemos, pero el Espíritu mismo intercede por nosotros con gemidos indecibles" (Rom. 8:26). Cuando oramos en lenguas el Espíritu Santo mismo intercede por nosotros a través nuestro al Padre acerca de aquello que nos conviene. En muchas ocasiones no podemos conocer perfectamente la voluntad de Dios en cierto asunto y es ahí donde el don de lenguas cobra gran importancia. Podemos escuchar testimonios en la iglesia de personas que fueron impulsadas por Dios a orar en lenguas en cierto momento y luego se enteraron de un milagro que ocurrió en esa misma hora. ¿Cuántos de nosotros no hemos sido despertados por el Señor para orar en lenguas a altas horas de la madrugada? Es Dios que quiere que intercedamos por algo desconocido para nosotros. Para alguno esto parecerá algo subjetivo e imposible de verificar, sin embargo, para todos los que lo hemos vivido es una realidad innegable; es así como la Biblia lo dice, que existen ocasiones que no sabemos pedir conforme a la voluntad de Dios, y que podemos echar mano de este maravilloso privilegio que tenemos todos los que hemos sido bautizados en el Espíritu Santo.

8. G. Orar en lenguas y orar en el entendimiento

El apóstol Pablo nos dice que las lenguas deben ser parte de nuestra oración diaria. Nos dice: "Oraré con el espíritu, pero oraré también con el entendimiento; cantaré con el espíritu, pero cantaré también con el entendimiento" (1 Cor. 14: 15). Cada vez que vamos a orar, debemos seguir el ejemplo del Apóstol. Él oraba y cantaba en su oración, (de hecho el cántico puede convertirse en verdadera oración). Y esto lo hacía en lenguas, pero también en el entendimiento. Orar en lenguas fortalece nuestra fe y el Espíritu Santo intercede por nosotros acerca de cosas de las cuales nosotros no sabemos qué es lo mejor. Pablo también da a entender que él oraba mucho en lenguas cuando dice: "Doy gracias a Dios que hablo en lenguas más que todos vosotros" (1 Cor. 14:18). Ahí Pablo enfatiza que aunque prefería hablar en la iglesia cinco palabras con su entendimiento, para enseñar también a otros, que diez mil palabras en lenguas desconocidas (1 Cor. 14:19), él hablaba mucho en lenguas en su oración privada —hablo lenguas más que todos vosotros—, y esto es señal del máximo aprovechamiento que el Apóstol tenía de este gran recurso de Dios. Quien no habla lenguas está limitado a su propio entendimiento, pero el que habla en lenguas tiene una puerta abierta a cosas mayores de Dios.

8. H. Orden al hablar en lenguas

El apóstol Pablo enseña que las lenguas tienen un lugar muy importante en la vida cotidiana de los cristianos, pero que debe de tenerse un orden. Con el bautismo en el Espíritu Santo Dios nos da el don de lenguas, para toda la vida, pero no es con las lenguas del Espíritu que vamos a predicar a los incrédulos ni edificar a los creyentes, sino con el idioma natural; éstas tienen su orden en nuestras reuniones y en nuestra devoción. Veamos:

1.- La profecía es mejor para la edificación de los demás: 1 Corintios 14:2 nos dice: "Porque el que habla en lenguas no habla a los hombres, sino a Dios; pues nadie le entiende, aunque por el Espíritu habla misterios". Por eso, "así que, quisiera que todos vosotros hablaseis lenguas, pero más que profetizaseis; porque mayor es el que profetiza que el que habla en lenguas, a no ser que las interprete para que la iglesia reciba edificación". Pablo quiere que todos hablen en lenguas, pero cuando se trata de una reunión, es mejor que profeticen (prediquen, traigan una palabra de Dios), en lugar de que todos hablen en lenguas. El culto debe ser racional (Rom. 12:1), y no una ensalada de locos, pues nos dice: "Si pues, toda la iglesia se reúne en un solo lugar, y todos hablan en lenguas, y entran indoctos o incrédulos, ¿no dirán que estáis locos?" (1 Cor. 14: 23). Pero mejor aún es cuando hay interpretación de lenguas, pues dice: "a menos de que las interprete".

2.- En el culto todo debe hacerse para edificación: 1 Corintios 14:6 dice: "Ahora pues hermanos, si yo voy a vosotros hablando en lenguas, ¿qué os aprovechará, si no os hablare con revelación, o con ciencia, o con profecía, o con doctrina?". En el culto, en lugar de lenguas, se debe hablar con ciencia, profecía, o doctrina a fin de traer salvación a los incrédulos (1 Cor. 14:23-25) y edificación a los salvos.

3.- La palabra debe ser bien comprensible: 1 Corintios 14:9-11 "Así también vosotros, si por la lengua no dieres palabra bien comprensible, ¿cómo se entenderá lo que decís? Porque hablaréis al aire". Aunque las lenguas tienen un papel muy importante como evidencia del bautismo en el Espíritu Santo, y para la subsecuente edificación propia del cristiano, hablar lenguas en el culto es hablar "al aire", es decir, inútilmente. Toda palabra (aún en el lenguaje vernáculo) necesita ser totalmente comprensible para el público al que se dirige.

4.- El que habla en lenguas puede ser su propio intérprete: 1 Corintios 14:13 dice: "Por lo cual, el que habla en lengua extraña, pida en oración poder interpretarla". Aunque uno de los dones del Espíritu es el don de interpretación de lenguas (1 Cor. 12:10), también el mismo Pablo nos dice: "Por lo cual, el que habla en lengua extraña, pida en oración poder interpretarla". Es maravilloso que exista profecía en la iglesia. La profecía se refiere a la voz de Dios entendible para el pueblo y las lenguas se trasforman en esa voz de Dios cuando la lengua extraña es traducida a la lengua vernácula. Por tanto, el Apóstol manda por el Señor que pidamos a Dios que nuestras lenguas sean interpretadas. Esta interpretación puede ser por uno mismo o por otra persona.

5.- Las lenguas en público son exclusivamente para edificación a los creyentes y por señal a los incrédulos: 1 Corintios 14:21-22 "En la ley está escrito: En otras lenguas y con otros labios hablaré a este pueblo; y ni aun así me oirán, dice el Señor. [22] Así que, las lenguas son por señal, no a los creyentes, sino a los incrédulos; pero la profecía, no a los incrédulos, sino a los creyentes". Si hay lenguas en el culto, éstas necesitan ser interpretadas para así ser señal a los incrédulos de que Dios está ahí, pues de otra manera su propósito no es cumplido. Porque cuando son interpretadas, (y así se convierten en profecía, en palabra de Dios), sucede que los incrédulos reconocen la presencia de Dios en el culto. Dice el texto: "lo oculto de su corazón se hace manifiesto; y así, postrándose sobre su rostro, adorará a Dios, declarando que verdaderamente Dios está entre vosotros" (1 Cor. 14:21-25).

Una excepción a esta regla es el caso del día del Pentecostés (que Dios sigue haciendo que se repita hasta hoy), cuando los ciento veinte hablaron precisamente el lenguaje extranjero de los peregrinos (Hechos 2:5-11). Por ello, en todo caso, las lenguas en público y en la iglesia, o son en un idioma extranjero que el incrédulo entiende, o se convierten en profecía mediante una interpretación, pero siempre serán para que el incrédulo sea convencido de que Dios está entre nosotros. Por otro lado toda profecía de Dios cumple el propósito de la edificación, exhortación y consolación del cuerpo de Cristo (1 Cor. 14:3).

6.- Orden de la palabra de interpretación: 1 Corintios 14:27 "Si habla alguno en lengua extraña, sea esto por dos o a lo más tres, y por turno; y uno interprete. [28] Y si no hay intérprete, calle en la iglesia, y hable para sí mismo y para Dios". Nos dice la Biblia que las lenguas (con interpretación) en la iglesia o en el culto, deben ser en orden. Uno a la vez. Uno habla lengua extraña, el mismo puede interpretar o bien otra persona, pero deba ser por turno. Y añade. "Y los espíritus de los profetas están sujetos a los profetas". Nadie puede decir, "Lo hice así [en desorden] porque Dios me lo indicó". Porque Dios no nos obliga a nada, sino que nuestros espíritus están sujetos a nosotros mismos.

Damos muchas gracias a Dios porque tenemos este maravilloso regalo de Dios, las lenguas. Sin embargo, existen en las Escrituras instrucciones precisas acerca de su utilidad y uso en la iglesia y en nuestra vida diaria. Es por tanto nuestro privilegio (y responsabilidad) usar adecuadamente este don de Dios.

Finalmente, es muy importante también entender que Satanás es mentiroso e imitador de todo lo de Dios (2 Ts. 2:9; Mat. 24:24, etc.). El enemigo de nuestras almas siempre tratará de imitar lo genuino. Sin embargo, es un asunto **muy delicado** emitir un juicio de una manifestación que no está perfectamente identificada como diabólica.

El Señor ha reservado para nosotros aun otros maravillosos regalos. De ellos estaremos hablando en los capítulos siguientes.

LA SANTIFICACIÓN IX

Todas las bendiciones de Dios se alcanzan por la fe y la santificación no es la excepción. Ser santo es la cualidad de estar separado para Dios. Dedicado, consagrado, purificado, limpio de toda culpa. Es también una bendición muy grande porque el pecado es la peor de las calamidades humanas y que Dios nos dé victoria sobre esa enfermedad maldita que ha azotado a la humanidad a través de la historia, es una de las más grandes bendiciones que alguien puede recibir en la tierra.

Algunos han descrito aquel que ha recibido a Cristo como su salvador personal como un "pecador redimido", sin embargo, nunca en la Biblia existe tal descripción, mucho menos en los términos del nuevo pacto logrado mediante la sangre de Cristo y su sacrificio perfecto. Más bien, la Biblia llama a todos los que han pasado de muerte a vida "santos" (1 P. 1:2; 2:5; Rom. 1:7; Rom. 16:15; 1 Cor. 1:2; 2 Cor. 1:1; 2 Cor. 13:13; Ef. 1:15; 3:8, 18; Fil. 1:1, 4, 21; Col. 1:4; 1 Ts. 5:27; 2 Ts. 1:10; Fil. 1:5; Heb. 13:24; Apo. 5:8, 18, 24, etc.) . La identidad y cualidad de santos nos ha sido otorgada por Dios y esta es una realidad innegable.

En este capítulo veremos los distintos aspectos que tienen que ver con esta doctrina tan importante y fundamental. Es esencial que nosotros estemos apartados para Dios y en la práctica vivamos en santidad, porque de ello depende nuestro destino eterno, pues nos dicen las Escrituras, que "sin santidad, nadie verá al Señor" (Heb. 12:14). No importa si alguien intenta justificarse al observar que existen quienes se hacen llamar cristianos y viven en pecado o si van con la corriente popular del dicho, "nadie es perfecto", la palabra de Dios continúa diciéndonos que sin santidad nadie verá al Señor y esto quiere decir, que si aún nadie viviere en santidad y nadie estuviera en posición de entrar al cielo, no por ello Dios rebajaría el estándar, ¿por qué? Lo veremos a detalle en las distintas secciones de este capítulo.

9. A. El pecado

La Biblia define "pecado" como la infracción de la ley (1 Jn. 3:4). Luego nos dice que es "toda injusticia" (1 Jn. 5:17), y finalmente la define como la negligencia en hacer lo bueno (Stg. 4:17). La ley ha sido dada al hombre desde su creación, llámense la ley de la conciencia (Rom. 2:15), y dada a Moisés en forma de ley escrita para los israelitas (Jn. 1:17; Éx. 34:27). La ley de Dios nos sirve para tener conocimiento del pecado (Rom. 3:20). Desde que una persona nace, nace en pecado (Sal. 51:5), y es pecadora por naturaleza (Rom. 5:12). El pecador peca porque esto es parte de su naturaleza, por eso es que la Biblia nos dice: "No hay justo, ni aun uno;" (Rom. 3:10) y "todos pecaron y están destituidos de la gloria de Dios" (Rom. 3:23).

Nótese que Pablo no dice, "por cuanto todos *pecamos*" sino "por cuanto todos *pecaron*". La forma del verbo aquí es importante puesto que si dice "pecamos", esto significaría que Pablo se incluye dentro de los pecadores, lo cual es incorrecto, pues en otra parte dice: "Y si buscando ser justificados en Cristo, también somos hallados pecadores, ¿es por eso Cristo ministro de pecado? En ninguna manera" (Gál. 2:17). En otras palabras, si Cristo nos ha hecho justos, en ninguna manera podemos seguir siendo pecadores, por esto, es que el Apóstol usa esa forma del verbo. Más adelante explicaremos más acerca de esto.

Ahora bien, el pecado está en contra de todo el bien del ser humano. Produce deshonra (Prov. 14:34), vergüenza (Rom. 6:21), endurecimiento del corazón (Heb. 3:13), confusión (Dn. 9:7-8), obstrucción de nuestras oraciones (Sal. 66:18; Is. 59:2), obstrucción de nuestra bendición (Jer. 5:25); falta de crecimiento espiritual (Heb. 12:1; 1 P. 2:1-3), castigo divino (Am. 3:2; Prov. 3:12; Heb. 12:6) y finalmente, muerte espiritual (Rom. 6:23; Stg. 1:15; Rom. 6:21). El pecado es por tanto una condición de desastre que jamás deberá verse con condescendencia.

Nuestra actitud contra el pecado es la misma que Dios tiene, puesto que ahora somos participantes de su naturaleza divina (2 P. 1:4). De hecho la Palabra nos advierte que de las cosas pecaminosas ni aun las nombremos en nuestras conversaciones (Ef. 5:3). El texto nos dice: "Pero fornicación y toda inmundicia, o avaricia, ni aun se nombre entre vosotros, como conviene a santos". Nuestra actitud hacia el pecado es repugnancia (p. ej. Prov. 6:16-19), pues daña nuestra relación con Dios y contamina nuestro ser. Nadie tomaría algo que contamine su cuerpo, tal como un agua putrefacta del caño, de igual manera, el hijo o hija de Dios no puede tomar nada que contamine su alma (Mt. 15:18-20).

Nuestras palabras tienen poder y decir que somos pecadores, es, como lo dicen las Escrituras, hacer a Cristo ministro de pecado, y esto es un tema muy serio. Nosotros ahora en Cristo, no tenemos ya nada que ver con el pecado puesto que ya hemos muerto con Cristo (Rom. 6:4; Col. 3:3), hemos resucitado con Él (Col. 3:1) y nos hemos sentado en los lugares celestiales con Él (Ef. 2:6). Ser muertos con Él significa estar muertos al pecado (Col. 3:3); resucitados con Él significa vivir la vida nueva de Cristo (Rom. 6:4, 11, 13); y, estar sentados en los lugares celestiales con Él significa nuestra glorificación futura, tal y como Él fue glorificado. Dios ve todo el proceso terminado puesto que la obra de Cristo ha sido terminada (Rom. 8:30).

9. B. La obra terminada de Cristo

Cuando el Señor Jesús dijo: "Consumado es" (Jn. 19:30), el precio de nuestra salvación (que incluye nuestra santificación) ya fue pagado por Cristo. La palabra griega usada es << *teleō*>> la cual significa terminado o pagado en su totalidad. Por lo tanto el precio que costó nuestra redención, justificación, santificación y glorificación (1 Cor. 1:30; Rom. 8:30), ya fue pagado en su totalidad por

Cristo Jesús en la cruz del calvario. Todo ha sido por la gracia salvadora de Cristo Jesús (Ef. 2:8-9) porque la gracia y la verdad provienen de Él (Jn. 1:17) y nosotros no tenemos que hacer obras para obtener las bendiciones de Dios. La santificación es por ello un regalo, un otorgamiento de pura gracia por medio de Jesucristo.

Efesios 2:4-7 nos dice: "Pero Dios, que es rico en misericordia, por su gran amor con que nos amó, ⁵ aun estando nosotros muertos en pecados, nos dio vida juntamente con Cristo (por gracia sois salvos), ⁶ y juntamente con él nos resucitó, y asimismo nos hizo sentar en los lugares celestiales con Cristo Jesús, ⁷ para mostrar en los siglos venideros las abundantes riquezas de su gracia en su bondad para con nosotros en Cristo Jesús". Si observamos el tiempo de los verbos en este pasaje nos habla de una obra terminada por el Señor, nos dice que Él nos amó, nos dio vida, nos resucitó, y nos hizo sentar en los lugares celestiales. Todo esto ocurrió ya cuando Cristo, como nuestro precursor (Heb. 6:20), es decir, quien lo hizo primero, lo hizo para que nosotros lo hagamos también. Dios habla siempre en fe, por lo que nosotros debemos siempre seguir la fe de Dios y de Cristo (Gál. 2:16; 2:20; Ef. 3:9). En estos pasajes antes citados nótese la expresión "fe de Cristo", que significa que nosotros habremos de seguir la fe del Señor para lograr lo que Él logró (1 P. 2:21).

Dicho lo anterior queda claro que la santidad no se alcanza por las obras, ni por los ejercicios religiosos, ni por una vida ascética. Es decir, una persona no se santifica porque da dinero a los pobres, ni porque trabaja gratuitamente en la iglesia, ni porque alimenta al hambriento. Estas cosas son fruto o resultado de su vida en Cristo, eso y nada más. Tampoco nos santifica orar, ni estudiar las Escrituras, ni ayunar, ni acudir a la iglesia; estos indudablemente son ejercicios espirituales indispensables y medios insustituibles para obtener fe, pero es la fe en Cristo lo que nos hace vivir la santidad y no el ejercicio espiritual en sí.

El apóstol Pablo escribe a los Gálatas en términos que ellos pudieren entender acerca de un concepto fundamental: la salvación y la perseverancia en Cristo Jesús. Les dice que mantenerse en santidad no depende de las obras de la ley sino de la fe en Cristo Jesús. Y es que ellos corrían bien, pero les dice, "¿quién os estorbó para no obedecer a la verdad?" (Gál. 5:7), "más si aun nosotros, o un ángel del cielo, os anunciare otro evangelio del que hemos anunciado sea anatema" (Gál. 1:8). Pablo estaba maravillado de que tan pronto los hermanos de Galacia se habían apartado de la fe para vivir por las obras de la ley (Gál. 1:6). También les llama insensatos y les pregunta, "¿quién os fascinó para no obedecer a la verdad?" (Gál. 3:1). La palabra que la RV1960 traduce como "fascinó", la KJV traduce como *"bewitched"* (embrujó, gr. << *baskainō*>>, también "encantó"); creer por tanto que nuestra santidad proviene de nuestras obras es un engaño del enemigo, pues nos hace separarnos de Cristo para confiar en nuestras propias fuerzas y esto significa caer de la gracia (Gál. 5:4). Un versículo muy concluyente con respecto a este tema en la carta a los gálatas nos dice: "Estad, pues, firmes en la libertad con que Cristo nos hizo libres, y no estéis otra vez sujetos al yugo de esclavitud" (Gál. 5:1).

9. C. La santidad progresiva

Cristo nos ha santificado cuando murió por nosotros en la cruz, y nosotros recibimos ese regalo por la fe cuando aceptamos al Señor Jesucristo como Salvador, así las Escrituras dicen que nosotros hemos sido santificados (Hch. 20:32; 26:18; 1 Cor. 1:2; 6:11; Heb. 2:11; Heb. 10:10, 14; Jud. 1:1).

Vemos sin embargo, que para algunos, la comprensión de esta verdad no es tan inmediata sino que lleva un proceso. Éste proceso consciente en entender y reconocer que es necesario descansar totalmente en la fe de Cristo para mantenerse en santidad. Este convencimiento lo hace el Espíritu Santo en nosotros, puesto que Él mismo nos convenció de que éramos pecadores, nos convence también de que ya somos libres de todo pecado al estar en Cristo, es decir, que la justicia de Cristo es suficiente (Jn. 16:8; 1 Jn. 1:7). De niños espirituales (por no comprender nuestra verdadera identidad, pues todo el que practica todavía el pecado es carnal y niño espiritual) (1 Cor. 3:1-4), pasamos a la madurez (Heb. 5:14), lo que significa que hemos aprendido a vencer el pecado por medio de la fe o mejor aún, que ya nuestra victoria está asegurada por esa fe.

1.- Reconocimiento:[17] la santidad es progresiva, no porque Dios quiere [o haya diseñado] que sea progresiva, sino porque con frecuencia al ser humano le es difícil creer que para lograr la santidad lo único que tiene que hacer es descansar totalmente en el sacrificio perfecto de Cristo en la cruz, y en el poder del Espíritu Santo. Vemos por ejemplo Romanos 6:11, en donde leemos: "Así también vosotros consideraos muertos al pecado, pero vivos para Dios en Cristo Jesús, Señor nuestro". La palabra griega para "consideraos", <<*logizomai*>> significa también "reconocer"; y en otros lugares en la KJV la misma palabra griega es traducida como "pensar" o "razonar". En otras palabras, estamos hablando de un reconocimiento intelectual [o entendimiento] de una verdad espiritual. Jesús nos dice que "cuando alguno oye la palabra del reino y no la entiende, viene el malo, y arrebata lo que fue sembrado en su corazón" (Mt. 13:19).

Frecuentemente, aquel que recién creyó en Cristo y está convencido de que Cristo ha borrado sus pecados, debe también entender que el mismo Cristo y el mismo poder del Espíritu Santo es totalmente suficiente para mantenerle en santidad, es decir, muerto al pecado.

Evidentemente este entendimiento y reconocimiento, que se convierte en fe viva (la fe viene por el oír la palabra, Rom. 10:17), es alcanzado cuando nosotros nos rendimos totalmente al Señor, no sólo para ser salvos ahora, sino para mantenernos en Cristo a cada instante, pues separados de Él nada podemos hacer (Jn. 15:5).

Es por esta razón que los apóstoles exhortan a los santos a hacer morir lo terrenal (Col. 3:5), a despojarse del viejo hombre (Ef. 4:22) y revestirse del nuevo (Col. 3:8). A limpiarse de toda contaminación de carne y espíritu (2 Cor. 7:1), a abstenerse de los deseos carnales (1 P. 2:11), etc. Esto lo explicaremos en la siguiente sección.

2.- Estamos en lucha: la santidad es progresiva también en el sentido de que estamos en el proceso de la vida. Somos peregrinos (Heb. 11:13; 1 P. 2:11), y como peregrinos, Pedro nos dice que nos abstengamos de los deseos que batallan contra el alma. Es decir, estamos en una lucha constante y el proceso de esta guerra es hasta que estemos con el Señor; es ahí cuando seremos como los ángeles (Mt. 22:30; Mc. 12:25), y no habrá entonces posibilidad de pecar.

Un ejemplo de esto podría ser el pueblo filisteo en el tiempo de David. Aunque los filisteos fueron siempre enemigos de Dios y muchas veces dominaron a los israelitas, durante la vida de David, tipo de Cristo, estuvieron en subyugación. Nos dice la Biblia, "Y Jehová dio la victoria a David por dondequiera que fue" (2 S. 8:6). También podemos leer, que desde que David mató a Goliat, uno de los filisteos, siempre les derroto todas las veces que les hubo enfrentado (1 S. 18:27; 19:8; 23:5; 2 S. 3:18; 5:25; 8:1; 1 Cro. 14:8-16). Es verdad que tenemos cada día lucha contra el pecado, y este es un proceso que se mantendrá hasta que estemos en gloria, pero cada día podemos tener victoria si nos mantenemos unidos a Cristo, porque nuestro Dios es poderoso para mantenernos sin caída hasta nuestra muerte o hasta la venida de Cristo (Jud. 1:24).

9. D. Exhortados a ser santos

Para el apóstol Pedro el asunto de la santidad es algo muy sencillo, "sed santos, porque yo [Dios] soy santo" (1 P. 1:16). En el pensamiento del apóstol es un razonamiento simple: si somos participantes de la naturaleza divina (2 P. 1:3), y si Dios es nuestro Padre, es natural que sus hijos seamos santos. Vemos: "Por tanto, ceñid los lomos de vuestro entendimiento, sed sobrios, y esperad por completo en la gracia que se os traerá cuando Jesucristo sea manifestado; [14] como hijos obedientes, no os conforméis a los deseos que antes teníais estando en nuestra ignorancia; [15] sino como aquel que os llamó es santo, sed también vosotros santos en toda vuestra manera de vivir". Primero, que entendamos; segundo, que tengamos una fe total (esperad por completo), y tercero, nos comportemos como hijos al no tener los mismos deseos que la gente ignorante de Dios tiene. En cuanto a esto de los deseos, Pedro dice: "Amados, yo os ruego como a extranjeros y peregrinos, que os abstengáis de los deseos carnales que batallan contra el alma" (1 P. 2:11). Es decir, que los deseos del cristiano son totalmente distintos a los de los mundanos por causa de su nueva naturaleza en Cristo.

Para el apóstol Pablo, [inspirado por el Espíritu Santo] es el mismo razonamiento: "sed imitadores de Dios como hijos amados" (Fil. 5:1), y luego dice: "Porque en otros tiempo eráis tinieblas, mas ahora sois luz en el Señor; andad como hijos de luz" (Ef. 5:8). Nos invita a transformarnos en la renovación de nuestro entendimiento (Rom. 12:1-2) —y otra vez, "entendimiento"–, y a dejar que el Dios de paz nos santifique por completo (1 Ts. 5:23). Mediante esta renovación de nuestro entendimiento y la fe resultante somos capaces de mantenernos despojados del viejo hombre y siempre vestidos del nuevo. Pues el Señor viene por una iglesia que está vestida con ese nuevo hombre (Mt. 22:11-13; Ef. 5:27; 4:24); pues para Dios, el que no está revestido de santidad anda desnudo (Apo. 16:15; 2 Cor. 5:3).

9. E. Muertos al pecado

Pablo pregunta: "¿Qué pues diremos? ¿Perseveraremos en pecado para que la gracia abunde?" (Rom. 6:1) y él responde: "De ninguna manera. Porque los que hemos muerto al pecado, ¿cómo viviremos aún él?" (Rom. 6:2). Hemos muerto al pecado y no podemos vivir en él porque es imposible que un muerto pueda pecar. El mismo pensamiento se expresa en 1 Juan 3:9, "Todo aquel que es nacido de Dios, no practica el pecado, porque la simiente de Dios permanece en él; y no puede pecar, porque es nacido de Dios". Pablo dice, "no puede pecar porque ha muerto al pecado" y Juan dice: "no puede pecar porque ha nacido de Dios". También dice que Dios ha echado de nosotros el cuerpo pecaminoso carnal (Col. 2:11) y va más allá diciendo: "sabiendo esto, que nuestro viejo hombre fue crucificado juntamente con él, para que el cuerpo del pecado sea destruido, a fin de que no sirvamos más al pecado" (Rom. 6:6). Nos dice la Biblia que el cuerpo para pecar no solo está muerto sino que está destruido, por ello la pregunta retórica y exclamativa a la vez, ¡¿Cómo podríamos vivir en pecado?!

Gálatas 2:20 nos dice: "Con Cristo estoy juntamente crucificado, y ya no vivo yo, más vive Cristo en mí; y lo que ahora vivo en la carne, lo vivo en la fe del Hijo de Dios, el cual me amó y se entregó así mismo por mí". La fe del Hijo de Dios ha hecho que estemos crucificados con Él y vivamos para Él. Este es el verdadero pensamiento cristiano, pues "los que son de Cristo, han crucificado la carne con sus pasiones y deseos" (Gál. 5:24).

Pablo también nos informa que la justificación del pecado tan sólo se puede lograr al morir al pecado, "porque el que ha muerto ha sido justificado del pecado" (Rom. 6:7). En otras palabras, no existe tal cosa que un "cristiano" sea a la vez siervo del pecado y siervo de Dios (Rom. 6:18); y el fruto de la santidad es indispensable para la vida eterna (Rom. 6:22). Un muerto no puede pecar, es por ello que una declaración de fe poderosa es esta: "Estoy muerto al pecado y soy santo porque Cristo me hizo santo". El diablo es mentiroso haciéndonos pensar que no podemos vencer el pecado, pero la verdad de Dios es que Él nos dio victoria sobre el pecado y por nuestra fe hacemos morir el cuerpo para pecar (Rom. 8:10). Hacemos morir por la fe cualquier pensamiento de tentación.

9. F. La tentación y el pecado

Tentación no es lo mismo que pecado. Cristo mismo fue tentado en todo según nuestra semejanza pero sin pecado (Heb. 4:15). El tentador es el diablo y tentó al Señor en el desierto (Mt. 4:1). Podemos escapar de la tentación reprendiendo al tentador, y declarando la verdad del evangelio, "soy santo, Cristo me santificó, estoy crucificado con Cristo (Gál. 2.20), y estoy muerto al pecado (Rom. 6:11)". Martin Lutero dijo en cierta ocasión, "No puedes evitar que los pájaros vuelen sobre tu cabeza, pero sí puedes evitar que hagan nido en ella". Esto en alusión a 2 Corintios 10:5, "derribando argumentos y toda altivez que se levanta contra el conocimiento de Dios, y llevando cautivo todo pensamiento a la obediencia a Cristo".

También Cristo dijo: "Velad y orad para que no entréis en tentación;" (Mt. 26:41). La fórmula para no tener esos "deseos" de los que hablan los apóstoles Pedro y Pablo es mantener una vida de oración. También la palabra de Dios nos santifica, pues dice Cristo, "Santifícalos en tu palabra, tu palabra es verdad" (Jn. 17:17) y la palabra de Dios hace sabio al sencillo (Sal. 19:7). Muchas ocasiones el cristiano neófito (que ignora las Escrituras) se extravía y yerra (Mt. 22:29). La Palabra produce la fe indispensable para vencer y mantenernos en esa victoria. Así también, las Escrituras nos informan que tenemos poder para vencer toda tentación (Stg. 4:7; 1 Cor. 10:13; Rom. 6:14; Ef. 6:10-18) y vivir una vida de victoria.

Luego, al final de este versículo, el que vimos arriba, Mateo 26:41, dice: "... el espíritu a la verdad está dispuesto, pero la carne es débil", esto quiere decir que la debilidad que cada cristiano tiene es que, aunque posee la nueva naturaleza, la naturaleza de Cristo [como vimos en el capítulo acerca de la salvación], no se ha deshecho de la carne. Y es la carne la que manifiesta pasiones y deseos (Gál. 5:16, 24) contrarios a la ley de Dios (Rom. 8:7).

9. G. Nuestra carne permanece ahí

"La carne" (gr. <<*sark*>>) no puede erradicarse del ser humano, aun y éste haya recibido de Dios la nueva naturaleza en Cristo. Aunque es posible que esta naturaleza carnal permanezca cauterizada por la fe en Cristo, es decir, insensible o nulificada, debilitada sin fuerza para actuar, no obstante continúa ahí esperando el momento que pueda volver a fortalecerse. Es por tanto nuestra tarea permanecer en la gracia (2 Ti. 2:1) y la fe del Hijo de Dios para mantener una vida de victoria, es decir, que andemos siempre en el Espíritu.

Como lo dicen las Escrituras, existe una lucha constante de deseos, el deseo de la carne es contra el deseo del Espíritu y el del Espíritu es contra el de la carne (Gál. 5:17). Cuando vence la carne se manifiestan uno o más de los siguientes pecados: "adulterio, fornicación, inmundicia, lascivia, [20] idolatría, hechicerías, enemistades, pleitos, celos, iras, contiendas, disensiones, herejías, [21] envidias, homicidios, borracheras, orgías, y cosas semejantes a estas;" (Gál. 5:19-20) y cuando vence la carne en el hijo de Dios (pues sólo los hijos de Dios pueden tener esa clase de lucha, ya que el Espíritu de Dios mora en ellos), se exponen a ser excluidos de la presencia del Señor (2 Ts. 1:9), pues dice: "los tales no heredarán el reino de Dios". Textualmente dice: "acerca de las cuales os amonesto, como ya os lo he dicho antes, que los que practican tales cosas no heredarán el reino de Dios". No era la primera vez que Pablo les hablara de esto y ahora lo repite a los Gálatas. Por eso también les dice más adelante, "No os engañéis, Dios no puede ser burlado; pues todo lo que el hombre sembrare eso también segará. [8] Porque el que siembra para su carne, de la carne segará corrupción; más el que siembra para el Espíritu, del Espíritu segará vida eterna" (Gál. 6:7-8). No podemos engañarnos pensando que alcanzaremos el reino de Dios aun si la carne es vencedora en nosotros, pues la Biblia nos dice claramente que cuando alguien practica las obras de la carne no heredará el reino de Dios y que el pecado engendra corrupción (Gál. 6:8) y muerte eterna (Rom. 6:23). En un caso así conviene ir inmediatamente al Señor y a su trono de misericordia para que nos limpie de toda maldad (Heb. 4:16; 1 Jn. 2:1) y perfeccionar (por medio de la fe) la santidad en el temor de Dios (2 Cor. 7:1).

Por otro lado, cuando el Espíritu es victorioso, Éste produce en nosotros el fruto del Espíritu que es: gozo, paz, paciencia, benignidad, bondad, fe, mansedumbre, templanza. ¡Alabado sea nuestro Dios!

Todo el Nuevo Testamento habla de la vida victoriosa que tenemos en Cristo Jesús. El hombre no ha nacido de nuevo para vivir una vida de derrota en su lucha contra el pecado. Ciertamente todos los hijos de Dios en el mundo entero y en todas las épocas hemos tenido y tenemos luchas, pero la diferencia entre los que tendrán parte en el reino de Dios y los que no, es su vida de victoria o su vida de derrota.

Ahora bien, tenemos que entender un poco más acerca de la naturaleza del pecado.

9. H. ¿Es posible vivir sin pecar?

Eclesiastés 7:20 nos dice: "Ciertamente no hay hombre justo en la tierra, que haga el bien y nunca peque". El escritor de Eclesiastés, hablando como un ser humano común en la tierra declara que nadie puede ser justo por sí mismo, tal lo declara también Salmos 14:3 y Romanos 3:12. Esto es totalmente cierto, pues la naturaleza pecaminosa, recibida desde Adán obliga y arrastra al ser humano al pecado (Rom. 5:12). Sin embargo, el contraste viene cuando por causa de Cristo, el hombre es justificado (hecho justo mediante la fe); nos dice la Biblia: "Justificados, pues, por la fe, tenemos paz para con Dios por medio de nuestro Señor Jesucristo" (Rom. 5:1). Es posible convertirse en un justo por medio del Señor Jesucristo, y es posible ser santo por medio del Señor Jesucristo, pues fue Él quien nos santificó (Hch. 20:32; 26:18; 1 Cor. 1:2; 6:11; Heb. 2:11; 10:10, 14; Jud. 1:1).

Ahora bien, algunos dicen que es imposible vivir una vida sin pecado y esto es cierto en algún sentido si consideramos que podría haber momentos en la vida de un cristiano, que debido a su propio descuido espiritual, caiga en alguna tentación de la carne o lazo del diablo. Sin embargo, tenemos en Dios todo para vivir minuto tras minuto una vida de victoria contra el pecado. Los que argumentan esto —que es imposible no pecar—, podrían entrar dentro del grupo de indoctos e inconstantes que tuercen las Escrituras para su propia perdición (2 P. 3:16) justificándose a sí mismos citando ese versículo que dice: "Si decimos que no tenemos pecado, nos engañamos a nosotros mismo, y la verdad no está en nosotros" (1 Jn. 1:8). Para contestar a ello tenemos que ver el contexto, pues en el versículo 6 nos dice: "Si decimos que tenemos comunión con él, y andamos en tinieblas, mentimos, y no practicamos la verdad". Esto se refiere a aquellos que aunque pecando *deliberadamente,* y andando en tinieblas, aun así dicen no tener pecado. Y ¿en qué consiste ese pecado?, el versículo 7 lo explica, el pecado es no tener comunión unos con los otros, es decir, la violación del mandamiento fundamental de Cristo que es el amor. Ese mismo versículo, el 7, nos asegura que si andamos en luz, la evidencia será tener comunión unos con otros y Cristo nos hace limpios de **todo** pecado con su sangre preciosa. Por tanto es posible vivir sin pecar.

1 Juan 3:20-21 nos explica la naturaleza del pecado, el pecado produce la reprensión del Espíritu Santo, quien mora en nuestros corazones. "Pero si pecamos deliberadamente [o voluntariamente] después de haber recibido el conocimiento de la verdad, ya no queda más sacrificio por los pecados" (Heb. 10:26). Es decir, nosotros mismos nos exponemos al juicio de Dios. Por tanto no existe tal cosa de pecados que "nos son ocultos", pues de todo pecado el Espíritu Santo nos reprenderá y nos animará a ir pronto al trono de la gracia de Dios para restaurar nuestra posición en Cristo. También, el pasaje de Salmos 19:12 ciertamente está hablando de lo que dice, "errores", <<heb. *shĕgiy'ah*>> y no todos los errores son pecados; y estas dos palabras, aunque se parecen y relacionan entre sí no deben confundirse pues no son sinónimas; por ejemplo, errores en la personalidad o faltas a las costumbres y cultura local pueden no ser pecado. El Espíritu Santo no nos reprende por muchos de los errores que tenemos como humanos, pero siempre nos reprenderá acerca de un pecado, pues el papel del Espíritu Santo en la santificación es de vital importancia (1 Cor. 6:11; 2 Ts. 2:13; 1 P. 1:2; Rom. 15:16). Y en todo caso, siempre tenemos seguridad de estar libres de **todo** pecado por la sangre de Cristo (1 Jn. 1:7). Por otro lado, lo que sí es pecado está perfectamente definido en la Palabra de Dios y Él no nos da lugar a dudas de lo que quiere de nosotros.

Acerca, de estas trasgresiones involuntarias Juan Wesley escribió lo siguiente: "Creo que una persona llena del amor de Dios está aún sujeta a transgresiones involuntarias. Usted puede llamar pecado a dichas transgresiones, yo no".[18]

Volviendo a la pregunta inicial, la respuesta es sí, definitivamente si nos mantenemos en Cristo, quien es la vid verdadera, podemos vivir una vida de victoria constante contra el pecado y Dios nos ha provisto todo para tal victoria. Nos conviene que así sea y tenemos que fortalecer constantemente nuestra fe pensando que somos santos, que las afirmaciones de la palabra de Dios y todas sus exhortaciones no son en vano en cuanto a nosotros. No somos santos por nuestras obras, nuestros sacrificios o nuestra fuerza de voluntad, sino por su pura gracia. Él nos hizo santos y nunca existe lugar para jactarnos de tan maravilloso don inmerecido.

9. I. Andar en el Espíritu

Gálatas 5:25 nos exhorta: "Si vivimos por el Espíritu, andemos también por el Espíritu". La palabra griega para vivir es <<*zaō*>> que quiere decir estar entre los vivos, tener aliento de vida, o también estar en un estado de conciencia; y esto se refiere al nuevo nacimiento, a la experiencia de salvación que hemos recibido. Luego la palabra en griego para andar es <<*stoicheō*>> y esta quiere decir proceder en la fila marchando como un soldado, ir en orden. La Biblia nos dice que uno que vive por el Espíritu (pues por el Espíritu Santo recibimos esa conciencia de vida espiritual), tenemos que *andar* en el Espíritu, caminar como soldados de Cristo, en disciplina y orden para poder agradar a Dios (Ro. 8:8), pues de otra manera, al desagradar al que nos llamó por soldados (2 Ti. 2:4) estaríamos en la misma posición de los que mataron al Señor Jesús (1 Ts. 2.15). Veamos algunas consideraciones adicionales.

1.- Dios disciplina a sus hijos: para aquel que anda en la carne siendo hijo de Dios, y para que no sea condenado con el mundo (1 Cor. 11:32), Dios le disciplina o castiga (Prov. 3:12, Heb. 12:6), a fin de que sea restaurado espiritualmente (Gál. 6:1).

2.- Hijos de Dios que andan en la carne: por esta razón, con todo y su conciencia espiritual viva y habiendo recibido una verdadera salvación, debido a su deslizamiento y descuido espiritual, un hijo de Dios podría andar en la carne, sin embargo, no por ser hijo significa que tiene parte con el Señor, pues Él tiene hijos desobedientes (Col. 3:5-6; Ef. 5:6; 1 P. 1:14), siervos injustos e infieles (Lc. 12:46), y siervos malos y negligentes (Mt. 25:26). Los del mundo no reciben los títulos ni de hijo ni de siervo de Dios, pero éstos últimos podrían estar expuestos a la ira eterna de Dios, si ellos mismos se han puesto en el mismo sitio que los incrédulos.

3.- Si el Espíritu se aleja: por otro lado una persona pierde totalmente su salvación o su primera fe (1 Ti. 5:12) en el momento que ya el Espíritu de Dios no le reprende, pues Éste se ha alejado de él o ella (1 S. 16:14; Lc. 22:3; Lc. 11:24-26; Mt. 12:43-45; Heb. 10:29), aunque sin haber blasfemado contra el Espíritu de Dios (Mt. 12:31) tiene la posibilidad de regresar al camino (Stg. 5:19-20), aunque éste sea un paso más difícil aún (Lc. 11:24-26).

4.- Observamos el pasaje de Santiago 4:1-5: Santiago aquí habla a quienes son codiciosos, que matan (quizá refiriéndose a las palabras), que arden de envidia, que piden para gastar en deleites. Les llama almas adúlteras, que tienen amistad con el mundo, y son enemigos de Dios; más adelante les llama también "pecadores" y de corazón impuro (ver. 8). Pero en el versículo 5 nos revela de quien se trata, son hijos de Dios de quienes habla, pues dice: "¿Oh pensáis que la Escritura dice en vano: El Espíritu que él ha hecho morar en nosotros nos anhela celosamente?" (Stg. 4:5). Parece inverosímil, pero, ¡aquellos en cuyas vidas mora el Espíritu Santo también pueden andar en la carne! Esta misma verdad es puesta en evidencia en la primera carta a los Corintios.

Algunos infieren que no es estrictamente necesario andar en el Espíritu para alcanzar la salvación final, viendo esto como un simple lujo no indispensable. Estos son los que convierten en libertinaje la gracia de Dios (Jud. 1:4) y que, puesto que no es necesario andar en el Espíritu [para ellos], andan en la carne gozando de los placeres del mundo, pensando que de todos modos, puesto que "Cristo les ha hecho salvos, siempre serán salvos", entrarán a la gloria eterna. Sin embargo la Biblia dice algo distinto y esta forma de pensar refleja ignorancia de lo que la salvación significa.

5.- Los recursos de la santidad: Las buenas noticias es que Dios ha provisto para nosotros los recursos de la preciosa sangre de Cristo (Heb. 13:12; Heb. 10:10; Heb. 10:14; 1 Jn. 1:7), el Espíritu Santo (1 Cor. 6:11; 2 Ts. 2:13; 1 P. 1:1-2; Rom. 15:16. 2 Cor. 4:6) y la meditación de la Palabra de Dios (Jn. 17:17; Ef. 5:26; Jn. 15:3; Sal. 119:9) para darnos total victoria por medio de la fe en Cristo. Por ello podemos confesar con fe, basados en la Palabra de Dios, y delante del tentador: "Yo soy santo, porque Cristo me santificó y su sangre preciosa me limpia de todo pecado". Entonces el poder del Espíritu vendrá y nos dará la victoria. Todo es por la fe y la gracia de nuestro Dios. También, como lo vimos en los capítulos del bautismo en el Espíritu Santo y el hablar en lenguas, podemos llenarnos del Espíritu (Ef. 5:18) y orar en lenguas para fortificar nuestra fe (Jud. 1:20). Podemos usar el recurso de la oración y el ayuno como instrumentos para fortalecer nuestra comunión con Dios y nuestra fe en su Palabra.

6.- Declaración poderosa de Romanos 8:9-11: un maravilloso pasaje de fe en la victoria que tenemos en el Señor y de nuestro andar en el Espíritu por fe es el de Romanos 8:9-11, éste dice: "Más vosotros no vivís según la carne, sino según el Espíritu, si es que el Espíritu de Dios mora en vosotros y si alguno no tiene el Espíritu de Cristo, no es de él. [10] Pero si Cristo está en vosotros, el cuerpo a la verdad está muerto a causa del pecado, más el espíritu vive a causa de la justicia. [11] Y si el Espíritu de aquel que levantó de los muertos a Jesús mora en vosotros, el que levantó de los muertos a Cristo Jesús vivificará también vuestros cuerpos mortales por el Espíritu que mora en vosotros".

Todos los que han recibido al Señor Jesucristo en sus corazones por la fe y el arrepentimiento tienen el Espíritu morando en ellos, y esto les da derecho a vivir en el Espíritu y la maravillosa oportunidad de tener una vida victoriosa sobre el pecado. Está claro que si el que tiene el Espíritu no cree esta Palabra expresada en Romanos 8:9-11, y no deja que el Espíritu le santifique sino trata de hacerlo en sus fuerzas, aun teniendo el Espíritu Santo morando en él, se verá en la penosa y ruin situación de vivir en la carne. El Apóstol nos dice que creamos y tengamos plena confianza, que por el simple hecho de que mora el Espíritu en nosotros, simplemente por eso, nosotros andaremos en el Espíritu. Esto no lo tiene el mundo, pues ellos no tienen el Espíritu de Cristo y están condenados hasta que vengan al Señor (versículo 10). Y luego, en el versículo 11 dice que el cuerpo mortal es sano (vivificado) constantemente también por el mismo poder del Espíritu que mora en nosotros. Teniendo nosotros esta verdad tan poderosa, ¿por qué hay quienes teniendo el Espíritu de Dios pecan y están enfermos? Esto es respondido de una manera simple: la carencia de fe. Ellos no creen a la verdad del evangelio.

No creer a la verdad de Dios en cuanto a la salud del cuerpo conduce a la muerte física (aunque no espiritual), sin embargo, no creer a la verdad de Dios en cuanto a la salud del alma conduce a la muerte eterna, lo que será la peor tragedia para un ser humano.

Es por eso que continúa diciendo: "Así que, hermanos deudores somos, no a la carne, para que vivamos conforme a la carne. [13] Porque si vivís conforme a la carne, moriréis; más si por el Espíritu hacéis morir las obras de la carne, viviréis" (Ro. 8:12-13). Este versículo infiere que aunque la verdad del evangelio es inconmovible y los que tienen el Espíritu por la fe andan en Él, existen quienes de todos modos viven conforme a la carne, pero advierte: [los tales] "moriréis" [morirán].

Por lo tanto, nosotros con fe confesamos: "Soy santo, porque el Espíritu de Dios que mora en mi me santifica," y recitamos con fe y plena certeza Romanos 8:9-11.

9. J. Romanos capítulo siete

Todo el libro de los Romanos es fascinante y contiene preciosa verdad del evangelio útil para enseñar, redargüir, corregir e instruir en justicia (2 Ti. 3:16). Por ejemplo, en el capítulo 4 nos dice que la salvación: no es por obras (4:4-8); no por la circuncisión (4:4-12); no por la ley (4:13-15) sino por fe. En el capítulo 6 lanza una pregunta muy poderosa, "¿pecaremos...?" Esto refleja una falta de entendimiento de lo que la salvación significa, una falta de entendimiento del bautismo en agua (nuestra unión con Cristo en su muerte y su resurrección) y de que estamos vivos para Dios, pues nos dice, ¿cómo podríamos seguir viviendo en lo que ya estamos muertos? Pues hemos sufrido un cambio de naturaleza (Rom. 6:4; 2 Cor. 5:17), estamos muertos al pecado (Rom. 6:11), vivos para Dios (Rom. 6:10), para ser esclavos de Cristo (Rom. 6:16-18).

1.- Antes casados con la ley, ahora con Cristo: ahora, el capítulo 7 trata del tema de estar muertos a la ley como un requisito previo para andar en el Espíritu. En la primera sección, del versículo 1 al 6 Pablo explica que antes de venir a Cristo estábamos bajo la ley (y aunque esto se puede aplicar a los judíos, –la ley de Moisés– también para los gentiles se aplica en general: la ley de Dios); pues bien, antes estábamos "casados con la ley", pero cuando venimos a Cristo, ese matrimonio se ha disuelto (porque el régimen de la ley ha muerto) para que seamos de Cristo y vivamos en el nuevo régimen del Espíritu, el cual consiste no en nuestros esfuerzos para observar la ley de Dios, sino en la fe que produce esa obediencia. El versículo 5 es particularmente interesante, pues dice: "Porque mientras estábamos en la carne, las pasiones pecaminosas que eran por la ley obraban en nuestros miembros llevando fruto para muerte". La ley, en lugar de producir vida en nosotros producía "pasiones pecaminosas y fruto para muerte". ¿Por qué? Porque es imposible en nuestras fuerzas guardar u obedecer la ley de Dios.

2.- Pablo antes de venir a Cristo:[19] luego en la segunda sección (7:7-13), Pablo pregunta, ¿la ley es pecado? ¡No! ¡Claro que no lo es! Pablo exonera la ley diciendo que es buena. Pero luego se pone de ejemplo él mismo (seguramente antes de venir a Cristo) para explicar cómo es que la ley produce muerte.

Pablo era un fariseo hijo de fariseo (Hch. 23:6), celoso de las tradiciones de sus padres (Gál. 1:14), hebreo de hebreos (Fil. 3:5) y por su puesto trataba con todas sus fuerzas de guardar la ley de Dios, pues sabía de su profunda espiritualidad. Sin embargo, ésta, en lugar de producir vida en él, "produjo en mí toda codicia," nos dice. Luego, en una declaración de profunda tristeza dice: "Porque sabemos que la ley es espiritual; más yo soy carnal, vendido al pecado" en contraste con lo que había dicho en el capítulo 6 (véase p.ej. 6:6, 6:14). Tal condición se aplica tanto a un religioso que no ha recibido aún a Cristo, como a uno que lo ha hecho ya, pero que sin entender lo que significa el andar en el Espíritu, con todas sus fuerzas trata de obedecer la ley de Dios. Lo que sucedió con Pablo sucederá con cualquiera que no muere a la ley, que no entiende que debe crucificarse a sí mismo para no sea él quien opere sino Cristo en él (Gál. 2:20). Tal persona, ya sea hipotética o Pablo mismo antes de venir a Cristo o de entender la vida en el Espíritu, experimenta una lucha fuerte: sabe que debe obedecer la ley de Dios y se esfuerza en hacerlo pero fracasa una y otra vez.

3.- La crisis continúa: entonces la crisis continúa hasta aborrecerse a sí mismo como dice Pablo de él antes de entender la vida de fe o del Espíritu y exclama: "¡Miserable de mí! ¿quién me librará de este cuerpo de muerte?". Ese estado le tortura y condena, pues de esta forma, él, antes de servir a la ley de Dios, sirve a la ley del pecado (v. 25, ver Rom. 6:16; Jn. 8.34). Pues la carne gana cada vez que trata de vencerla, porque no ha muerto a la ley, no ha muerto a sus obras, a sus esfuerzos personales por alcanzar la santificación.

4.- Victoria sobre la crisis: gloriosamente, en el versículo 1 del siguiente capítulo dice: "Ninguna condenación hay para los que están en Cristo Jesús, los que no andan conforme a la carne, sino conforme al Espíritu". Es decir, al andar en el Espíritu, toda condenación desaparece, la crisis termina y la ley del Espíritu le hace libre de la ley del pecado (8:2). Ahora, Dios ha hecho a través de su Hijo y el Espíritu, lo que la ley, debilitada por nuestra naturaleza pecaminosa, nunca fue capaz de hacer (Rom. 8:1-4).

Todo este capítulo 7 tiene como propósito mostrarnos la debilidad de vivir bajo la ley. Y no es que estemos sin ley, pues estamos bajo la ley de Cristo (1 Cor. 9:21; Gál. 6:2), sino que es el mismo Cristo quien la guarda en nosotros por el Espíritu que mora en nosotros. Cuando rendimos totalmente nuestras fuerzas al Señor y descansamos en su sacrificio perfecto y su obra terminada efectuada en el calvario; cuando dejamos que el Espíritu gobierne en nosotros (y no nosotros mismos) y todo esto por medio de la fe, entonces realmente andamos en el Espíritu y obedecemos la ley de Dios, sin ningún esfuerzo personal (ni obras) para que sea por pura gracia.

Si todo recién convertido tuviera este conocimiento desde el momento de su conversión, el proceso de santificación se acortaría mucho, o bien, ni aun esta crisis sería necesaria (tal es la voluntad de Dios y su provisión en Cristo). Sin embargo, la falta de conocimiento de esta parte tan importante del evangelio (o de la comprensión de ella o de fe simplemente), hace perecer al pueblo de Dios (Is. 5:13; Os. 4:6). Es por eso que Cristo vino, para "dar conocimiento de salvación a su pueblo, para perdón de sus pecados" (Lc. 1:76-77).

Por otro lado, quien no le interesa vivir en santidad (o andar en el Espíritu), es decir, una persona que no tiene frutos de arrepentimiento, etc., (como lo vimos en el capítulo de la salvación), significa que no ha tenido todavía una conversión real.

Finalmente podemos exclamar que en Cristo tenemos victoria total (1 Cor. 15:57; 2 Cor. 2:14; Rom. 8:37), viviendo en el Espíritu nadie puede condenarnos (Rom. 8:34) y al permanecer unidos al Señor, nada ni nadie puede separarnos del amor de Dios en Cristo Jesús (Rom. 8:34-39). También la promesa de Dios dice que Él guardará nuestros corazones y pensamientos en Cristo Jesús (Fil. 4:7).

9. K. Golpear el cuerpo

La Biblia dice por Pablo: "Todo aquel que lucha, de todo se abstiene; ellos, a la verdad, para recibir una corona corruptible, pero nosotros una incorruptible. [26] Así que, yo de esta manera corro, no como a la aventura; de esta manera peleo, no como quien golpea al aire, [27] sino que golpeo mi cuerpo y lo pongo en servidumbre, no sea que habiendo sido heraldo de otros, yo mismo venga a ser eliminado" (1 Cor. 9:25-27). No es que nuestros esfuerzos personales son los que nos dan la victoria, sin embargo, hay una intención férrea en obedecer a Dios en nuestros corazones y pensamientos que nos hacen rechazar aquello que no tiene valor en nuestra lucha (1 Cor. 10:23). ¡Pero cuidado! Si confiamos en estos esfuerzos para alcanzar la santificación nos ataremos de nuevo. Así que, es necesario abstenerse de cosas que no convienen al cristiano para que nuestra fe permanezca en Cristo. Correr con la dirección del Señor, golpear el cuerpo. Golpear el cuerpo significa no satisfacer los deseos que demanda el cuerpo, significa negación propia (Mt. 16:24; Mc. 8:34; Lc. 9:23; 2 Ti. 1:7; 2 P. 1:6) y se relaciona con el sufrimiento que sea necesario por la causa de Cristo (2 Ti. 2:12; Rom. 12:12) y la disciplina en el cristiano. El cuerpo desea comida, el cristiano ayuna; el cuerpo desea comodidad, pero salir a predicar el evangelio es incómodo; el cuerpo desea dormir, el cristiano ora por las madrugadas y durante la noche. El cuerpo desea el descanso, pero Dios nos dice, "levántate y come, porque largo camino te resta" (1 R. 19:7). El cuerpo desea los placeres de este mundo, pero muchas veces tenemos que decidir entre obedecer al Señor o disfrutar de ellos. Las cosas que el cuerpo pide son necesidades naturales (no precisamente de la carne) y pueden no ser pecados en sí, pero cuando se trata de decidir entre la comodidad del cuerpo y la obediencia al Señor tenemos que ser sabios y decidir lo que nos conviene. El mismo apóstol Pablo ponía su cuerpo en servidumbre a fin de vencer la batalla de la fe (1 Ti. 6:12) y no ser eliminado. La palabra griega que la RV1960 traduce como "eliminado" es <<*adokimos*>> y significa "reprobado", "no pasar la prueba", "rechazado". Aquellos que dicen que la salvación no se puede perder, tendrían que explicar por qué Pablo dice esto. La vida es una prueba en que tenemos que renovar cada día nuestra mente en Cristo y su Palabra para vencer (Rom. 12:1-2), y tenemos que ser sabios y abstenernos de todo aquello que dificulte nuestra conexión con Cristo, y así, golpear el cuerpo; sí, ponerlo en servidumbre, para que sirva a Cristo. Y esto no significa que es nuestro ascetismo lo que marcará la diferencia como lo dice Colosenses 2:23 —y muchos otros pasajes— más bien reconocer que nuestras decisiones de obediencia al Señor implicarán incomodidad y maltrato del cuerpo. Jeremías estaba cansado de la persecución y de todo lo que sufría por Cristo, pero dijo: "había en mi corazón como un fuego ardiente metido en mis huesos; traté de sufrirlo, y no pude" (Jer. 20:9, ver contexto). Si mantenemos el fuego del Espíritu Santo dentro de nosotros, éste nos hará sufrir calamidades como buenos soldados de Jesucristo (2 Ti. 2:3), pero al final veremos que las aflicciones del tiempo presente no son comparables con la gloria venidera (Rom. 8:18).

La vida cristiana es una batalla, la batalla de la fe (2 Ti. 4:7). El mundo quiere que seamos como ellos, su corriente nos quiere arrastrar (Ef. 2:2), que andemos como hombres (1 Cor. 3:3), sin embargo la fe dice: "soy vencedor contra el pecado, Cristo me hizo libre, no me dejaré dominar por nada que me aparte de ese pensamiento". La fe nos dice que no somos simples hombres mortales sino una nueva creación (Ef. 2:10; Gál. 6:15; 2 Cor. 5:17), que somos soldados que no militamos según la carne (2 Cor. 10:3) y nuestra lucha es sobrenatural. Si excluimos lo sobrenatural de nuestro comportamiento y pensamientos, lo nuestro no es más que una religión con orientación moral entre las quizá millones que hay en el mundo. Pero somos victoriosos a cada momento debido a nuestra fe (1 Jn. 5:4), por la confianza que hemos puesto en Cristo Jesús (Jn. 16:33) y por el poder del Espíritu Santo que se hace efectivo por la Palabra de Dios. Ese golpear de nuestro cuerpo y todo el fruto de nuestra santificación no es otra cosa que las obras de Cristo a través de nosotros (Col. 1:29; 1 Cor. 15:10; Gál. 2:20).

LA IGLESIA Y SU MISIÓN X

Indudablemente el hombre no es salvo para vivir en aislamiento. Aun y que algunos, por desconocer las Escrituras, y siendo engañados por el diablo, quizá tengan la idea de que un cristiano pudiera permanecer en Cristo en la soledad, es perfectamente comprobable que esta es una de las peores decisiones para cualquiera; pues esto le guiará a la perdición de su propia alma. Por cierto, este pensamiento erróneo se da mucho entre los que aún no han sido salvos, pues, ¿cómo sería posible obedecer el mandamiento de Cristo —que es amarnos unos a otros—, sino es mediante la unidad de la iglesia? La evidencia de la salvación es la manifestación espontánea del amor de Dios, el cual ha sido derramado en nuestros corazones por el Espíritu Santo (Rom. 5:5). En este capítulo hablaremos de los distintos aspectos cubiertos en el concepto de iglesia.

Asimismo, vemos la función de la iglesia, es decir, su indispensable intervención en la evangelización, adoración y edificación; y que todo esto es impulsado por la llenura del Espíritu Santo.

10. A. Cristo vino para establecer una iglesia

Cristo, y no otro es quien estableció la iglesia. Nos dice: "Y yo también te digo, que tú eres Pedro, y sobre esta roca edificaré mi iglesia; y las puertas del Hades no prevalecerán contra ella" (Mt. 16:18). Cristo edificó una iglesia. No sobre Pedro, pues el mismo Apóstol declara: "Por lo cual también contiene la Escritura: He aquí, pongo en Sión la principal piedra del ángulo, escogida, preciosa; Y el que creyere en él, no será avergonzado" (1 P. 2:6). Esa principal piedra del ángulo escogida y preciosa es el Señor Jesús.

No es sobre Pedro, el hombre que fue reprendido por Pablo en algo que era digno de condenar [pues promovía división, algo contrario a la enseñanza del Salvador] (Gál. 2: 11-18); sino es sobre lo que declara Pedro; tanto en el pasaje de Mateo 16 como en su primera carta universal: la iglesia está construida sobre Jesucristo mismo. La Palabra de Dios nos dice: "edificados sobre el fundamento de los apóstoles y profetas, siendo la principal piedra del ángulo Jesucristo mismo," (Ef. 2:20). Por lo tanto, no fue sobre un hombre nacido en pecado que Dios estableció la iglesia, sino sobre Jesucristo, el Dios-Hombre, el hombre que jamás pecó (Heb. 4:15; 1 P. 2:22). La iglesia del Dios viviente, columna y baluarte de la verdad (1 Ti. 3:15), está fundamentada sobre nuestro Señor Jesucristo, el Hijo de Dios.

En ningún lugar del Nuevo Testamento encontramos que los apóstoles establecieran cristianos aislados, más bien por todos lados encontramos grupos de creyentes (Hch. 2:47; 9:31; 14:27; 15:41; 16:5; 20:28; 1 Cor. 1:2; 4:17; 7:14; 16:19; 2 Cor. 11:28, etc.). Los apóstoles estaban dedicados a establecer nuevas iglesias (Hch. 15:40-41; 18:5). Ellos establecieron iglesias: en **Judea:** Azoto (Hch. 8:40), Jope (Hch. 11:5), Jerusalén (Hch. 8:1); en **Samaria** (Hch. 8:5) Cesarea (Hch. 8:40); en **Galilea**: Tolemaida (Hch. 21.7); en **Siria**: Damasco (Hch. 9:19), Antioquia (Hch. 11:26; 18:22); en **Fenicia** (Hch. 11:19) Sidón (Hch. 27:3); en el **Asia menor**: Perge y Antioquía de Pisidia (Hch. 13:14); Éfeso (Hch. 19); Derbe (Hch. 16:1), Icono (Hch. 14:1-5), Listra (Hch. 14:8-12), Laodicea (Apo. 3:14), Mileto (Hch. 20:17-38), Pérgamo (Apo. 2:12), Filadelfia (Apo. 3:7), Esmirna (Apo. 2:8), Sardis (Apo. 3:1), Troas (2 Cor. 12:2; 2 Ti. 4:13), Tiatira (Apo. 2:18); en **Macedonia:** Tesalónica (Hch. 17:1; 1 Ts. 1:1; 2 Ts. 1:1), Berea (Hch. 17:10-13), Filipos (Hch. 16:12-40; Fil. 1:1); en **Grecia:** Atenas (Hch. 17:15-34), Corinto (Hch. 18:1-18; 1 Cor. 1:1-2; 2 Cor. 1:1); en las **Islas del Mediterráneo:** Malta (Hch. 28:1-10), Salamina (Hch. 13:5), Chipre (Hch. 15:39; 21:16); en **Italia:** Foro de

Apio (Hch. 28:15), las Tres Tabernas (Hch. 28:15), Roma (Rom. 1:7; 2 Ti. 1:17), y en muchos otros lugares cuyos nombres no se mencionan en las Escrituras. También es de suponerse que en las ciudades donde Cristo anduvo predicando y sanando los enfermos también había muchos grupos de cristianos, es decir, iglesias.

10. B. La iglesia universal

La iglesia universal está conformada por aquellos que han nacido de nuevo y permanecen en Cristo en todo lugar del mundo. De entre todas las denominaciones cristianas pudieran existir personas lavadas con la sangre de Cristo que continúan pegadas a la vid verdadera que es Cristo Jesús, mediante el poder del Espíritu Santo. Hay religiones que ayudan [y promueven] a que esto suceda, otras son corrientes en contra de ello. Y de entre las que ayudan, pudiere haber unas que lo hacen más que otras, pues aún dentro de una denominación particular, pudiere haber variantes significativas en cuanto al nivel de santidad. En una iglesia pequeña pudiere haber más gente salva que en una más grande, pero también pudiere haber iglesias pequeñas de calidad espiritual deplorable e iglesias grandes con magnífico nivel de rendición a Dios. Tan sólo Dios conoce los corazones y Él es el juez de toda la tierra que juzgará con justicia (Gn. 18:25; Sal. 9:4). Dios juzgará "por Aquel varón a quien designó, dando fe a todos con haberle levantado de los muertos" (Hch. 17:31).

La preservación y aplicación efectiva de estas 16 verdades fundamentales en una iglesia, es factor importantísimo para la salud de ella; a fin de que el mayor número de individuos formen parte de la iglesia universal del Señor, aquella que espera y ama su venida (2 Ti. 4:8). Es por eso que Dios nos ha dado su Palabra, para que sea lumbrera a nuestro camino (Sal. 119:105), pues ésta es la "palabra profética más segura, a la cual hacéis bien en estar atentos como a una antorcha que alumbra en lugar oscuro, hasta que el día esclarezca y el lucero de la mañana salga en nuestros corazones" (2 P. 1:19).

No importa el nombre de la iglesia o denominación, pero importa perseverar en la doctrina de Cristo (Hch. 2:42; 2 Jn. 1:9). Y de aquellos que no lo hacen, corregimos con mansedumbre, "por si quizá Dios les conceda se arrepientan para conocer la verdad" (2 Ti. 2:25). De ello pensamos que la doctrina pentecostal ayudará en gran medida al cristiano salvo a permanecer en el Señor y participar de las bodas del Cordero, pues son éstos los que conforman la congregación de los primogénitos inscritos en los cielos (Heb. 12:23).

El escritor del libro de Hebreos llama "primogénitos" a los salvos porque éstos son propiedad de Dios; y como aquellos primogénitos israelitas de Éxodo 12, nosotros escaparemos de la ira del Todopoderoso. De los primogénitos del Éxodo dice también: "dedicarás a Jehová todo aquel que abriere matriz," (Éx. 13:12), y nosotros, como los primogénitos de Dios, igualmente, estamos dedicados a Él, por lo que seremos los integrantes de las naciones que "hubieren sido salvas" de las que habla Apocalipsis 21:24. Seremos así la gran multitud de todas las naciones, tribus, pueblos, y lenguas que estaremos de pie delante del trono de Dios y delante del Cordero, vestidos con vestiduras blancas y palmas en las manos (Apo. 7:9).

10. C. El cuerpo de Cristo

La iglesia es el cuerpo de Cristo. Nos dice Efesios 1:22-23, "y sometió todas las cosas bajo sus pies, y lo dio por cabeza sobre todas las cosas a la iglesia, 23 la cual es su cuerpo, la plenitud de Aquel que todo lo llena en todo". Cristo es la cabeza de la iglesia y ella es su cuerpo. Esto quiere decir que los que conforman la iglesia del Señor son aquellos que permanecen sometidos a Él en todo, como también lo dice Efesios 5:23-24.

1.- Una diversidad: el cuerpo de Cristo significa también una diversidad. Así como en el cuerpo hay muchos miembros, dice el apóstol Pablo, "pero no todos los miembros tienen la misma función, así nosotros, siendo muchos, somos un cuerpo en Cristo, y todos miembros los unos de los otros" (Rom. 12:4-5). Esto quiere decir que cada uno de los miembros en ese cuerpo participa de manera distinta para edificarlo y hacerlo crecer en amor (Ef. 4:16; Col. 2:19).

Aunque cada uno de los miembros del cuerpo de Cristo participa con sus dones y ministerios, todos tenemos, tal lo explica Efesios 4, un mismo Espíritu Santo, un mismo Señor, una misma fe, un mismo bautismo, un mismo Dios y Padre (Ef. 4:1-6).

2.- El cuidado de unos por los otros: ser integrante del cuerpo de Cristo también significa el cuidado que tenemos los unos de los otros y el amor genuino que nos mostramos. Pues así como nadie aborreció jamás a su propio cuerpo, así la iglesia cuida de todos sus integrantes (Ef. 5:29). Y cuando un miembro padece, los demás también con él se duelen (1 Cor. 12:26).

La evidencia de que una persona realmente pertenece a esta iglesia universal, es la obediencia que manifiesta al Señor y el amor que muestra para con sus hermanos (Jn. 13:35; Mt. 7:16, 20; Lc. 6:43).

10. D. La gran comisión

La razón principal porque la iglesia existe en la tierra es para lograr la gran comisión. Esta es la comisión dejada por Cristo en Marcos 16:15-16 y Mateo 28:19. La iglesia existe para que cada habitante de la tierra conozca de Jesús y tenga la oportunidad de venir a sus pies. Luego, cuando una persona ha sido salva, el propósito de la iglesia es prepararle para que él (o ella) a su vez cumpla la gran comisión también. Este es el propósito más importante de la iglesia sobre la tierra.

1.- El ministerio de la reconciliación: la Palabra de Dios nos dice que cada hijo de Dios ha recibido el ministerio de la reconciliación (2 Cor. 5:18), esto significa que cada uno tiene la responsabilidad de predicar el evangelio a quien no conoce de Cristo. Hechos 1:8 nos dice que el propósito del bautismo en el Espíritu Santo es recibir poder para ser testigos de Cristo empezando en Jerusalén, y pasando por Judea y Samaria y hasta lo último de la tierra. Un testigo es quien atestigua, quien da un testimonio. Cada hijo o hija de Dios necesita dar un testimonio de vida acerca de Cristo y un mensaje de poder para la conversión de otros. Hechos 4:33 nos dice: "Y con gran poder los apóstoles daban testimonio de la resurrección del Señor Jesús, y abundante gracia era sobre todos ellos".

2.- Predicación aun con persecución: aunque la iglesia primitiva fue perseguida, nos dice la Palabra que no cesaban de dar testimonio del Señor y de predicar a Cristo (Hch. 8:4). Felipe fue el primero que menciona la Biblia que fue a Samaria y les predicaba a Cristo (Hch. 8:5). De igual manera, lo primero que hizo Pablo al convertirse a Dios fue predicar el evangelio. Hechos 9:20 nos dice: "En seguida predicaba a Cristo en las sinagogas, diciendo que éste era el Hijo de Dios". Pedro predicó el evangelio en Hechos 10, y en el capítulo 13, Saulo y Bernabé fueron señalados por el Espíritu para predicar el evangelio en otras regiones del mundo. No todos se convirtieron a Cristo por la predicación de los discípulos, pero los hermanos de la iglesia primitiva estuvieron haciendo lo que Cristo mandó y bautizaban en agua a los que creían, y les urgían a recibir el bautismo en el Espíritu Santo y hablaban en otras lenguas.

Nada puede sustituir la predicación del evangelio, pues nos dicen las Escrituras, "Pues ya que en la sabiduría de Dios, el mundo no conoció a Dios mediante la sabiduría, agradó a Dios salvar a los creyentes por la locura de la predicación" (1 Cor. 1:21).

En la siguiente sección veremos que la iglesia no sólo tiene la función de predicar, sino de adorar a Dios.

10. E. La adoración

La iglesia también tiene la encomienda de Dios de ser fragante olor de Cristo (2 Cor. 2:15). Es decir, que la vida de cada hijo de Dios sea una vida de adoración. La adoración es un término amplio que tiene que ver con la dedicación al Señor de cada creyente. Tiene que ver con la santidad, con su vida de entrega, con su consagración al Señor (Rom. 12:1). Por tanto, la iglesia ayuda a cada creyente a convertirse en un adorador.

En una reunión, tal como lo dice 1 Corintios 14:26, hay salmo, doctrina, lengua, revelación, e interpretación [de lenguas]. Cada vez que el pueblo de Dios se reúne es para adorar a Dios (Sal. 5:7; Sal. 86:9) y es maravilloso cuando los hermanos adoramos juntos en armonía (Sal. 133). Sin embargo, el concepto de adoración es mucho más amplio que la reunión, es una vida de obediencia tanto en público como en privado (Sal. 40:10; 51:6).

La iglesia de Dios tiene como propósito proporcionar a cada creyente un ambiente de adoración. No sólo enseñarle cierta liturgia evangélica, sino el verdadero significado de la adoración que cada creyente debe rendir al Señor mientras esté sobre la tierra.

1.- Adoración en espíritu y verdad: la Palabra de Dios nos habla de algunas personas que adoraban a Dios sin ser todavía salvas (Hch. 8:27; 10:2; 16:14), es por ello que aunque una persona pueda ser devota, no precisamente significa que su adoración es acepta delante de Dios. Así, la adoración desde un punto de vista meramente religioso no es aquella que Dios aprueba (Prov. 15:8). Jesucristo nos dice que existen "verdaderos adoradores" y que éstos son los que "adoran en espíritu y en verdad" (Jn. 4:23). Esto quiere decir, en primer lugar, que la adoración nace del espíritu, cuando el espíritu está vivo (refiriéndose a una persona que ya ha sido salva); y en segundo, de una adoración a la manera de Dios (en verdad).

La verdadera adoración demanda una conexión de nuestro espíritu con el Espíritu Santo. Demanda un corazón recto ante Dios y una vida en el Espíritu. La vida de santidad es esencial para una correcta adoración (Apo. 4), y al escudriñar las Escrituras descubrimos la forma de adorar que al Señor le place.

2.- La adoración que a Dios le place: la adoración que al Señor le place es aquella nacida de un corazón puro (Sal. 24:3-4), y sincero (Heb. 10:22), sacrificial; fruto de labios que confiesan su nombre (Heb. 13:15), pero no de labios solamente (Is. 29:13; Mt. 15:8; Mc. 7:8). Es aquella que brinda acciones de gracias

(Col. 2:7; Sal. 100:4; Col. 3:17; 1 Cor. 10:31), que se concentra solamente en el Dios de la Biblia (Mt. 4:10; Lc. 4:8; Apo. 19:10), sin mezclas con otros dioses, o con las cosas materiales o con las atracciones del mundo (2 R. 17:28-41; 1 Jn. 2:15-17; Stg. 4:1-4).

La adoración tiene que ver con la reverencia (Sal. 130:4), –la cual es un respeto profundo–, y hasta una especie de temor en la presencia del Todopoderoso (Sal. 5:7), en donde la postura del cuerpo también es parte (Sal. 99:5; Sal. 132:7; Lc. 8.47; Lc. 17:16; Hch. 7:60; 9:40; 20:36; 21:5).

3.- Los cánticos: los cánticos son una expresión humana de adoración (Sal. 95:2; Éx. 15:21; 1 Cro. 16:9, etc.), y éstos deben ser "cánticos espirituales", salmos e himnos (Ef. 5:19; Col. 3:16), es decir, aquellos que nos lleven a una conexión profunda con nuestro Dios; y deben también cantarse con inteligencia (Sal. 47:7). Cantar con inteligencia tiene que ver con un entendimiento de lo que estamos cantando, puesto que los cánticos son oraciones dirigidas a Dios que incluyen promesas que le hacemos, declaraciones bíblicas y doctrina, y estos deben estar en perfecta armonía con nuestra fe. Debido a esto es necesario tener cuidado de aquello que cantamos y los directores de música y canto deban de dirigir a la congregación a la comprensión de las palabras pronunciadas. En la iglesia cantamos juntos (Mt. 26:30; Mc. 14:26; Hch. 16:25) y nos alegramos en Dios (Sal. 66:1; 137:3; Is. 30:29; 51:11; Sof. 3:17) y esto es uno de los más grandes deleites que tenemos aquí. Los cánticos en lenguas son también muy importantes en nuestra oración privada (1 Cor. 14:15).

4.- Dar dinero y lo material: Dar dinero y dar lo material a Dios también es parte de nuestra adoración a Él (Éx. 23:15; Dt. 16:16; Prov. 3:9; Fil. 4:18). No porque Dios lo necesite, sino porque de lo recibido de su mano le damos (1 Cro. 29:14), y esto trae gloria al Señor (1 Cro. 29:14-20; 2 Cro. 7:1). Cada iglesia debe participar de esta expresión de adoración y reconocer su gran importancia para el avance del reino de Dios. El versículo de Malaquías 3:10 nos dice, entre otras cosas, "haya alimento en mi casa", tiene que ver con el sostenimiento de los siervos de Dios y del ministerio, como también lo dicen otros pasajes del Nuevo Testamento (1 Cor. 9:9-12; 1 Ti. 5:10; 1 Cor. 9:13-14), y participar de esta bendición es un servicio de adoración que no se deba negar a nadie.

10. F. Edificar al cuerpo de Cristo

Edificar es una palabra muy bella cuando estamos creciendo, cuando el reino de Dios se expande dentro de nuestros corazones. Y la edificación normalmente envuelve muchas personas. Las construcciones gigantescas como la construcción de una presa o un gran rascacielos requiere la intervención de miles de personas. Así, el reino de Dios dentro de nosotros, requiere de la ayuda de muchas personas.

1.- El medio de Dios para edificar: el fundamento del edificio es Cristo, pero cada uno debe de mirar como sobreedifica (1 Cor. 3:10). La *iglesia* es el medio de Dios para edificar a los creyentes. En Efesios 4:11-16 nos habla de la participación de otros para nuestra propia edificación, pues Dios quiere que "todos lleguemos a la unidad de la fe y del conocimiento del Hijo de Dios, a un varón perfecto, a la medida de la estatura de la plenitud de Cristo; [14] para que ya no seamos niños fluctuantes, llevados por doquiera de todo viento de doctrina, por estratagema de hombres que para engañar emplean con astucia las artimañas del error," (Ef. 4:13-14).

2.- Para ser perfectos: la palabra griega empleada para "perfecto" en Efesios 4:13 es <<*teleios*>> que podemos aplicarla a alguien que "ha alcanzado crecimiento hasta ser adulto, una persona madura". Y esto es perfectamente compatible con la palabra que luego emplea Pablo en el siguiente versículo, <<*nēpios*>> que significa "niños", *para que no seamos niños*. Por lo tanto este pasaje nos está diciendo que el propósito de la iglesia es edificar a los niños espirituales para que se conviertan en personas sólidas y maduras en la doctrina del Señor y sean capacitadas para edificar a otros. Tal y como ocurre en una familia, en donde los niños son alimentados e instruidos para que luego ellos alimenten e instruyan a otros, así la iglesia. Este es el concepto de Dios y tiene que ver con la sabiduría que todo cristiano necesita alcanzar.

En otras palabras, la iglesia participa aportando los diferentes ministerios para lograr nuestra madurez cristiana. Nuestra madurez cristiana tiene que ver con el entendimiento de la enseñanza del Señor a fin de estar preparados "para la obra del ministerio" (Ef. 4:12) y seamos así, fructíferos.

La iglesia es una fábrica productora de apóstoles, profetas, evangelistas y maestros (Ef. 4:11-12), y si no lo hace está perdiendo de vista uno de sus grandes objetivos. Ahora veremos en qué consisten estos ministerios que la iglesia, al edificar a los creyentes, Dios le ordena que produzca:

a.- El apostolado

La palabra de Dios nos informa acerca de dos clases de apostolado. Veamos la evidencia bíblica de ello y algunas definiciones.

(1) *Los apóstoles del Cordero:* la palabra griega <<gr. *apostolos*>>, usada en el Nuevo Testamento para referirse a un apóstol o a "los apóstoles", tiene dos connotaciones importantes. En primer lugar tenemos su uso exclusivo para los apóstoles del Cordero (Mt. 10:2; Mc. 3:14; 4:10; 6:7; 9:35; 14:10,1 7, 23; Lc. 6:13; 9:1: 22:14; Jn. 6:71; Hch. 6:2; 1 Cor. 15:5; Ef. 2:20; Apo. 21:14), en donde los requisitos para pertenecer a este selecto grupo son: **1)** Haber sido testigo de la resurrección de Cristo (Hch. 1:22; 1 Cor. 9:1); **2)** haber sido elegido explícitamente por el Espíritu Santo (Hch. 9:15; Rom. 11:13; 1 Cor. 9:2; 1 Ti. 2:7; 2 Ti. 1:11; Gál. 2:8), y **3)** haber tenido el respaldo del Señor con señales y milagros (Hch. 2:43; 2 Cor. 12:12). Aunque han existido y existen hoy personas que pueden tener el primero y el último de estos requisitos, no podríamos aceptar que existen más apóstoles aparte de los doce señalados por Cristo, entre los cuales entendemos Pablo substituye a

Judas (pues cumple con estos tres requisitos prescritos). Sin embargo, en segundo lugar, existe otra connotación para el apostolado, uno más genérico. Y a este nos referimos al decir que toda iglesia debe producirlo. Veamos.

(2) *El término genérico de apóstol:* la palabra apóstol <<gr. *apostolos*>> significa "alguien que es enviado". Esta palabra se emplea para Bernabé (Hch. 14:14), [posiblemente para] Andrónico y Junias (Rom. 16:7). Asimismo la misma palabra griega es usada para Tito (2 Cor. 8:23, la que la RV1960 traduce como "mensajero"), y para Epafrodito en Filipenses 2:25 (traducida por la RV1960 como "mensajero"). También Cristo profetiza que enviaría "profetas y apóstoles" (Lc. 11:49). En este sentido el término más a fin para la palabra empleada sería lo que nosotros distinguimos como un misionero, y aunque la palabra "misionero" no es bíblica, es posible que se haya acuñado para no usar el término "apóstol" y así evitar confusión con los doce apóstoles de Cristo.

Ahora bien, la iglesia edifica a los creyentes para producir, aparte de apóstoles, (a los que generalmente llamamos misioneros, que son también aquellos que plantan iglesias), profetas, evangelistas, pastores y maestros.

b.- El ministerio profético

Los profetas son aquellos que son enviados por el Señor con un mensaje. Alguien que representa a Dios para hablar a una persona individual (2 S. 12:1-10), a un grupo (Jer. 35:1-19) o hasta una nación entera (Is. 46:3). En el Antiguo Testamento la palabra <<*nabiy'*>> significa un portavoz, alguien que tiene inspiración de Dios para hablar su Palabra. Abraham es llamado profeta (Gn. 20:7), y Moisés (Dt. 18:15), ambos por ser representantes de Dios y hablar en su lugar. En el Antiguo Testamneto tenemos profetas anónimos (Jue. 6:8-10; 1 S. 2:27, 10:5, 10; 1 R. 13:1-3, 11; 2 R. 20:13; Apo. 11:1-13), y muchos otros cuyos nombres conocemos; y el común denominador de todos ellos fue que tuvieron un mensaje de Dios que trasmitir.

(1) *El profeta como predicador:* en el capítulo 14 de primera de Corintios Pablo urge a la iglesia a ejercitar el ministerio de profeta. Todos en la iglesia pueden profetizar (1 Cor. 14:24), y la profecía es para edificación, exhortación y consolación (1 Cor. 14:3). Profetizar es ser usado por Dios para hablar sus palabras. Nos dice Pedro: "Si alguno habla, hable conforme a las palabras de Dios" (1 P. 4:11). La profecía es por tanto la predicación, hablar conforme a las palabras de Dios. Todo predicador que es usado por Dios para trasmitir un mensaje se constituye en un profeta.

(2) *El profeta como un vidente:* por supuesto que el profeta es usado por Dios para descifrar misterios acerca del pasado, presente o futuro. Es un vidente (1 S. 9:9, 19; 1 Cro. 21:9; 2 Cro. 12:15; 29:30), alguien que ve lo que Dios le muestra y que luego lo comunica a otros. En Hechos 15:32 leemos: "Y Judas y Silas, como ellos también eran profetas, consolaron y confirmaron a sus hermanos con abundancia de palabras". El libro de Hechos también nos habla del profeta Agabo (Hch. 21:10) y de cuatro doncellas profetizas, hijas de Felipe el evangelista (Hch. 21:8-9). Esta profecía la da el Espíritu Santo directamente en oración y es muy distinta a una palabra de enseñanza.

c.- El ministerio evangelístico

Los evangelistas son aquellos con el ministerio de predicar en cierto lugar para la salvación de los perdidos, pero no se quedan para plantar una iglesia. Van y buscan a los perdidos, los hallan y los llevan a las plantas del Señor. También pueden ir a una iglesia ya establecida para ayudarle a provocar un avivamiento en milagros y sanidades que resulta en la salvación de muchos. En Hechos 8, Felipe es calificado como "Felipe el evangelista". Un evangelista predica el evangelio a donde quiera que va sin importar a quien y luego va a otro lugar para hacer lo mismo, dejando a los recién convertidos al cuidado pastoral.

El evangelista, particularmente, debe de despertar fe en aquellos que le escuchan; y esto sólo es posible cuando maneja con maestría la Palabra de Dios y tiene una unción de Dios poderosa. Pablo le dice a Timoteo que haga obra de evangelista (2 Ti. 4:5).

d.- El ministerio pastoral

Un pastor es aquel que cuida (apacienta) el rebaño del Señor. Nos dice la Biblia: "Por tanto, mirad por vosotros, y por el rebaño en que el Espíritu Santo os ha puesto por obispos, para apacentar la iglesia del Señor, la cual él ganó con su propia sangre" (Hch. 20:28). La palabra obispo y pastor son la misma cosa en el Nuevo Testamento (p.ej. Hch. 20:17, 28-30; Tit. 1:5, 9) y también en algunas ocasiones a los pastores se les llama "ancianos" (p.ej. 1 P. 5:1-3).

Un pastor tiene la función de alimentar el rebaño, es decir, impartir enseñanza bíblica a la iglesia (1 Ti. 3:2; 1 Ti. 4:13; Tit. 1:9); predicar (1 Ti. 5:17; 2 Ti. 4:1-2); llevar los asuntos a Dios por el pueblo (orar e interceder por él) [Éx. 18:19; Éx. 32:9-14]; velar por las almas del rebaño individualmente (Heb. 13:7; Lc. 15:4); protegerles de la mala doctrina (1 S. 17:34-36; Hch. 20:28-29) y de los falsos maestros (2 P. 2:1; Jud. 1:3 1 Jn. 4:1); restaurar al caído (Ez. 34:4, 16; Zac. 11:16); estar con las ovejas (Zac. 11:17); y ser un ejemplo de conducta y fe (Heb. 13:7).

e.- El ministerio de enseñanza

El ministerio de enseñanza es aquel que ordena los conceptos de la vida cristiana, que deban ser aprendidos por el pueblo, y los trasmite de una manera clara y entendible hasta que se vuelvan parte de la vida del creyente. Cristo es nuestro mayor ejemplo, pues Él es el más grande de los maestros. Y es el más grande de los maestros, no sólo porque haya sido llamado hasta 60 veces "maestro" en los evangelios, sino porque sus enseñanzas fueron transmitidas de una manera sencilla (Mt. 11:26), inteligente (Lc. 2:47), ilustrativa (Mt. 13:34), original (Jn. 7:46), autoritativa (Mc. 1:22) y suficientemente clara para ser entendida por todas las generaciones hasta nuestros días.

Asimismo, el Señor Jesucristo documentó sus enseñanzas en las Sagradas Escrituras. En el Nuevo Testamento hay un total de 3,779 versículos, y de acuerdo a Graham Scroggie, de estos, 1,934 son palabras de Jesús; y de los versículos que citan las palabras de Jesús 180 (casi un 10%) son citas o alusiones al Antiguo Testamento.[20]

Cristo citó abundantemente el Antiguo Testamento, casi en relación 1:10 de todas sus palabras. Él citó *mayormente* cuatro libros: **Éxodo** (siete veces, Mt. 22:32; Mc. 12:26; Lc. 20:37; Mt. 19:18-19; Mc. 10:19; Lc. 18:20; Mt. 15:4; Mc. 7:10; Mt 5:21, 27; Mt. 5:38); **Isaías** (ocho menciones, Mt. 13:14–15; Mc. 4:12; Lc. 8:10; Mt. 21:13; Mc. 11:17; Lc. 19:46; Mt. 15:8-9; Mc. 7:6-7; Mt. 21:33; Mc. 12:1; Lc. 20:9); **Deuteronomio** (diez veces, Mt 22:37; Mc. 12:29–33; Lc. 10:27; Mt. 5:31; 19:7; Mc. 10:4; Mt 18:16; Mt. 4:4, 7, 10; Lc. 4:4, 8, 12); y el libro de los **Salmos** (once menciones, Mt. 21:16; 22:44; Mc. 12:36; 14:62; Lc 20:42–43; Mt. 27:46; Mc. 15:34; Jn. 15:25; Jn 13:18; Jn. 6:31; Jn. 10:34; Mt. 26:64; Mt. 21:42; Mc. 12:10; Lc. 20:17; Mt. 23:39; Lc 13:35).

El ministerio de la enseñanza es fundamental en la iglesia, pero también la iglesia produce maestros. El ministerio de enseñanza es parte integral del ministerio pastoral (1 Ti. 3:2; 1 Ti. 4:13; Tit. 1:9). Hebreos 5:12 nos dice, otra vez, en relación al conocimiento, que puesto que son niños [a quienes el escritor de Hebreos habla], y no pueden asimilar el alimento sólido, —por ser inexpertos—, éstos no pueden [no son capaces o aptos] para enseñar a otros (Heb. 5:12-14). Es decir, cada cristiano es capaz de lograr madurez en el conocimiento de Dios y ser apto para enseñar también a otros cristianos (Mt. 28:20). Sin embargo, el que es maestro tiene la responsabilidad de enseñar con el ejemplo acerca de lo que enseña, y de vivir en santidad (Rom. 2:17-24; Stg. 3:1).

Para finalizar esta sección (la referente a la función eclesiástica de edificación), podemos decir que la palabra de Dios nos habla también de otros ministerios tales como "los que ayudan y administran", y que el ejercicio de los dones les convierte en ministerios. En 1 Corintios 12:28 leemos: "Y a unos puso Dios en la iglesia, primeramente apóstoles, luego profetas, lo tercero maestros, luego los que hacen milagros, después los que ayudan, los que administran, los que tienen don de lenguas". Con todos estos ministerios mencionados en las Escrituras, la iglesia, que es un cuerpo, así se constituye; haciéndose indispensable la participación de todos (1 Cor. 14:12), para que, al ayudarse mutuamente, sea edificada en amor (Ef. 4:16; Col. 2:19).

10. G. Llenura del Espíritu Santo

Para el ejercicio de todos los ministerios es necesaria la llenura constante del Espíritu Santo. Las iglesias pentecostales hacemos énfasis en la forma de la iglesia primitiva, la del libro de los Hechos, en la cual todos eran llenos del Espíritu Santo. Nosotros tenemos en la Biblia el libro de los Hechos, no como una simple nota bibliográfica equiparable a algún pasaje histórico del Antiguo Testamento (aunque por supuesto toda la historia en el Antiguo Testamento tiene su lugar). Sin embargo, el Señor inspiró el libro de los Hechos para que sirviera de ejemplo superior para todas las generaciones futuras. El libro de los Hechos, por lo tanto, es doctrinal y sirve como el modelo de Dios para la iglesia.

El bautismo con el Espíritu Santo agrega una dimensión de poder a la evangelización (Hch. 1:8) mediante señales y milagros (Mc. 16:15-20; Heb. 2:3-4); hace brillar una verdadera y genuina adoración en nuestras vidas diarias (Jn. 7:37-38; 1 Cor. 2:10-16); y trae un verdadero crecimiento y edificación sobrenatural a la iglesia, tal y como sucedió en los tiempos apostólicos (Hch. 9:31; 1 Cor. 14:12).

El Espíritu Santo es quien produce el fruto del Espíritu (Gál. 5:22-26), el cual es una expresión de santidad (andar en el Espíritu); y es Él quien comanda todas las dimensiones del nuevo pacto. Tanto que Pablo dice de esta era, "el ministerio del Espíritu" (2 Cor. 3:7-8). Jesús mismo empezó su ministerio en "el poder del Espíritu" (Lc. 4:14) y es de la misma manera que la iglesia necesita operar.

En el siguiente capítulo veremos más sobre el liderazgo espiritual y los aspectos que circundan a toda persona que tiene un ministerio.

EL MINISTERIO

En la iglesia, así como fue el caso del pueblo de Israel con los levitas, Dios ha establecido un liderazgo espiritual entre el pueblo. Este liderazgo tiene la función principal de dirigir al pueblo de Dios en las instrucciones dadas por el Señor en la Biblia en un triple propósito:

1) En la evangelización del mundo (Mc. 16:15-20).

2) En la adoración del pueblo de Dios (Jn. 4:23, 24).

3) En la edificación de los santos (Ef. 4:11, 16).

La iglesia, como una organización divino-humana, necesita tener un liderazgo y éste es el ejemplo de la iglesia primitiva y del mostrado en el Antiguo Testamento. Dios es un Dios de liderazgo y de orden. En este capítulo veremos en qué consiste este liderazgo, así como la gracia de Dios y llamamiento indispensables. También las responsabilidades que el ministerio envuelve y sus beneficios.

 Liderazgo en la iglesia universal
11. A. y en la iglesia local

Podemos decir en términos amplios, que la iglesia de Dios es por un lado la iglesia universal del Señor y por el otro una iglesia local. Dios ha dado un liderazgo para ambos ámbitos. Veamos.

1.- Liderazgo en la iglesia universal: si bien es cierto, no existe ninguna prueba de que existiera en la iglesia primitiva un liderazgo mundial, es decir, un líder de la iglesia universal de Cristo. En la iglesia universal existen personas que Dios ha llamado para tener un liderazgo sobresaliente, y ser de influencia a nivel mundial en el cuerpo de Cristo.

2.- Liderazgo en la iglesia local: Por otro lado, en la iglesia local, Dios ha llamado a distintas funciones de liderazgo.

a.- Pastores y ancianos: los pastores y ancianos tienen una función de liderazgo espiritual (Hch. 11:30; 14:23; 15:22; 20:17-38; 1 Ti. 5:17; Tit. 1:5; 2:2; Stg. 5:14; 1 P. 5:1-4) y esta es por supuesto la función más importante en una iglesia local. Luego siguen otras posiciones entre las que sobresalen la posición de los diáconos (1 Tim. 3:8-13; Rom. 16:1).

b.- Diáconos: no dice el texto de Hechos 6 que aquellos que fueron considerados para servir a las mesas fueran llamados diáconos, pero si esto es así, entonces esta posición es más de servicio físico que de servicio espiritual. También es cierto que no se menciona en el Nuevo Testamento que los diáconos tuvieran funciones espirituales en la iglesia local aparte de los pastores (u obispos) y los ancianos; sin embargo, los requisitos que estos servidores de las mesas tuvieron son de excelencia espiritual (Hch. 6:3), tales son los requisitos enlistados en 1 Timoteo 3:8-13.

c.- Es posible la promoción de un diácono: estos servidores —los de Hechos capítulo 6— si fueron llamados diáconos o no, no lo podemos asegurar. Sin embargo, sí dice la Biblia que Esteban estaba en este selecto grupo, y podemos ver como el Señor lo promovió para que fuese un poderoso siervo de Dios; usado en grandes prodigios y señales entre el pueblo (Hch. 6:8), y para tener finalmente el privilegio de ser el primer mártir de la iglesia primitiva (Hechos 7). Esto nos enseña que una persona fiel en una posición de servicio físico, puede ser llamada por Dios para un servicio espiritual, pero muchas veces nuestro amado Señor le hace pasar por un servicio físico antes de ejercer el servicio espiritual; aun siendo una persona muy consagrada, como fue el caso de Esteban.

d.- Los que ayudan y administran: se mencionan junto con los ministerios de carácter espiritual (al final de la lista de ministerios de 1 Cor. 12:28), "los que ayudan, los que administran, los que tienen don de lenguas". Los que ayudan y administran son las personas que en el Nuevo Testamento tenían el ministerio de suplir las necesidades físicas de los siervos de Dios, es decir, aquellos que trabajan en los ministerios espirituales (Lc 8:1-3; Rom. 12:13; 16:23; Fil. 2:25; Fil. 1:11; 3 Jn. 1:5; 2 Ti. 1:15-18).

En la iglesia también es importante la participación de los que tienen don de lenguas. Se mencionan al final porque no deben tomar preponderancia sobre los que están dedicados a los ministerios espirituales, como es el caso de los pastores y ancianos; recordando que toda persona que tiene un mensaje en lenguas necesita tener intérprete.

Todo ministerio es sumamente importante en el cuerpo de Cristo. Sin embargo, el orden establecido por Dios es que los ministerios de labores físicas y de administración sirvan a los ministros del evangelio, para que éstos tengan suficiente tiempo para prepararse y servir a la iglesia en lo espiritual (Hch. 6:2-4).

e.- Cristo también sirvió en lo físico y no sólo en lo espiritual: no debemos olvidar que aun el mismo Cristo nos dio ejemplo de servicio físico (Jn. 13:1-17), para que nadie se considere más importante que otro, pues todos somos servidores del mismo Señor (Gál. 5:13); y que Cristo Jesús considera mayor al que sirve que aquel que es servido (Lc. 22:27). Por ello es incorrecto que un siervo de Dios se niegue a servir físicamente a cualquiera de sus hermanos, a menos que esto implique tanto tiempo que absorba su ministerio espiritual. Este es el ejemplo de Jesús y de los apóstoles.

Muchas veces se requiere la cooperación de ayuda física, administrativa o financiera, y todo creyente debe mostrar el amor de Dios en tales casos. La Escritura declara, "Pero el que tiene bienes en este mundo [ya sea aquel con un ministerio físico, administrativo o espiritual] y ve a su hermano tener necesidad, y cierra contra él su corazón, ¿cómo mora el amor de Dios en él? (1 Jn. 3:17); algo similar nos dice Santiago 2:15-17, por lo que ninguno que posee un llamado al servicio espiritual deba de reusarse a servir también en lo físico, administrativo y/o financiero en todo cuando le sea posible (Gál. 6:10).

11. B.   El llamado

Toda la iglesia se mueve mediante el poder del Espíritu Santo operando en los creyentes (Hch. 9:31). Evidentemente cada persona tiene su lugar en el cuerpo de Cristo y cada uno es importante (1 Cor. 12:11, 27). Y aunque cada persona es llamada por Dios para cumplir la gran comisión (Mc. 16:15; Mt. 28:19) y cooperar en el engrandecimiento del reino de Dios, Él ha llamado a personas específicas para el ejercicio del liderazgo espiritual en la iglesia.

Cuando hablamos de "llamado" hablamos no sólo del llamado general que cada creyente tiene, sino del ejercicio de un ministerio. Hay ministerios que más tienen que ver con lo físico (y lo administrativo) que con lo espiritual; y hay ministerios que más tienen que ver con lo espiritual que con lo físico.

Los ministerios más importantes que encontramos en las Escrituras son de servicio espiritual y son los ministerios de apóstol, profeta, evangelista, pastor y maestro (Ef. 4:11). De ellos dice el Espíritu Santo, "y el mismo constituyó", dando a entender un llamado divino y especial aparte de todos los demás ministerios. Además, éstos son ministerios muchas veces más públicos que los físicos y de administración.

Vemos en las Escrituras el llamamiento de hombres como Moisés (Éxodo 3), Gedeón (Jueces 6), Eliseo (1 R. 19:19-21), Isaías (Isaías 6), Jeremías (Jeremías 1), Ezequiel (Ezequiel 2), Juan el bautista (Lc. 1:13-15); Mateo (Mt. 9:9; Mc. 2:13), Felipe (Jn. 1:43), Pablo (Hechos 9); Timoteo (1 Ti. 4:14; 2 Ti. 1:6); y de los doce apóstoles (Mt. 10:1-4; Mc. 3:13-19); también el Señor llamó a otros que no quisieron seguirle (Mt. 8:22; 19:21; Mc. 10:21; Lc. 9:59; Lc. 18:22).

Desde luego que existe el llamamiento del Señor para ser un candidato a la vida eterna (Mt. 20:26; 22:14), y otro también es el llamado general a todos los cristianos para predicar el evangelio; sin embargo, el llamamiento a un ministerio de servicio espiritual, en donde la suministración de los dones espirituales cobra gran importancia (1 P. 4:10), requiere de un trato especial de Dios con aquel que es llamado.

Dice la palabra de Dios que el llamamiento y los dones son irrevocables (Rom. 11:29), por lo que cuando una persona es llamada a un ministerio espiritual, es llamada durante toda su vida y es su responsabilidad obedecer a este llamado. Dios llama a estas personas desde el vientre de su madre (Jue. 16:17; Job 31:18; Sal. 22:9-10; Is. 49:1; Jer. 1.5; Mt. 19:12; Lc. 1:15; Gál. 1.15), y están destinadas para ello.

11. C. La gracia

Pablo quizá era considerado como tan sólo uno de los muchos conversos, que de entre los fariseos, había abrazado también el evangelio (Hch. 15:5) en el gran avivamiento de la iglesia primitiva. Sin embargo, Pablo, después de años de no ver a los apóstoles, se presenta con ellos y de este suceso nos dice: "y reconociendo la gracia que me había sido dada, Jacobo, Cefas y Juan, que eran considerados como columnas, nos dieron a mí y a Bernabé la diestra en señal de compañerismo, para que fuésemos a los gentiles, y ellos a la circuncisión" (Gál. 2:9).

1.- Una gracia superior y la soberana de Dios: Gálatas 2:9 nos habla acerca de una gracia superior depositada en aquellos llamados por Dios para un ministerio espiritual. Mientras que a todos nos ha sido dada la gracia, pues nos dice: "Porque de su plenitud tomamos todos", luego dice, "gracia sobre gracia" (Jn. 1:16). Esta gracia adicional tiene que ver con la gracia de Dios para el ejercicio de un ministerio espiritual. Éste es evidentemente un asunto de elección soberana (Gál. 1:15-16), pero también tiene que ver con la voluntad del individuo (Hch. 26:19; 2 Ti. 2:1; 1:6).

2.- Podemos pedir la gracia: por otro lado también podemos pedir a Dios esta gracia (Lc. 11:9; Jn. 15:7; 16:24; 1 Ti. 3:1; 1 Cor. 12:31), sin embargo, está dentro de la soberanía de Dios otorgarla o no (Rom. 9:16; 1 Cor. 12:11). Dios es soberado en el llamamiento de sus siervos y Él promueve a quien quiere, sin embargo, sabemos que Dios promoverá a los fieles (Sal. 101:6; Jn. 12:26). Por supuesto, hay algunos que sin haber sido promovidos por el Señor buscan gloria personal, pero Dios reconoce a sus verdaderos siervos.

3.- El camino para obtener la gracia: el camino para obtener gracia ante los ojos del Señor es la humildad. La Biblia declara que "el otorga mayor gracia" [es decir, además de la gracia salvadora]; y esta gracia será otorgada a los humildes de corazón (Prov. 3:34; Stg. 4:6; 1 P. 5:5). Una persona que agrada a Dios, Él le otorgará gracia (Gn. 6:8), y esta gracia sobrenatural le dará gracia ante los demás seres humanos (Gn. 39:21; Éx. 11:3; Hch. 4:33). La gracia de Dios hará que una persona sea transformada, y de ser una persona ordinaria, será mudada a una extraordinaria (Stg. 5:17).

4.- Distintos niveles de gracia: a cada uno Dios da soberanamente distintos niveles de gracia. Nos dice el apóstol Pablo: "Conforme a la gracia que me ha sido dada, yo como perito arquitecto puse el fundamento, y otro edifica encima; pero cada uno mire como sobreedifica" (1 Cor. 3:10), y también, "pero por la gracia de Dios soy lo que soy" (1 Cor. 15:10). En este mundo se glorifica el esfuerzo personal y los logros humanos, sin embargo, el camino para obtener la legítima gracia de Dios nunca será por medio de los talentos, habilidades o esfuerzos personales. Sin embargo, en la Palabra de Dios encontramos una estrecha vinculación de la oración sincera y humilde con el otorgamiento de la gracia de Dios (Neh. 1:11; Dn. 6:10; Zac. 12:10; Lc. 18:10-14; 2 Ti. 1:3).

La gracia de Dios es algo sobrenatural, una fuerza extraordinaria que aún los de afuera reconocen (Éx. 33:13; 11:3; Hch. 7:10; 1 Ti. 3:7). Esteban estaba lleno de gracia y de poder (Hch. 6:8) y todos aquellos que realmente han encontrado gracia ante los ojos de Dios son reconocidos por otros muchos, porque la gracia de Dios resplandece en ellos (Éx. 34:35; Hch. 6:15; 2 Cor. 3:13, 18).

11. D. Siervos aprobados y reprobados

Siendo que Dios elige soberanamente a aquellos que son llamados a ministerios espirituales públicos o visibles, es responsabilidad de ellos nutrirse diariamente de la fuente de vida eterna que es nuestro Dios (Jn. 4:14; Apo. 21:6). Pues como todo hijo de Dios, el que es llamado necesita tanto de Cristo como cualquier otro (aunque su ministerio también depende de Cristo mismo). En esta sección veremos la comprobación de que existen siervos aprobados y reprobados, y también la manera de mantenerse aprobados por Dios.

1.- Ejemplos de siervos reprobados: vemos en la Palabra de Dios algunos que fueron ungidos por Dios para un ministerio especial, pero que luego no permanecieron en obediencia. 1 Reyes 13 nos habla de un profeta que fue desobediente a las órdenes de Dios. Nadab y Abiú murieron por ofrecer fuego extraño al Señor (Núm. 3:4); Salomón apostató de la fe (1 R. 11:1-10); Judas fue elegido por Jesús, pero luego le traicionó; Demás abandonó a Pablo "amando este mundo" (2 Ti. 4:10); Himeneo y Alejandro "naufragaron en cuanto la fe" (1 Ti. 1:18-20). Cristo Jesús nos dice: "No todo el que me dice: Señor, Señor, entrará en el reino de los cielos, sino el que hace la voluntad de mi Padre que está en los cielos. ²² Muchos me dirán en aquel día: Señor, Señor, ¿no profetizamos en tu nombre, y en tu nombre echamos fuera demonios, y en tu nombre hicimos muchos milagros? ²³ Y entonces les declararé: Nunca os conocí; apartaos de mí, hacedores de maldad" (Mt. 7:21).

2.- Mayor demanda: todo aquel que ha sido llamado por Dios para un ministerio espiritual público tiene una gran responsabilidad delante de Dios, porque nos dice: "Porque todo aquel a quien se haya dado mucho, mucho se le demandará; y al que mucho se le ha confiado; más se le pedirá" (Lc. 12:48, lea el pasaje completo, Lc. 12:45-48).

En Lucas 12:47 el Señor Jesús nos habla de aquellos siervos que "sabiendo la voluntad de su Señor" no se prepararon, ni hicieron conforme a su voluntad. Mateo 24:45-51 es una repetición de esta ocasión, pero aquí también dice Cristo, que aquellos siervos reprobados son aquellos que "golpean" a sus consiervos. Aquellos que teniendo un llamado y una responsabilidad de alimentar al pueblo de Dios con la doctrina sana del evangelio, se dedicaron a enseñar sobre las cosas temporales y no sobre las cosas eternas, y fueron para ellos ciegos guías de ciegos (Mt. 15:14).

3.- Definición de un siervo aprobado: 2 Timoteo 2:15 nos dice: "Procura con diligencia presentarte a Dios aprobado, como obrero que no tiene de qué avergonzarse, que usa bien la palabra de verdad". Aquí el apóstol Pablo nos da algunos detalles del siervo aprobado: 1) Tiene diligencia en servir al Señor; 2) no tiene de qué avergonzarse, es decir, anda en santidad delante de Él; 3) Usa bien la palabra de verdad, predica el evangelio completo y es un fiel portavoz de Jesucristo. El apóstol Pablo, por inspiración del Espíritu Santo dice que habrá siervos de Dios aprobados, pero también reprobados.

4.- Pablo pone su persona de ejemplo: Pablo se pone él mismo de ejemplo cuando dice: "Así que, yo de esta manera corro, no como a la aventura; de esta manera peleo, no como quien golpea al aire, [27] sino que golpeo mi cuerpo, y lo pongo en servidumbre, no sea que habiendo sido heraldo para otros, yo mismo venga a ser eliminado" (1 Cor. 9:26-27). Pablo mismo buscaba a toda costa ser aprobado por Dios y se esforzaba día a día para no ser hallado como un siervo "reprobado". Esto no significa que Pablo no tuviera seguridad de su salvación, sino que él sabía que nada le daría garantía de ser un siervo aprobado sino la obediencia al Señor y a su llamamiento. Sabía que aunque fuera el que más había trabajado por el Señor (1 Cor. 15:10), el apóstol de los gentiles (Gál. 2:8), aquel que enseñó a miles; y por quien el Señor operó muchos milagros e hizo grandes obras

(Hch. 19:11), en nada de eso se podía apoyar. Él estaba dispuesto a continuar hasta llegar a la meta, y por ello "ponía su cuerpo en servidumbre", es decir, no le importaba esfuerzo alguno o sacrificios; no le importaba no dormir lo suficiente o ayunar o padecer persecución; tampoco padecer hambre o desnudez, peligros o afanes de cualquier tipo, todo era con el fin de cumplir su misión y ser aprobado por Dios. Todo aquel que ha sido llamado al ministerio debe de tener la misma mentalidad, trabando con diligencia en la obra del Señor y no dejando que ninguna cosa de este mundo le domine o le estorbe en el cumplimiento de su divino llamamiento.

En la siguiente sección veremos con más detalles las responsabilidades de una persona que ha sido llamada por Dios para un ministerio espiritual.

11. E. Responsabilidades del llamado

Cada cristiano que tiene el privilegio del llamamiento de Dios tiene responsabilidades muy importantes. Algunos no son llamados por Dios, pero quieren los privilegios de los llamados sin tomar las responsabilidades de ellos. Veamos algunas de estas responsabilidades:

1.- La preparación del siervo: el llamamiento de Dios es irrevocable y de por vida (Gál. 1:15; Rom. 11:29). Puesto que el llamamiento de Dios es un llamamiento de por vida, requiere de una preparación constante, y el siervo de Dios está expuesto a un sinnúmero de condiciones que le fortalecen para el cabal cumplimiento de ese ministerio. Es decir, el proceso del siervo de Dios es un proceso de por vida.

Dios fortalece el temperamento del siervo de acuerdo a aquello para lo que Dios le tiene. Moisés es uno de los ejemplos más claros en la Biblia. Él tuvo que sufrir una preparación muy minuciosa para aquello para lo que Dios le tenía destinado. Por esto, en primer lugar, el siervo debe estar dispuesto a pasar por el proceso de Dios. Este proceso muchas veces involucra sufrimientos, afanes, fatigas, desvelos, desprecios, humillaciones, maltratos, torturas, negaciones, puertas cerradas, viajes infructuosos, peligros, riesgos, grandes desembolsos, privaciones mil, pobreza, esfuerzos físicos sin medida, pleitos, críticas, calamidad, y sobre todo se necesita paciencia... 40 años de paciencia fueron los asignados para Moisés antes del desierto, y otros 40 cuidando ovejas en el páramo.

2.- Mantener una disciplina espiritual superior: en segundo lugar, el siervo de Dios tiene la responsabilidad de mantener una disciplina espiritual rigurosa. Los hijos de Dios en general, necesitan mantenerse unidos a Cristo (Jn. 15:4, 6, 10; 1 Jn. 2:28). El hijo de Dios que no permanece en Jesús, cuando Él se manifieste, tendrá que alejarse de Él avergonzado (1 Jn. 2.28). Sin embargo, un siervo de Dios tiene una responsabilidad mayor, puesto que tiene que ser ejemplo de la grey (Jn. 13:15; 1 Cor. 4:6; Fil. 3:17; 2 Ts. 3:9; 1 Ti. 4:12; Tit. 2:7; 1 P. 5:3; Heb. 13:7) en todas las virtudes cristianas, pero mayormente ejemplo de fe. Mantener una fe viva requiere estar meditando, memorizando, comentando, recordando y aplicando constantemente las Escrituras, la fe viene por el oír la Palabra de Dios (Rom. 10:17). La Palabra de Dios se hace efectiva mediante una vida de oración. Es necesario por tanto mantener una vida de oración con ayunos (Mc. 9:29; Hch. 14:23; 1 Ts. 5:17). En la oración Dios habla a su siervo y las Escrituras atesoradas en su alma se convierten en vida práctica. Es por eso que los apóstoles dijeron: "No es justo que nosotros dejemos la palabra de Dios, para servir a las mesas" (Hch. 6:2). ¿Por qué no era justo? Porque ellos tenían una responsabilidad muy grande delante del Señor y de ello Dios les pediría cuentas (Rom. 14:12; Heb. 4:13; 13:17). Luego también dijeron: "Buscad, pues, hermanos, de entre vosotros a siete varones de buen testimonio, llenos del Espíritu Santo y de sabiduría, a quienes encarguemos de este trabajo. 4 Y nosotros persistiremos en la oración y el ministerio de la palabra" (Hch. 6:3-4). Es decir, las personas que son llamadas a un ministerio físico, también deben estar llenos del Espíritu, pero el que es llamado a un ministerio espiritual ocupa la mayor parte de su tiempo en lo espiritual.

3.- Dios le responsabiliza de sus hijos: en tercer lugar, el siervo de Dios tiene la responsabilidad de hacer su parte para que no se pierda ninguno de los que fueron salvos (Jn. 17:12). La Biblia nos dice que el siervo de Dios, por ejemplo, los pastores, velan por las almas de aquellos a quienes el Espíritu Santo puso bajo su cuidado (Hch. 20:28; Heb. 13:17). Una de las preocupaciones más grandes del apóstol Pablo era el bienestar espiritual de las iglesias, nos dice: "y además de otras cosas, lo que sobre mí se agolpa cada día, la preocupación por todas las iglesias" (2 Cor. 11:28). Pablo no dijo, como dicen algunos, "yo ya salvé mi responsabilidad, yo ya les llevé el evangelio". Otros dicen, "Dios nos llamó a predicar el evangelio y dejar el fruto al Señor". Esta es una forma pasiva (y mediocre) de hacer el ministerio, pero eso no es lo que enseñan las Escrituras.

También nos dice la palabra que Pablo estaba preocupado porque su trabajo no resultase vano (Gál. 4:11; Fil. 2:16; 1 Ts. 3:5). Observamos por ejemplo los Gálatas, en donde Pablo dice que teme que su trabajo resultase en vano; y aunque les predicó el evangelio, y ellos creyeron al Señor, y recibieron el Espíritu (Gál. 3:2), ahora vivían en la carne, porque confiaban más en la ley que en la fe de Jesús (Gál 5:2-6). Cuando se predica el evangelio, la gente es salva, pero sino perseveraron en la doctrina del Señor, el trabajo se pierde porque esas personas finalmente no alcanzarán la salvación (1 Ts. 5:9; 1 P. 1:5).

Cristo dijo: "No me elegisteis vosotros a mí, sino que yo os elegí a vosotros, y os he puesto para que vayáis y llevéis fruto, y vuestro fruto permanezca; para que todo lo que pidiereis al Padre en mi nombre, él os lo de" (Jn. 15:16). La condición del Señor es no solo llevar fruto, sino que nuestro fruto permanezca, este es también uno de los grandes retos de todo siervo de Dios.

Además de esto, existen requisitos enlistados en las epístolas pastorales de Pablo para los obispos, las cuales son aplicables también para los demás ministerios espirituales. Por lo dicho en esta sección no se podría considerar un siervo de Dios aprobado al que no cumple con las responsabilidades de su llamado (si es que realmente lo tiene).

11. F. Beneficios de ser un siervo de Dios aprobado

Nos dice el apóstol Pablo, "Todo aquel que lucha, de todo se abstiene; ellos, a la verdad, para recibir una corona corruptible, pero nosotros, una incorruptible" (1 Cor. 9:25). El más grande privilegio que un siervo fiel del Señor obtendrá es recibir del Señor, la corona incorruptible de gloria (1 P. 5:4); la corona de la vida (Stg. 1:12; Apo. 2:10); y la corona de Justicia (2 Ti. 4:8). Este será el más grande privilegio de todos los vencedores.

1.- Al que venciere: en el libro de Apocalipsis el Señor habla de ocho privilegios de los que vencieren, Él dice: **1)** "le daré a comer del árbol de la vida, el cual está en medio del paraíso de Dios" (Apo. 2:7). **2)** "No sufrirá daño de la segunda muerte" (Apo. 2:11). **3)** "Daré a comer del maná escondido, y le daré una piedrecita blanca, y en la piedrecita escrito un nombre nuevo, el cual ninguno conoce sino aquel que lo recibe" (Apo. 2:17). **4)** "Yo daré autoridad sobre las naciones" (Apo. 2:26); **5)** "Será vestido de vestiduras blancas; y no borraré su nombre del libro de la vida, y confesaré su nombre delante de mi Padre, y delante de sus ángeles" (Apo. 3:5). **6)** "Yo le haré columna en el templo de mi Dios, y nunca más saldrá de allí; y escribiré en él el nombre de mi Dios, y el nombre de la ciudad de mi Dios, la nueva Jerusalén, la cual desciende del cielo de mi Dios, y mi nombre nuevo" (Apo. 3:12). **7)** "Le daré que se siente conmigo en mi trono, así como yo he vencido y me he sentado con mi Padre en su trono" (Apo. 3:21); y, **8)** "Heredará todas las cosas, y yo seré su Dios, y él será mi hijo" (Apo. 21:7).

2.- Honra del Padre: será indescriptible escuchar la voz del Todopoderoso diciéndonos, "bien, buen siervo y fiel; sobre poco fuiste fiel, sobre mucho te pondré; entra en el gozo de tu señor" (Mt. 25:21). No podemos imaginar siquiera semejante cosa, que el Rey de reyes y Señor de señores nos diga tales palabras, eso será maravilloso. Jesús también dijo: "Si alguno me sirve, sígame; y donde yo estuviere, allí también estará mi servidor. Si alguno me sirviere mi Padre le honrará" (Jn. 12:26). Cristo nos dice que recibiremos honra del Padre.

3.- Premios conforme a nuestra labor: el Espíritu Santo nos dice que recibiremos regalos conforme a nuestra labor. Esto también es confirmado por Pablo en sus epístolas. 1 Corintios nos dice que tanto el que planta como el que siembra son la misma cosa, ¿por qué? Porque en el reino de Dios cada uno tiene una encomienda parezca poca o mucha, cada quien tiene un compromiso con el Señor. Pero sus siervos, por ejemplo Pablo y Apolos, eran responsables de sembrar la palabra y luego regar la semilla. Luego, en este versículo termina diciendo, "cada uno recibirá su recompensa conforme a su labor" (1 Cor. 3:8). En este mismo capítulo el Apóstol habla de las recompensas. Dice que todas nuestras obras serán probadas con fuego, y que algunos sufrirán pérdida. Esto tiene que ver con las intenciones del corazón y los motivos de cada uno (1 Cor. 4:5), pues cada siervo de Dios debe servirle con sinceridad (2 Cor. 1:12), por amor (Fil. 1:15-17) y por gratitud (Heb. 12:28).

4.- Distintos tipos de galardón: la Biblia nos dice que las aflicciones del tiempo presente no son comparables con la gloria venidera (Rom. 8:18), que hay gran premio en guardar los mandamientos del Señor (Sal. 19:11), que si sufrimos con Cristo reinaremos con Él (2 Ti. 2:12) y tendremos gran galardón (Lc. 6:23). Nos dice también que hay un galardón mayor para los que hacen bien (aman a sus enemigos) y prestan sin esperar recibir nada aquí (Lc. 6:35); y que hay galardón en presentar el evangelio gratuitamente, pero esto es decisión exclusiva del siervo de Dios aquí (1 Cor. 9:18).

5.- Sana ambición: el apóstol Juan nos dice que el fruto de nuestro trabajo [en el Señor] genera galardón (2 Jn. 1:8) y que Jesucristo, en su segunda venida, vendrá con el galardón de cada uno, para recompensar según haya sido su obra (Apo. 22:12). Es por este galardón que el apóstol Pablo se esforzaba, mortificaba su cuerpo y lo ponía en servidumbre (1 Cor. 9:27). Es por éste que luchaba como atleta (2 Ti. 2:5) y corría como los que corren en el estadio (1 Cor. 9:24). Nada de lo que recibamos aquí podrá jamás compararse con lo que el Señor nos otorgará en gloria y éste debe ser el mayor incentivo de todo siervo del Señor. Obtener un galardón cada vez mayor en gloria es una sana ambición y la única que Dios promueve.

6.- El engaño del diablo: el engaño del enemigo consiste en que los siervos de Dios amen este mundo (2 Ti. 4:10), que sus ojos se desvíen tras las atracciones y propuestas de gloria del enemigo, cuando éste nos susurra, "todo esto te daré si..." Algunos dejan el camino recto, se lanzan por lucro por el camino de Balaam (2 P. 2:15; Jud. 1:11), se rebelan contra la autoridad como Coré (Jud. 1:11) y se convierten en siervos malos y negligentes. Pero aún y que nuestra mayor gloria está más allá de esta vida, Cristo promete también grandes beneficios para sus siervos aquí.

7.- Beneficios para sus siervos en esta vida: esta vida es muy corta y sumamente efímera, sin embargo, aún en esta vida Dios da beneficios a sus siervos.

a.- Cien veces más: nos dice Cristo: "No hay ninguno que haya dejado casa, o hermanos, o hermanas, o padre, o madre, o mujer, o hijos, o tierras, por causa de mí y del evangelio, [30] que no reciba cien veces más ahora en este tiempo; casas, hermanos, hermanas, madres, hijos, y tierras, con persecuciones; y en el siglo venidero la vida eterna" (Mc. 10:29-30). El Señor Jesús promete que aquellos siervos que hacen sacrificios por el reino de Dios, Él les premiará cien veces más aquí en la tierra.

b.- Sostenimiento económico: en repetidas ocasiones en la Biblia vemos que es un patrón que los siervos de Dios en ministerios espirituales que trabajan diligentemente sean sostenidos económicamente por los demás miembros del cuerpo de Cristo (Mal. 3:10; 1 Cor. 9:7; 1 Ti. 5:18; 1 Cor. 9:9, 14; Lc. 10:7; Mt. 10:10; 2 Ti. 2:6) y este sostenimiento deberá ser siempre visto como un privilegio y jamás como un pago (Fil. 4:17; 2 Cor. 8:4).

c.- Suministración de la gracia de Dios: También todo siervo de Dios fiel es un administrador de la gracia del Señor para darla a otros (1 P. 4:10). Como José en el tiempo de la gran hambruna administraba el pan, así los siervos de Dios altísimo administran el pan espiritual para dar de comer a su tiempo al rebajo del Señor (Mt. 24:45).

d.- Un trato preferencial: el que tiene el privilegio de ser siervo del Señor y se dirige fielmente en lo que Él le ha encomendado, Dios le mostrará a él primero sus secretos (Am. 3:7). Es decir, el trato que Dios tiene con sus siervos fieles es siempre preferencial.

Cada uno que es llamado por Dios o desea el llamamiento del cielo debe, como aquel que considera construir una torre (Lc. 14:28), evaluar el alto costo antes de pensar en los grandes beneficios, pues también dice Cristo, "Ninguno que poniendo su mano en el arado y mira hacia atrás, es apto para el reino de Dios" (Lc. 9:62) y también pregunta, ¿podéis beber del vaso que yo he de beber, y ser bautizados con el bautismo con que soy bautizado? (Mt. 20:22). Pero si aquellos hombres, semejantes a nosotros dijeron, "Si, Señor, podemos", también hay en nuestro tiempo quienes responden al llamado de Dios, y que con la ayuda del Espíritu Santo, son capaces de cumplir con su llamado. Roguemos al Señor de la mies que envíe obreros a su mies y que cada uno participe del reino de Dios según lo que haya recibido de Él, pues Dios nos pedirá cuenta del llamamiento que hayamos recibido, sea de un modo u otro, eso y sólo de eso.

LA SANIDAD DIVINA XII

El Señor es bueno para con todos, y también sus misericordias para con todas sus obras, nos dice Salmos 145:9, y esto se cumple en cada aspecto de la vida humana. La provisión del Señor no es sólo en el área espiritual, la cual por supuesto es la más importante; pero también, para todos aquellos en esta tierra que creen en Jesucristo, Dios ha provisto bendición en el área física y material.

Es natural que la salud física sea fundamental para el servicio al Señor, y aunque una persona podría salvar su alma al morir de una enfermedad (p. ej. 2 R. 13:14), esto no significa que a Dios no le importe la salud de sus hijos, porque, si ellos no tienen salud física, ¿cómo podrían hacer la voluntad de Dios sobre la tierra? Cada cristiano debe tener muy claro que no es la voluntad de Dios que ninguno esté enfermo, así como no es su voluntad que ninguno peque (ver. Ez. 18:32 en comparación con 2 P. 3:9), pues para eso vino Cristo para pagar el precio tanto de nuestra salud física como de nuestra salud espiritual, esa es la provisión de nuestro Señor y parte integral de los beneficios del calvario.

En este capítulo estaremos analizando la doctrina de la sanidad divina a través de la Palabra de Dios. Daremos explicación a muchos pasajes que hablan sobre el tema, y respuesta a algunos argumentos comunes que atacan en nuestros días a esta tan importante doctrina pentecostal; la doctrina que fue predicada y vivida por Cristo, la iglesia del libro de los Hechos y por todos los apóstoles.

Vinculación de la salud
12. A. espiritual con la salud física

Podemos encontrar una vinculación muy importante entre la salud espiritual y la salud del alma. Nos dice la Biblia que apartarse del mal es medicina para los huesos (Prov. 3:7-8), es decir, hacer el mal es lo que trae enfermedad a una persona. También nos dice Santiago, cuando habla de los enfermos, "si hubiere cometido pecados, le serán perdonados" (Stg. 5:15). Estos pasajes nos hablan de que el pecado produce enfermedad.

En el Antiguo Testamento tenemos ejemplos suficientes en cuanto a esto. Aquellos que pidieron comida a su gusto en el desierto, tentando al Señor (Sal. 78:18-21), fueron luego atacados por una enfermedad mortal que no podía ser sanada sino con mirar a la serpiente de bronce que Moisés levantó en el desierto, la cual es tipo de Cristo (Núm. 21:4, 9; Jn. 3:14). En otra ocasión, luego de que Dios bendijera a su pueblo en los capítulos precedentes, el pueblo de Dios, malagradecido por esta bendición de tan bondadoso Señor, empezó a fornicar con el mismo pueblo que quería maldecirlo, (ver Números 22-25) ¿No es esto increíble?, pues bien, esto produjo para ellos una enfermedad fulminante. Otro ejemplo lo encontramos en aquellos hombres que hablaron mal en su exploración a la tierra prometida en Números 13, nos dice la Biblia que perecieron de plaga (Núm. 14:27). En Deuteronomio 28 el Señor nos habla de muchas enfermedades que son consecuencia del pecado.

Es posible que algunos que piensen para sí mismos que no han hecho nada pecaminoso se resistan a creer que el pecado tiene alguna relación con la enfermedad, pero tal vinculación es evidente en muchos pasajes de la Biblia. Salmo 38:3 por ejemplo dice: "Nada hay sano en mi carne, a causa de tu ira; Ni hay paz en mis huesos, a causa de mi pecado". La ceguera, otro ejemplo, enfermedad que trae grandes estragos, fue consecuencia del pecado para los sirios en 2 Reyes 6:18, quienes fueron ciegos a petición de Eliseo; y para Elimas el mago en Hechos 13:8-11, a petición de Pablo (ver también Sof. 1:17).

Cuando los discípulos preguntaron a Cristo, "Rabí, quien pecó..." (Jn. 9:2-3), es claro que la enseñanza del Antiguo Testamento dice que la enfermedad es consecuencia del pecado, y la enseñanza de Cristo por supuesto no lo contraviene, pero Él nos dio un evangelio precioso, que no es de condenación para nadie, sino la demostración del poder de Dios (Rom. 1:16). Cristo entonces nos da más luz acerca del origen de la enfermedad.

12. B. Origen de la enfermedad

En el huerto del Edén todo fue perfecto, no hubo enfermedad ni muerte y Dios sustentaba a sus hijos con lo mejor que un ser humano pudiere ser bendecido. Pero ellos pecaron y todo cambió; es entonces que la enfermedad se hizo presente en consecuencia del pecado, pues ya no tuvieron acceso al árbol de la vida, cuyas hojas son para sanidad (Apo. 22:2). El hombre entonces muere lentamente, pero la enfermedad acelera su partida. Es así que la enfermedad es un agente de muerte para toda la humanidad y la muerte es nuestro enemigo (1 Cor. 15:26).

Nos dice Moisés: "Porque con tu furor somos consumidos, y con tu ira somos turbados. [8] Pusiste nuestras maldades delante de ti, nuestros yerros a la luz de tu rostro. Porque todos nuestros días declinan a causa de tu ira; acabamos nuestros días como un pensamiento. [10] Los días de nuestra edad son setenta años; y si en los más robustos son ochenta años, con todo, su fortaleza es molestia y trabajo, porque pronto pasan y volamos" (Sal. 90:7-10). El ser humano muere lentamente y esto es consecuencia de la ira de Dios producto del pecado del hombre. Es normal que un cristiano muera, pero no es la voluntad de Dios que muera por causa de enfermedad, porque Cristo vino para mostrar la gloria de Dios mediante la sanidad del cuerpo también (Jn. 9:2-3). La teología de los discípulos al decir, ¿quién pecó...? estaba totalmente correcta hasta antes de que viniera el Señor Jesucristo a mostrar la gloria de Dios sobre la humanidad. Así la palabra pronunciada por Dios, que jamás puede ser quebrantada (Jn. 10:35) en cuanto a las maldiciones emitidas por el Todopoderoso, siguen su curso para con la parte de la humanidad que no cree en Jesús, no así con los hijos de Dios que viven por la fe (Rom. 1:17; Gál. 3:11). Para ellos no hay ninguna condenación (Rom. 8:1), y asimismo experimentan la bendición de la libertad obtenida por Jesús de aquella maldición de la ley que estaba vigente sin remedio hasta antes de su advenimiento (Gál. 3:13).

12. C. La enfermedad viene de Satanás

Jesús revela una verdad increíble a los oídos de los de su tiempo al decir: "Y a esta hija de Abraham, que Satanás había atado dieciocho años, ¿no se le debía desatar de esta ligadura...?" (Lc. 13:16). Jesús revela que la enfermedad es algo que si bien tiene su origen en el pecado, es Satanás el agente ejecutor de ella. El diablo no pudo hacer que la bendición de Dios fuera mudada en maldición en Números 22-24, pero sí logró tentar al pueblo de Israel para que pecara y se desatara la maldición pronunciada por Dios (Núm. 25).

Por otro lado Jesús nos dice que las enfermedades son espíritus malos (Lc. 8:2). Nos dice Hechos 19:11-12 "Y hacía Dios milagros extraordinarios por mano de Pablo, [12] de tal manera que aún se llevaban a los enfermos los paños o delantales de su cuerpo, y las enfermedades se iban de ellos, y los espíritus malos salían". Había milagros de forma ordinaria en medio de la iglesia primitiva, pero por mano de Pablo Dios hacía milagros "extraordinarios", y esto consistía en la sanidad de las enfermedades al tener contacto con un paño que antes estuvo en Pablo, así los espíritus de enfermedad huían.

En Marcos 9:25 Jesús sanó a un sordo mudo diciendo: "Espíritu mudo y sordo, yo te mando, sal de él, y no entres más en él". En Lucas 4:39 Cristo reprendió la fiebre de la suegra de Pedro. Es claro en las Escrituras que existe una estrecha relación entre el diablo y la enfermedad, pues su trabajo es hurtar, matar y destruir (Jn. 10:10).

En Hechos 10:38 leemos: "como Dios ungió con el Espíritu

Santo y con poder a Jesús de Nazaret, y cómo éste anduvo haciendo bienes y sanando a todos los oprimidos por el diablo, porque Dios estaba con él". La Palabra de Dios dice que la enfermedad no sólo se trata de un espíritu de enfermedad sino también de una opresión satánica. Pero para esto apareció el Hijo de Dios para destruir la obra del diablo (1 Jn. 3:8).

Mientras el trabajo de Dios es darnos vida y sanarnos, el trabajo del diablo es dar muerte y enfermar a la humanidad. Mucho del trabajo de Jesús de Nazaret fue sanar a los enfermos y reprender a los espíritus inmundos (Mt. 9:35), y esa encomienda nos deja a todos los creyentes cuando dice: "Y estas señales seguirán a los que creen: En mi nombre echarán fuera demonios; hablarán nuevas lenguas; [18] tomarán en sus manos serpientes, y si bebieren cosa mortífera, no les hará daño; sobre los enfermos pondrán sus manos y sanarán" (Mc. 16:17-18).

12. D. Cristo sanó a todos los enfermos[21]

El Señor dijo: "Porque ejemplo os he dado, para que como yo os he hecho, vosotros también hagáis" (Jn. 13:15). Pedro nos señala (aunque aquí se refiere al sufrimiento) seguir las pisadas de Cristo (1 P. 2:21), ¿tan sólo en cuanto al sufrimiento o también en cuanto a su fe? Ciertamente también en cuanto a su fe. El apóstol Juan nos dice que debemos andar como Él anduvo (1 Jn. 2:6). Y el mismo Jesús hace una declaración contundente para que no quede duda de que nosotros podemos hacer su obra igual que Él en la tierra —desde luego que en su Nombre y en el poder del Espíritu Santo—, y dice: "De cierto, de cierto os digo: El que en mí cree, las obras que yo hago, él las hará también; y aun mayores hará, porque yo voy al Padre" (Jn. 14:12).

Ahora vemos el ejemplo del Señor. Cristo, nos dice la Biblia, sanó a *todos* los enfermos. En Mateo 4:24 dice que le trajeron todos los enfermos, los que tenían dolencias y que eran afligidos por diversas enfermedades, y endemoniados y lunáticos, y paralíticos (Mt. 4:24). En Mateo 8:16 dice que "sanó a todos los enfermos";

en Mateo 14:36 dice que todos los que tocaban el borde de su manto eran sanados; en Mateo 12:15 dice: "y sanaba a todos", también en Lucas 6:19 existe otra prueba más de esto. De igual manera, en Hechos 10:38, Pedro declara que Jesús sanaba a "todos los oprimidos por el diablo".

El ejemplo de Cristo fue seguido por los apóstoles, pues nos dicen las Escrituras: "Y aun de las ciudades vecinas muchos venían a Jerusalén, trayendo enfermos y atormentados de espíritus inmundos y todos eran sanados" (Hch. 5:16).

Si bien en el capítulo 6 de Marcos dice que en su propia tierra, en Nazaret, no hizo milagros a causa de la incredulidad, salvo que sanó a pocas personas al poner sobre ellos las manos, vemos aquí dos enseñanzas: 1) Que la voluntad del Señor era sanar a todos. 2) Que lo que hizo que no pudiera hacer milagros y sanar fue la incredulidad.

12. E. La voluntad de Dios con respecto a la sanidad divina

Ninguno de los que vinieron a Jesús para recibir sanidad física regresó sin recibir la bendición de Dios de la salud. Ningún caso en los evangelios existe en donde Cristo dijera que esa no era su voluntad. En una ocasión vino un hombre leproso y le dijo a Cristo, "Señor, si quieres puedes limpiarme" (Mt. 8:2). La respuesta de Jesús es la misma para todos los que hacen tal pregunta: "quiero". El Señor siempre quiere pues de otra manera no dijeran las Escrituras: "Más él herido fue por nuestras rebeliones, molido por nuestros pecados; el castigo de nuestra paz fue sobre él, y por su llaga fuimos nosotros curados" (Is. 53:5). Cristo fue herido, fue molido y castigado, fue convertido en una llaga, para que nosotros fuéramos salvos de nuestros pecados y sanos de nuestras enfermedades. Así como no es bíblico pensar que Él quiere salvar a algunos y otros no (según vimos en el capítulo de la salvación), así tampoco es su voluntad sanar a algunos y a otros no. ¿Existen casos en la Biblia en donde algunos no fueron sanados? Por supuesto que sí (aun en el ministerio de Jesús), pero lo mismo sucede con personas que no quisieron recibir el regalo de la salvación. En ambos casos siempre es el mismo problema, el requisito de la fe.

En Mateo 17:14-21 observamos el caso de un muchacho lunáti-co, al cual los discípulos de Cristo intentaron liberarle sin éxito. Cuando Jesús vino a ellos y se entrevistó con el padre del pobre joven, reprendió a sus discípulos y sanó al muchacho. Cuando los discípulos pidieron a Jesús una explicación del porqué ellos no ha-bían podido echar fuera al demonio, no dijo que la razón fuera que Dios no quisiera, sino les reveló la verdad: el problema fue su falta de fe. Ese sigue siendo el mismo problema hasta el día de hoy.

Hay algunos cristianos que por desconocer las Escrituras y el poder de Dios (Mt. 22:29; Mc. 12:24), se equivocan orando que Dios les revele cuál es su voluntad en cuanto a la sanidad divina. Él en su paciencia les sigue diciendo: ¡Quiero!

Algunos tratan de argumentar la pena de su incredulidad di-ciendo que Trófimo, el colaborador de Pablo fue dejado enfermo en Mileto porque el Apóstol no le pudo sanar (2 Ti. 4:20), y que lo mismo sucedió con Epafrodito (Fil. 2:25-27). Sin embargo, ve-mos repetidamente ejemplos de incredulidad aun en algunos sier-vos de Dios. Por cierto Epafrodito fue sanado por Dios, y de Tró-fimo no tenemos más noticias.

Con todo, es injusto atribuir incredulidad al mismo Pablo, de quien algunos han dicho, sin suficientes bases bíblicas, que estuvo enfermo. Veamos primero, antes de ver más detenidamente el te-ma de la presunta enfermedad de Pablo, el tema de la fe, aquello en lo que toda la doctrina de Dios se basa. Cada una de las 16 doctrinas fundamentales es un asunto de fe, y la sanidad divina no es la excepción.

12. F. La fe, el fundamento de la sanidad divina

Veamos algunas consideraciones de la fe en relación con la sani-dad divina:

1.- Definición de la fe: la definición de la fe la encontramos en Hebreos 11:1. "Es pues la fe la certeza de lo que se espera, la convicción de lo que no se ve". La palabra griega traducida por RV1960 como certeza es <<*hypostasis*>>, la cual se puede traducir mejor como "sustancia". Una sustancia es el resultado del verbo sustanciar, así también, la fe hace substancia lo invisible, lo que no se ve.

2.- La fe es requisito para la sanidad: nos dice el Señor Jesús que la fe es el requisito de la sanidad divina. En el pasaje de Marcos 9:14-29 Jesús trata seriamente el tema de la fe. Dice tanto al padre del joven como a sus discípulos que la sanidad todo es cuestión de fe; entonces dice a todos nosotros: "Si puedes creer, al que cree todo le es posible" (Mc 9:23). También el Señor le dice a aquella mujer cananea cuya hija era atormentada por un demonio, "Oh, mujer, grande es tu fe; hágase contigo como quieras. Y su hija fue sanada desde aquella hora" (Mt. 15:28). Un ejemplo más, aquel centurión al que nuestro Señor dijo: "Ve, y como creíste te sea hecho. Y su criado fue sanado en aquella misma hora" (Mt. 8:13).

Una enfermedad es como una montaña virtualmente imposible de desarraigar para una persona, pero Cristo dijo: "Porque de cierto os digo que cualquiera que dijere a este monte: Quítate y échate en el mar, y no dudare en su corazón, sino creyere que será hecho lo que dice, lo que diga le será hecho" (Mc. 11:23). Esta palabra tiene validez incluso en el siglo XXI. Jesucristo sigue sosteniendo su palabra y cada uno de nosotros puede decir al demonio de enfermedad, "Quítate y échate en el mar en el poderoso nombre de Jesús", y éste tiene que obedecer.

3.- La voluntad del Padre es sanarnos: nos dice el apóstol Juan que si pedimos conforme a la voluntad de Dios, tenemos confianza que tenemos las peticiones que hayamos hecho al Señor (1 Jn. 5: 14-15). Estamos seguros que la voluntad de Dios es sanar a todos los enfermos, pues Jesús en su ministerio de sanidad a todos los enfermos dice: "Mi comida es que haga la voluntad del que me envió, y que acabe su obra" (Jn. 4:34), y

¿para qué fue enviado el Señor? y ¿cuál es la obra del Padre? Mateo 8:16-17 contesta a estas dos preguntas: "Y cuando llegó la noche, trajeron a él muchos endemoniados; y con la palabra echó fuera a los demonios, y sanó a todos los enfermos; [17] para que se cumpliera lo dicho por el profeta Isaías, cuando dijo: El mismo tomó nuestras enfermedades, y llevó nuestras dolencias". El ministerio de Cristo fue un ministerio de salvación del alma y sanidad del cuerpo, un ministerio que sigue vigente hasta hoy. Jesucristo es el mismo ayer, hoy y por todos los siglos. Así, sabiendo que la voluntad del Padre es sanarnos, pedimos con confianza y sabemos que tenemos la petición que le hayamos hecho.

4.- Necesitamos pedir con fe: Él nos anima a pedir. Mateo 7:8, nos dice, "todo aquel que pide, recibe". Y continúa diciendo que la bondad del Señor impedirá que Él niegue cualquier cosa buena que le pidamos. También dice: "Y todo lo que pidiereis en oración, creyendo lo recibiréis" (Mt. 21:22; Mc. 11:24). Otros versículos hablan de lo mismo, tales como Juan 14:14; 15:16; 16:23, y el requisito de Dios siempre es el mismo: creer. Permanecer en Él y en sus palabras, es decir, permanecer en fe.

5.- Lucas, inspirado por Dios, escribe sólo de fe en la sanidad divina: la mujer del flujo de sangre fue con su fe a Jesús. Ella había gastado todo su dinero en médicos terrenales y ahora no sólo seguía enferma sino que estaba financieramente arruinada. De las tres narraciones de este suceso veamos particularmente la narración del evangelista Lucas:

a.- Lucas desacredita a los médicos terrenales: es interesante que es precisamente Lucas, al que Pablo llama, "el médico amado" (Col. 4:14), quien, junto con Marcos, narran este suceso mencionando que esta mujer había gastado todo su dinero en los médicos. Lucas mismo, siendo médico, estaba desacreditando a sus propios colegas.

b.- Lucas y la sanidad divina: es interesante que Lucas sea el evangelista que más milagros de sanidad registra en el ministerio de Jesús. Es interesante que sea este médico, quien no hace ninguna recomendación a acudir a médico terrenal alguno en todos sus escritos. No nos dice tampoco que alguien de los enfermos de la isla de Malta le vino a consultar, sino más bien, que todos los enfermos fueron con Pablo para éste les sanara en el poderoso nombre de Jesús en Hechos 28.

c.- Lucas, ¿médico de cabecera de Pablo?: algunos, sin ninguna base bíblica para ello, afirman que Pablo tenía a Lucas como su médico de cabecera, pero es importante ver la evidencia bíblica y no supuestos humanos. De las 27 veces que en sus escritos Lucas usa la palabra sanar (y sus sustantivos derivados), para todas (excepto una vez) se refería a la sanidad del cuerpo; y de todas (excepto una) habla de los medios divinos para ello. La única vez que habla de la sanidad del cuerpo por medios humanos lo hizo para desacreditar a los médicos; y aunque Pablo le llama una vez, "el médico amado" no sabemos exactamente a qué se refería con eso, porque no existe evidencia bíblica de que Lucas practicara ni creyera en la sanidad física fuera de los medios divinos.

Vimos en esta sección una vasta evidencia bíblica que nos dice que la voluntad de Dios es sanar a todo aquel que cree. Sin embargo, todavía analizaremos muchos otros versículos a lo largo de este capítulo. Toda persona que tiene fe en Cristo será sanada por el poder de Dios sin excepción, pues Él siempre cumple sus promesas. Veamos ahora otra sección que habla de Jesucristo como nuestro Médico divino.

12. G. Cristo, el Médico

La Biblia en general poco bueno dice de los médicos terrenales, Job dice: "Porque vosotros sois fraguadores de mentira; sois todos vosotros médicos nulos" (Job 13:4). El Señor Jesús dijo que los médicos debían curarse a sí mismos (Lc. 4:23), y que los enfermos necesitan un médico (Mc. 2:17) para ilustrar la necesidad que los pecadores tienen de un Salvador. Pero estas dos referencias nada prueban que Jesús recomendara acudir a los médicos terrenales, antes bien, de Él se dice que anduvo por toda Galilea sanando toda enfermedad y dolencia. (Mt. 4:23). Veamos algunas consideraciones:

1.- Médico, el nombre del Señor: las Escrituras dicen que el Señor es nuestro Médico (Éx. 15:26), "Yo soy Jehová tu sanador [tu Médico]". Médico es uno de los nombres del Señor, tal como lo es El Shaddai (el Todopoderoso), Elohim (nuestro Creador, p.ej. Gn. 17:7), Jehova Jiré (nuestro proveedor, Gn. 22:14), Jehova Nisi (bandera, estandarte, Éx. 17:15), Jehová Mekaddesh (nuestro santificador, p.ej. Lv. 20:8), Jehová Shalom (nuestra paz, Jue. 6:24), Jehová Rohi (nuestro pastor, Sal. 23:1), Jehová Sama (presente, Ez. 48:35), Jehová Sabaoth (Jehová de los ejércitos, p.ej. Is. 1:24), etc. Así también, Él es Jehová Rafa (nuestro Médico, Éx. 15:26). Médico es uno de los nombres de Dios.

2.- La ciencia médica hoy: la ciencia médica humana tiene grandes méritos en nuestros días. Se han descubierto vacunas que han evitado la muerte de millones de personas; existen procedimientos médicos que prueban efectividad y algunas medicinas realmente dan solución a algunas condiciones de salud. En caso de accidente los médicos han aprendido técnicas que salvan la vida humana, evitan la pérdida de miembros en el cuerpo y sus métodos de rehabilitación son buenos. Gracias a la medicina se ha alargado el promedio de años de vida humana y se ha reducido la muerte infantil y prematura. Toda la ciencia médica en general, podemos decir, contribuye de alguna manera *con* Dios en el bienestar de la humanidad. Sin embargo, los hijos de Dios tienen su Médico: Jesucristo de Nazaret de Galilea, ¡qué maravilloso privilegio!

3.- Es nuestra decisión acudir con los médicos terrenales o con el Médico Jesús de Nazaret: Siendo el Señor nuestro Médico, Él desea que creamos en su oficio. Cuando Asa, en lugar de buscar a Dios para su sanidad buscó a los médicos terrenales, ellos no pudieron hacer nada por él, porque murió de su enfermedad (2 Cro. 16:12-14). En cambio Ezequías al encontrarse enfermo buscó al Señor y Dios le sanó y alargó sus días (Isaías 38).

Jesús dijo a aquellos dos ciegos que acudieron a Él, "Conforme vuestra fe os sea hecho" (Mt. 9:29). Por ello, aunque con los médicos de esta tierra es necesario llevar dinero o algún buen seguro médico para ponernos en sus manos, para acudir con el Médico celestial es indispensable la fe. Realmente no existe ninguna base bíblica para afirmar que Dios usa la ciencia médica para sanar a sus hijos, ni jamás ninguno de los apóstoles recomendó acudir al Médico divino al tiempo de consultar a los médicos terrenales; y en el supuesto de que Lucas ejerciera la medicina (lo cual no se puede probar hasta ahora), ninguno recomendó a alguno que acudiera a consultar a Lucas, ni Lucas recomendó a alguno de sus colegas, de hecho él los desacreditó. En unanimidad, todos los apóstoles y siervos de Dios en la Biblia recomendaron acudir con el Médico Jesús de Nazaret y Él no necesita ayuda humana ni quiere compartir su gloria con nadie.

Asa acudió con los médicos terrenales y no buscó a Dios para su sanidad, entonces él murió. Ezequías no buscó a los médicos terrenales ni cuando estuvo enfermo, y ni siquiera cuando el profeta Isaías le dijo que iba a morir, sino que dobló sus rodillas y oró con lágrimas al Señor y fue sanado.

Médico es uno de los nombres del Señor, y así como tenemos fe que Él es nuestro pastor, nuestro proveedor, nuestra bandera, etc., también creemos que Él es nuestro Médico, porque Cristo Jesús sigue siendo el mismo de ayer, hoy, y lo será por todos los siglos.

Con todo, algunos han tratado de sembrar duda al preguntar, que si Jesús fue el Médico de Pablo, ¿por qué él estuvo enfermo? De esto tratamos en la sección siguiente.

12. H. La supuesta enfermedad de Pablo

Algunos teólogos modernos han dicho que Pablo, ejemplo de cristianismo para todos nosotros, estuvo enfermo, ¿será esto respaldado por las Escrituras?

1.- El supuesto de que Pablo estuvo enfermo no compagina con la doctrina de la sanidad divina: Pablo dijo: "Sed imitadores de mí como yo de Cristo" (1 Cor. 11:1). Pablo imitaba a Cristo en todo, y Jesús jamás estuvo enfermo (excepto cuando se hizo enfermedad por nosotros, Is. 53:10 [ver la etimología del hebreo]), ¿será que Pablo no imitaba a Cristo en la fe para la sanidad divina? Comprobar que Pablo mismo estuvo enfermo debilitaría la fe de muchos, pues entonces el diablo les sugiriera, "Mira, si Pablo, el más grande seguidor de Cristo, estuvo enfermo y no tuvo fe para ser sanado, qué se espera de ti" o "hay veces que Dios no quiere sanar, ya ves Pablo". Es por esto que los argumentos que dicen que Pablo estuvo enfermo no compaginan en lo absoluto con la doctrina de la sanidad divina.

2.- El origen de la acusación (sin sustento) de la enfermedad de Pablo: algunos en su afán por justificar su falta de fe o bien, por defender doctrinas en contra de la sanidad divina, han inventado que Pablo estuvo enfermo sin tener sustento bíblico para ello. Muchos teólogos calvinistas no creen en la sanidad divina y han permeado sus doctrinas aun entre los círculos pentecostales, afirmando como verdades universales sus propias deducciones y razonamientos.

3.- Pablo, un hombre poderoso en la sanidad divina: Pablo fue un jugador de las grandes ligas, nos dice la Biblia, que no sólo Dios hacia milagros por mano de Pablo, sino que hacía milagros extraordinarios, es decir, milagros que sobresalían a los otros efectuados en la iglesia (Hch. 19:11). Dice también, "las señales de apóstol han sido hechas entre vosotros en toda paciencia, con señales, prodigios y milagros" (2 Cor. 12:12). Cuando él y otros naufragaron en la Isla de Malta, nos dice la Biblia que Pablo, siguiendo las instrucciones de Cristo en Marcos 16:18, puso sus manos sobre Publio, quien era el hombre principal de la isla, y le sanó en el nombre de Jesús. Luego otros de la isla acudieron al Apóstol quienes también recibieron la sanidad del Señor (Hch. 28:1-10).

Los lugareños de Malta vieron a un hombre saludable que pudo nadar en el naufragio hasta la playa y que a pesar de que le mordiera una serpiente cuyo veneno era mortal, continuaba totalmente saludable. Entonces, ¿en qué se basan los incrédulos de que Pablo no viviera el beneficio del evangelio que llamamos Sanidad Divina?

4.- Los argumentos acerca de la supuesta enfermedad de Pablo: aquellos que se oponen a la doctrina de la sanidad divina, presentan como una de sus pruebas más contundentes que el mismo apóstol de los gentiles, Pablo, tenía una enfermedad crónica. En este apartado veremos en detalle estos argumentos y entenderemos su falta de sustento bíblico. Ellos dicen...

a.- Que Pablo mismo confiesa que estuvo enfermo en la epístola a los Gálatas: los opositores a la sanidad divina conectan algunos versículos de la epístola a los gálatas para concluir que Pablo mismo confiesa que estuvo enfermo, veamos:

(1) *Gálatas 4:13*: en la RV1960 leemos, "Pues vosotros sabéis que a causa de una enfermedad del cuerpo os anuncié el evangelio al principio" (Gál. 4:13). La palabra griega traducida aquí por RV1960 como "enfermedad" es <<*astheneia*>>, y significa también "debilidad". Esta palabra es traducida como "debilidad" en diversas ocasiones en el Nuevo Testamento. Algunos ejemplos de ello son: Romanos 6:19 ("humana debilidad"); Hebreos 5:2 ("puesto que él también está rodeado de debilidad"); Hebreos 7:28 ("porque la ley constituye sumos sacerdotes a débiles hombres"); 1 Corintios 2:3 ("Y estuve entre vosotros con debilidad"); 1 Corintios 15:43 ("se siembra en debilidad, resucitará en poder"); 2 Corintios 12:9 ("porque mi poder se perfecciona en la debilidad"); Hebreos 11:34 ("sacaron fuerzas de debilidad"), etc. La misma palabra griega es utilizada para Cristo mismo en 2 Corintios 13:4 y dice: "porque aunque fue crucificado en debilidad..." Una debilidad puede ser producto del cansancio, de la falta de alimentación o, como en el caso de Pablo en frecuentes ocasiones, producto de una golpiza o algún maltrato físico derivado de la intensa persecución que vivía constantemente. El diccionario *Merriam-*

Webster define esta condición también como un deterioro de la vitalidad.

Ahora bien, Galacia era una provincia romana compuesta por varias ciudades; entre estas ciudades estaba: Antioquia de Pisidia, Iconio, Listra y Derbe. Fue precisamente en Listra (narrado en Hechos 14) en donde Pablo fue apedreado. También dice Pablo en 2 Timoteo 3:11 "persecuciones, padecimientos, como los que me sobrevinieron en Antioquia, en Iconio, en Listra; persecuciones que he sufrido, y de todas me ha librado el Señor". Versículos claves en Hechos 14 son: "y habiendo apedreado a Pablo, le arrastraron fuera de la ciudad, pensando que estaba muerto. [20] Pero rodeándole los discípulos, se levantó y entró en la ciudad; y al día siguiente salió con Bernabé a Derbe" (Hch. 14:19-20). Esto coincide con la narración de Gálatas 4, en donde dice: "y no me despreciasteis, ni me desechasteis por la prueba que tenía en mi cuerpo, antes me recibisteis como a un ángel de Dios, como a Cristo Jesús" (Gál. 4:14). Es por tanto muy probable que esto se refiera a que Pablo, después de haber sido apedreado y con su rostro posiblemente desfigurado, predicó así el evangelio a los Gálatas (a los de Listra y Derbe, al menos).

(2) *Gálatas 4:15* dice: "Porque doy testimonio de que si hubieseis podido, os hubierais sacado vuestros propios ojos para dármelos". Esta pudiera ser una expresión que denota un intenso amor y cariño para alguien. También, en concordancia con lo visto arriba, podría referirse a golpes en el área circunscrita a los ojos y en los ojos mismos.

(3) *Gálatas 6:11:* "Mirad con cuán grandes letras os escribo de mi propia mano". Si esto fuere declarando una enfermedad en los ojos coincidiría con lo que dice en el capítulo 4 (lo sucedido aproximadamente entre el 47-48 d.C.) cuando Pablo hizo su primer viaje misionero. Sin embargo, luego en 2 Timoteo 4, cuando escribe Pablo a Timo-

teo diciendo que está próximo a ser sacrificado (por ahí del año 60 d.C., al menos 12 años después) dice también: "Trae, cuando vengas, el capote que dejé en Troas en casa de Carpo (Hch. 20:6), y los libros, mayormente los pergaminos" (2 Ti. 4:13). ¡Pablo podía leer perfectamente cuando estuvo en casa de Carpo y pidió los libros y los pergaminos al final de su vida! En esos pergaminos (que seguramente eran las Escrituras) nos dice: "Era Moisés de edad de ciento veinte años cuando murió; sus ojos nunca se oscurecieron, ni perdió su vigor" (Dt. 34:7).

Aunado a esto, las dos palabras griegas traducidas por RV1960 como "grandes letras" son <<*pēlikos*>> que bien puede traducirse como "cuán grande o cuán larga (forma cuantitativa, según Vine)", [también podía usarse en un sentido ético –p.ej. la palabra "distinguido"– como en Heb. 7:4]; luego la palabra griega para "letras" es <<*gramma*>>, la cual significa también "cualquier escrito, un documento, o un registro". Por lo tanto estas dos palabras juntas también pueden traducirse como: "cuan larga carta" o "cuan distinguida carta". En la versión en ruso se traduce: "*Видите, как много написал я вам своею рукою*"("Mira que tanto les escribí con mi mano").

b.- *Que la enfermedad crónica de Pablo era su aguijón en la carne:* utilizando una interpretación incorrecta de 2 Corintios 12:1-10, los opositores a la doctrina de la sanidad divina dicen que el aguijón de Pablo era una enfermedad crónica. No hay sustento bíblico alguno para tal afirmación, puesto que la Biblia no lo declara así. Dice más bien de lo que sí se trata: "me fue dado un aguijón en mi carne, un mensajero de Satanás que me abofetee, para que no me enaltezca sobre manera" (12:7). Veamos algo más:

(1) *¿Dios envía enfermedad a los que da revelaciones?* Lo primero que todo cristiano debe preguntarse es si nosotros tendríamos lo que Pablo tuvo como ocasión para gloriarse (2 Cor. 11:14-12:7) ¿alguno de nosotros podrá

comparase con Pablo? Ahora, ¿Dios envía enfermedad a aquellos que reciben sus revelaciones para que no se envanezcan? No hay pruebas de ello en las Escrituras, antes bien, todos ellos fueron muy saludables, (por ejemplo Moisés, Dt. 34:7) y no existe ninguna evidencia de que alguno de los apóstoles (quienes también recibieron grandes revelaciones de Dios) jamás estuvieran enfermos.

(2) *El pasaje dice lo que era el aguijón:* ahora bien, dice: "un mensajero de satanás" y el versículo siguiente define muy claramente de qué se encargaba ese enviado del diablo, pues dice, *por lo cual* (uso lingüístico de transición para dar una explicación a lo precedente, y siempre que nosotros vemos estas palabras se refiere a una explicación de lo dicho inmediatamente anterior); "por lo cual, por amor de Cristo me gozo en las debilidades, en afrentas, en necesidades, en persecuciones, en angustias; porque cuando soy débil entonces soy fuerte" (2 Cor. 12:10).

Observemos el pasaje entero (que empieza desde el capítulo 11). Pablo estaba hablando de los motivos que tenía para gloriarse y la grandeza de las revelaciones. Viene entonces un emisario de Satanás (un demonio) que le aflige con persecuciones, afrentas, necesidades y angustias, etc. Pero Pablo, en lugar de entristecerse, se goza en sufrir por la causa del Señor, aunque le ruega a Dios, como cualquier de nosotros lo haría, que le quite todo esto. Entonces el Señor le dice que su poder se perfecciona en la debilidad. ¿Qué significa esto último?

(3) *Perfeccionamiento del poder de Dios:* ¿cómo el poder de Dios se perfeccionaría con una enfermedad crónica que Dios rehúsa sanar y que además está en contra de todos los pasajes que hablan de la sanidad divina? ¿Cómo el Médico divino se negaría a sanar a un siervo tan valeroso como lo fue Pablo? No tiene ningún sentido. Pero sí, vemos en el libro de los Hechos —como también lo dice 2 Timoteo 3:11— que Dios libró a Pablo de todo aquello

que padeció por su causa (2 Cor. 1:5). Es ahí donde comprobamos que el poder de Dios es perfeccionado.

(4) *¿Pablo hablando en contra del evangelio?:* ¿cómo Pablo estaría hablando en contra del evangelio que el mismo predicaba poniendo de ejemplo su propia persona para enseñar que Cristo a veces no sana? Esto no concuerda con los principios de nuevo pacto, en donde Cristo sana **toda** enfermedad y dolencia (vea la profecía de esto también en Sal. 103:3), y a **todos** los enfermos (Mt. 4:23, 24; 8:17; 9:35; Mt. 10:1, etc.). Y esto para enseñarnos el principio de fe, para que nadie dude en el momento de pedir por sanidad, pues Él no hace acepción de personas (Ro. 2:11; Gál. 2:6; Ef. 6:9).

(5) *El pasaje es más bien una prueba de la salud perfecta de Pablo:* el pasaje que estamos analizando más bien prueba claramente la tremenda salud de que gozaba el Apóstol en todo su cuerpo físico. ¿Cómo un hombre enfermo podría sufrir trabajos abundantes (11:23), azotes (11:23-25), cárceles (11:23), lapidaciones (11:28), naufragios (11:25), trabajos y fatigas (11:27), muchos desvelos (11:27), hambre y sed (11:27), muchos ayunos (11:27), frío y desnudez (11:27), preocupaciones por las iglesias (11:28), preocupaciones por los enfermos (11:29), indignación por los que hacían tropezar a los hermanos (11:29), afrentas (12:10), necesidades (12:10), persecuciones (12:10), angustias (12:10), y luego vivir para contarlo?

Las cárceles en aquellos días eran sumamente insalubres, imaginemos por ejemplo a Pablo cuando con Silas fue flagelado en Filipos y metido en una cárcel totalmente insalubre con heridas abiertas pensando que eran malhechores no-romanos. Un lugar que los presos llenaban de excremento y orines, y en donde muchos morían de lepra en su estado putrefacto.

Imaginemos lo difíciles que eran los viajes en aquellos días. Viajes largos en donde miles de personas morían y eran simplemente arrojadas al mar. La comida y el agua escaseaban. En las ciudades había todo tipo de condiciones insalubres y plagas; y las epidemias arrasaban a ciudades enteras.

¿Cómo un hombre enfermo podría hacer el ministerio como lo hizo Pablo luego de padecer todo lo que padeció? Si estaba enfermo, ¿por qué nunca mencionó en sus listas de sufrimientos la palabra enfermedad, por ejemplo, cárceles, naufragios, *enfermedades...*? No. Aunque sus listas de padecimientos y sufrimientos por la causa de Cristo fueron muy largas, nunca él mencionó —ni siquiera una vez— la palabra "enfermedad".

Más bien Pablo era el hombre más saludable de la tierra. Un hombre muy vigoroso físicamente que Dios ungió para hacer un trabajo de enorme magnitud. Un hombre invencible que soportó lo inimaginable por causa del evangelio y salió victorioso.

Concluimos pues que la supuesta enfermedad de Pablo es una argucia del enemigo para hacernos dudar en cuanto a la eficacia de la sangre de Cristo y de sus llagas para sanar toda enfermedad hoy a todo aquel que acude a Él con fe.

12. I. Relación de la sanidad con la santidad

Evidentemente la voluntad de Dios es siempre sanar a todos, es por eso que Cristo murió para traernos salvación y sanidad física. La Biblia pone juntos ambos beneficios de la cruz intencionalmente. Éxodo 15:26, nos habla de la condición de cumplir los mandamientos del Señor (lo cual apunta a la santificación del Señor para lograrlo) y luego de la sanidad que le sigue.

1.- La salvación viene en paquete con la sanidad: cuando una persona es salva también es sana. Isaías 53:5 habla primero de la salvación ("más él herido fue por nuestras rebeliones...") y luego de la sanidad ("por su llaga fuimos nosotros curados"). Pedro lo vuelve a decir: "quien llevó [condición pasada] él mismo nuestros pecados en su cuerpo sobre el madero, para que nosotros, estando muertos a los pecados, vivamos a la justicia; y por cuya herida fuimos nosotros curados (1 P. 2:24), Pedro menciona la salvación del alma junto con la sanidad del cuerpo.

Observamos también dos paralelos, dice la Palabra que Dios hizo pecado a Cristo para que nosotros fuéramos justos (2 Cor. 5:21), y su paralelo es Isaías 53:10. En este último pasaje leemos: "Con todo eso, Jehová quiso quebrantarlo, sujetándole a padecimiento." Lo que la RV1960 traduce como "sujetándole a padecimiento" es la palabra hebrea <<*challah*>> y significa literalmente "convertirse en enfermo", es decir, Jehová lo convirtió en enfermo. Y esto con el fin de que nosotros fuésemos curados. Otra vez la dualidad de bendición.

David ya lo había dicho: "Él es quien perdona todas tus iniquidades, el que sana todas tus dolencias" (Sal. 103:3). Una vez más la salvación del alma se menciona haciendo mancuerna con la sanidad del cuerpo. David aquí tenía a Cristo en perspectiva y habló por el Espíritu Santo.

Es asimismo notable que la palabra griega <<*sozo*>> se utilice intercambiablemente como sanidad y salvación en todas partes dentro del Nuevo Testamento.

Cuando el pueblo de Dios fue liberado de la esclavitud de Egipto, ellos celebraron la pascua [que es tipo de la muerte de Cristo, la santa cena, y que también tiene relación con la sanidad divina, como ya vimos]. Entonces dice la Biblia: "y no hubo en sus tribus enfermo" (Sal. 105:37). Estamos hablando de más de dos millones de personas que vivían en la precaria situación de esclavitud que fueron totalmente sanas al salir de Egipto. Ellos fueron liberados de Egipto (tipo de la salvación, donde el cruce por el mar rojo es tipo también del bautismo, 1 Cor. 10:2), y fueron sanos cuando salieron. Es por eso que una persona que viene al Señor, Cristo le salva y le sana al mismo tiempo.

2.- Relación de la santidad con la sanidad física: ahora bien, la santidad tiene una estrecha relación con la sanidad del cuerpo.

a.- El pan de los hijos: nos dice Mateo 7:27 que la sanidad divina es el pan de los hijos; no es para los que viven en sus pecados (afortunadamente ellos pueden ir con sus médicos). No es para quienes viven en rebeldía contra Dios a menos que se arrepientan y vengan al Señor, entonces su fe les hace salvos y sanos. Más bien, la sanidad divina es para los hijos de Dios que viven en obediencia, y es alcanzada por medio de la fe.

b.- *Al someternos a Dios tenemos autoridad:* Santiago nos dice que el diablo no huirá de nosotros a menos que nos sometamos a Dios, pues entonces le resistiremos y él huirá de nosotros (Stg. 4:7). En Salmos 66:18 David nos dice que si él hubiese mirado a la iniquidad el Señor no le habría escuchado. Jesús dijo que no recibiremos lo que pidamos a menos que permanezcamos en Él y en sus palabras, es decir, que permanezcamos en santidad y obediencia (Jn. 15:7).

c.- *Si andamos en el Espíritu somos sanos:* Romanos 8 nos habla del andar en el Espíritu, y Pablo declara ahí: "Si el Espíritu de aquel que levantó de los muertos a Cristo Jesús mora en vosotros, el que levantó de los muertos a Jesús vivificará vuestros cuerpos mortales por su Espíritu que mora en vosotros". Es decir, si andamos en el Espíritu, nuestro cuerpo físico es vivificado [dar vida, rejuvenecer], y el Señor dará vida a cada célula de nuestro cuerpo. Esto quiere decir, que el andar en el Espíritu nos mantiene sanos.

d.- *Si morimos al pecado tendremos la vida de Cristo:* de igual manera 2 Corintios 4:10-11 nos dice que si morimos al pecado [andar en santidad], entonces la vida de Cristo será manifiesta en nosotros. Es la salud física y espiritual de Cristo mismo la que se manifiesta en nosotros por el Espíritu Santo. ¡Tremenda y poderosa verdad del evangelio!

e.- *Si alguno en la iglesia está enfermo:* cuando Santiago pregunta: "¿está alguno enfermo entre vosotros?", el mismo nos dice lo que debemos hacer: "Llame a los ancianos de la iglesia, y oren por él, ungiéndole con aceite en el nombre del Señor. [15] y la oración de fe salvará al enfermo, y el Señor le levantará; y si hubiese cometido pecados, le serán perdonados" (Stg. 5:14-15). Los ancianos de la iglesia, gente consagrada y llena de fe, oran por el enfermo en el nombre poderoso de Jesús ungiéndole con aceite. ¿Qué simboliza este aceite? En Levíticos 8:10-12 nos habla de la unción con aceite y siempre tal acción simboliza la santidad, la consagración, la separación de algo para Dios. Cuando una persona es ungida con aceite debe estar consciente que con este acto está prometiendo consagrar su vida al Señor y vivir en obediencia. También nos dice Isaías que la unción de Dios pudre el yugo (Is. 10:27). Luego dice: "y el Señor lo levantará", no dice: "luego esperen para ver si es la voluntad de Dios sanarlo o no" ¡No! ¡Eso no es lo que dice! Dice: "La oración de fe salvará al enfermo, y el Señor lo levantará".

f.- Somos sanos si servimos al Señor: en Éxodo 23:25, nuestro Dios Todopoderoso promete: "Más a Jehová vuestro Dios serviréis, y él bendecirá tu pan y tus aguas; y yo quitaré toda enfermedad de en medio de ti". Si caminamos con Cristo el Señor promete darnos sanidad y Él no miente.

12. J. Nuestro Dios es veraz

Del diablo dice Dios, "porque no hay verdad en él. Cuando habla mentira, de suyo habla; porque es mentiroso y padre de mentira" (Jn. 8:4).

Dios dice: "Ciertamente él llevó nuestras enfermedades", y "Por sus llagas fuisteis vosotros curados" (Is. 53:4,5). Habla del tiempo pasado, también en el Nuevo Testamento se habla de la enfermedad como algo que Cristo ya venció por nosotros. No tenemos porqué llevar lo que el Señor ya llevó por nosotros. El diablo por otro lado nos dice que estamos enfermos. Los síntomas de una enfermedad contradicen la palabra de Dios pues dice que nosotros **ya** fuimos curados. ¿A quién creeremos? Al diablo que nos dice que estamos enfermos o a Dios que nos dice que ya fuimos sanados.

En la Palabra de Dios encontramos: "Dios no es hombre, para

que mienta, ni hijo de hombre para que se arrepienta. Él dijo, ¿y no hará? Habló ¿y no lo ejecutará?" (Núm. 23:19). Y cuando los médicos terrenales dicen que estamos enfermos, y el Médico divino nos dice que estamos sanos, ¿A qué médico vamos a creer? "Sea Dios veraz y todo hombre mentiroso" (Rom. 3:4). Pablo dice a Tito [y a todos nosotros], "Dios, que no miente" (Tit. 1:2). Es por creer a su Palabra de lo que se trata la vida en Cristo y el aspecto de la sanidad del cuerpo no puede ser la excepción, de hecho nuestro cuerpo no es nuestro, es el cuerpo de Cristo.

12. K. Nuestro cuerpo es del Señor

Cuando venimos al Señor le entregamos todo nuestro ser. La Palabra declara: "Pues habéis sido comprados por precio; glorificad, pues a Dios en vuestro cuerpo y en vuestro espíritu, los cuales son de Dios". Nuestro cuerpo le pertenece al Señor y no a nosotros (1 Cor. 6:20).

Ciertamente la salud física es indispensable para continuar la obra del Señor en esta tierra. También es necesaria para traer gloria a Dios, pues la enfermedad no trae gloria a Dios, más bien es una deshonra para Él decir que creemos en que Cristo sea nuestro Médico y que estemos enfermos, pues los incrédulos nos observan. En cambio la sanidad sí trae gloria a Dios (Jn. 9:3; Mt. 15:31; Lc. 5:25; Mc. 2:12; Lc. 13:13; 18:43; Hch. 4:21). También la sanidad del cuerpo es un ejemplo de fe, signo de los siervos de Dios dignos de ser imitados (2 Ti. 3:10; 1 Ti. 4:12; Heb. 6:12; 13:7; Rom. 4:12).

Entonces, puesto que nuestro cuerpo es de Dios, y es morada del Espíritu Santo (1 Cor. 6:19), tenemos que servir al Señor mientras estemos en el cuerpo, pues ha sido consagrado para eso y no para servirnos a nosotros mismos o al pecado. También dice Efesios 5:30 que somos miembros del cuerpo de Cristo (vea también 1 Cor. 6:15). Por esto no podemos hacer con el cuerpo de Cristo (que es nuestro cuerpo) lo que queramos, sino someterlo al Señor, ponerlo a Él en servidumbre (1 Cor. 9:27), y presentarlo en sacrificio vivo (Rom. 12:1).

El cuerpo es para el Señor y el Señor para el cuerpo (1 Cor. 6:13), y el que destruyere el cuerpo del Señor, Dios le destruirá a él (1 Cor. 3:17). Por eso es que tenemos que tomar con seriedad esto porque Cristo reclama su cuerpo, que lo cuidemos (por un lado) y no escatimemos sufrimientos por causa de servirle (por el otro).

Ciertamente los alimentos que ingerimos son clave en la salud de una persona. En la medida de lo posible conviene ser sabios en este aspecto, aun Pablo recomendó a Timoteo que tuviera cuidado de lo que ingiriera (1 Ti. 5:23); con todo el reino de Dios no consiste en comida o bebida (Rom. 14:17). Muchas ocasiones no sabemos la procedencia de los alimentos ni la higiene de su preparación. Algunas veces los alimentos podrían estar envenenados, por ello es importante orar reclamando las promesas de Dios. Dios dice: "Yo bendeciré vuestro pan y vuestras aguas" (Éx. 23:25); que si bebiéremos cosa mortífera no nos hará daño (Mc. 16:18) y que los alimentos son santificados por la palabra de Dios y la oración (1 Ti. 4:3-5). Por ello la oración que elevamos al Señor por nuestros alimentos es algo muy importante.

Por supuesto la naturaleza dicta un descanso adecuado (Dios da sueño a sus amados, Sal. 127:2) y ejercicio regular, aunque hacer ejercicio sirviendo al prójimo es mucho mejor (1 Ti. 4:8).

12. L. Mantenernos libres de enfermedad

Por último es muy importante que el hijo de Dios que vive en obediencia se mantenga libre de pecado y libre de enfermedad, pues de esta manera estaremos santificando nuestra alma y nuestro cuerpo mediante el poder de Dios. 1 Tesalonicenses 5:23 nos dice: "Y el mismo Dios de paz os santifique por completo; y todo vuestro ser, espíritu, alma y cuerpo, sea guardado irreprensible para la venida de nuestro Señor Jesucristo". Esto quiere decir que es necesario mantenernos alejados del pecado y de la enfermedad hasta la venida del Señor Jesús.

Lo que el pecado es para el alma, la enfermedad lo es para el cuerpo, por lo que debemos aborrecer ambos males. No puede dar la enfermedad gloria a Dios así como el pecado jamás traerá gloria a Dios. Tampoco alguien podría decir, "voy a pecar, para que luego Dios me perdone, pues ¿cómo Dios mostrará su perdón sino hay pecado?", de la misma manera, nadie debería jamás decir, "¿cómo habría sanidad si no hay enfermedad?" Hay suficientes enfermos entre los no cristianos, así como hay suficientes pecadores entre los que no son cristianos también. Cristo vino para destruir las obras del diablo y tanto el pecado como la enfermedad son su obra.

Es lamentable que muchos pentecostales en nuestros días no caminen en esta verdad del evangelio y se comporten casi idénticamente como los que no conocen al Señor. Ellos dicen que Dios usa los medios humanos para sanar, pero eso no es respaldado por la Biblia, sino simplemente se trata de doctrinas según "tradiciones de los hombres, conforme a los rudimentos del mundo, y no según Cristo" (Col. 2:8). Aun así, Dios en su paciencia, como con el caso de Epafrodito, sana a sus siervos que creen en él. Éste Epafrodito, "gravemente se angustió" al saber que los filipenses habían oído que él estaba enfermo, seguramente porque temía que la doctrina de la sanidad divina se tambaleara entre ellos. Pero Dios tuvo misericordia de él (Fil. 2:25-25).

Por otro lado, de los que se ponen en las manos de los médicos humanos, algunos son curados por ellos, otros se empeoran y otros (como en el caso de Asa) incluso mueren. Pero ciertamente los que acuden al Médico Jesús de Nazaret, perseverando en la doctrina pura de la Sanidad Divina, jamás serán defraudados. Este es el fundamento inconmovible de la verdad del evangelio y damos gloria a Dios por ello.

Cuando la iglesia del Señor vuelva a la doctrina original de la Sanidad Divina, Dios la usará para la sanidad de muchos y se provocará un avivamiento similar al de la iglesia primitiva del libro de los Hechos. Pero mientras permanezca temerosa de sufrir la muerte por no acudir a los médicos humanos caerá en lo que dice Heb. 2:15. Pero Ester dijo: "Si perezco, que perezca" (Est. 4:16) y

Dios le dio una enorme victoria que es recordada por los judíos hasta hoy.

Con todo, los beneficios de la cruz siempre serán de aquellos que los toman por la fe, pues Cristo dijo: "Si puedes creer, al que cree todo le es posible" (Mc. 9:23). Digamos entonces, "Todo lo puedo en Cristo que me fortalece" (Fil. 4:13).

LA ESPERANZA BIENAVENTURADA

Desde el Antiguo Testamento, la resurrección de los muertos es una enseñanza esencial. Por ello Jesús dijo a los saduceos –quienes no creían en la resurrección–, "vosotros mucho erráis" (Mc. 12:27).

Todo cristiano nacido de nuevo cree en la resurrección de los muertos, puesto que precisamente en esto consiste la vida eterna (Jn. 3:16). Sin embargo, como en el caso de los Corintios, algunas doctrinas de demonios enseñan que no existe resurrección. Pablo les explica a los corintios –en 1 Corintios 15– que si ellos no creen en la resurrección entonces no serán salvos; él les dice: "por el cual asimismo, si retenéis la palabra que os he predicado, sois salvos, si no creísteis en vano" (1 Cor. 15:2).

Como en el caso de los gálatas, Pablo advierte a los corintios que es indispensable permanecer en la doctrina pura del evangelio para alcanzar salvación. La doctrina no sólo es una forma de pensar, sino que se trata de la obediencia a la Palabra de Dios, algo que Él demanda a todo ser humano.

Podemos decir que no hay tanta diferencia doctrinal entre denominaciones con pensar que si hay resurrección o no en comparación con el orden de los acontecimientos. Siempre el orden es importante.

 13. A. **El orden es importante**

Una persona, por ejemplo, no puede ser bautizada en el Espíritu

Santo sin antes ser salva. No puede ser pastor de una iglesia si primero no ha tenido una debida preparación. No puede alcanzar la santidad si primero no muerte al pecado. Todo es asunto de orden.

Cristo dijo, ¿cómo puede alguno entrar en casa del hombre fuerte, y saquear sus bienes, si primero no le ata?" (Mt. 12:29). El orden es importante. Así también dice el apóstol Pablo: "Pero cada uno en su debido orden: Cristo, las primicias; luego los que son de Cristo, en su venida" (1 Cor. 15:23).

Cristo resucitó primero, primicias de los que durmieron es hecho (1 Cor. 15:20). Luego, nosotros seremos resucitados en su venida. Esta es la esperanza de la resurrección. La esperanza viva de la que habla Pedro: "Bendito el Dios y Padre de nuestro Señor Jesucristo, que según su grande misericordia nos hizo renacer para una esperanza viva, por la resurrección de Jesucristo de los muertos" (1 P. 1:3). Esta esperanza consiste que así como Él resucitó primero nosotros también resucitaremos, por eso dice Romanos 14:9, "Porque Cristo para esto murió y resucitó, y volvió a vivir para ser Señor así de los muertos como de los que viven". ¿Cómo es Señor de los muertos? Cristo lo explica a los saduceos, "Pero respecto a la resurrección de los muertos, ¿no habéis leído lo que os fue dicho por Dios, cuando dijo: [32] Yo soy el Dios de Abraham, el Dios de Isaac y el Dios de Jacob? Dios no es Dios de muertos, sino de vivos".

Y porque Él resucitó, Dios traerá consigo a los que durmieron en Él (1 Ts. 4:14). Todo en su orden. Dios es un Dios de orden, un Dios de procesos, una cosa consecuente a la otra. Por esto es que el fundamento de nuestra resurrección es la resurrección de Cristo, porque si Cristo no resucitó —dijo Pablo a los corintios— "vana es nuestra predicación, vana es también nuestra fe" (1 Cor. 15:14).

13. B. El arrebatamiento de la iglesia

La enseñanza bíblica es maravillosa. Si estuviéramos confinados a esta vida, dice Pablo, seríamos los más dignos de conmiseración

(1 Cor. 15:19), pero sabemos que nuestra partida es inminente, que el Señor ha prometido regresar por su iglesia para que estemos para siempre con Él. Jesús dijo: "Y si me fuere y preparare lugar, vendré otra vez, y os tomaré a mí mismo, para que donde yo estuviere vosotros también estéis" (Jn. 14:3).

Otra vez, Jesús dice: "No os dejaré huérfanos, vendré a vosotros" (Jn. 14:18). Luego nos vuelve a decir tres veces en el Apocalipsis: "He aquí vengo pronto; retén lo que tienes, para que ninguno tome tu corona" (Apo. 3:11); "¡He aquí vuelvo pronto! Bienaventurado el que guarda las palabras de la profecía de este libro" (Apo. 22:7); "He aquí yo vengo pronto, y mi galardón conmigo, para recompensar a cada uno según sea su obra" (Apo. 22:12). Cristo viene pronto, Él lo prometió.

Cuando Cristo venga, nos dicen las Escrituras, que los que hemos nacido de nuevo y estemos preparados para su venida con vestiduras de santidad, seremos arrebatados. Uno de los pasajes claves de esta preciosa verdad es este: "Porque el Señor mismo con voz de mando, con voz de arcángel y con trompeta de Dios, descenderá del cielo; y los muertos en Cristo resucitarán primero. [17] Luego nosotros los que vivimos, los que hayamos quedado, seremos arrebatados juntamente con ellos en las nubes para recibir al Señor en el aire, y así estaremos por siempre con el Señor" (1 Ts. 4:16-17).

Pablo nos habla del arrebatamiento de la iglesia. Nos dice que los que murieron en Cristo experimentarán la primera resurrección. De ellos también en Apocalipsis nos dice: "Bienaventurado y santo el que tiene parte en la primera resurrección; la segunda muerte no tiene potestad sobre éstos, sino que serán sacerdotes de Dios y de Cristo, y reinarán con él mil años" (Apo. 20:6). Esta resurrección será instantánea, nos dice 1 Corintios 15:22, "en un abrir y cerrar de ojos, a la final trompeta; porque se tocará la trompeta, y los muertos serán resucitados incorruptibles..." Es decir, todos aquellos que murieron en Cristo se levantarán de sus tumbas y volverán a vivir, pero en un cuerpo glorificado.

Asimismo, nosotros, nos dice Pablo "los que habremos quedado". Esto se refiere a aquellos que todavía estuviéremos vivos en el arrebatamiento de la iglesia, y nos dice Dios, "seremos transformados" (1 Cor. 15:51), y nos uniremos a aquellos que fueron resucitados y ambos grupos vendremos a Cristo en las nubes. Entonces el Señor, quien descendió del cielo (1 Ts. 1:10; Fil. 3:20) nos llevará con Él al cielo (Jn. 14:3).

El regreso del Señor Jesús es una promesa que fue confirmada por los ángeles que aparecieron a los discípulos en el momento de la ascensión del Señor al cielo, nos dice: "Y estando ellos con los ojos puestos en el cielo, entre tanto que él se iba, he aquí se pusieron junto a ellos dos varones con vestiduras blancas, [11] los cuales también les dijeron: Varones galileos, ¿por qué estáis mirando al cielo? Este mismo Jesús, que ha sido tomado de vosotros al cielo, así vendrá como le habéis visto ir al cielo" (Hch. 1:10-11). Desde entonces, aunque Cristo ya lo había anunciado a ellos, los discípulos predicaron el regreso del Señor Jesús y el arrebatamiento de la iglesia como algo inminente.

13. C. La inminencia del arrebatamiento

Algo inminente, según lo define el diccionario *Merriam-Webster*, es "algo que está listo para tomar lugar". La Real Academia define inminente como algo "que amenaza o está por suceder prontamente". La Biblia enseña que el arrebatamiento de la iglesia es algo súbito, desconocido y que puede suceder en cualquier momento:

1.- Súbito: la palabra "súbito" significa repentino. Algo que ocurre en un instante, "en un abrir y cerrar de ojos" (1 Cor. 15:52). No es algo que lleva un proceso, algo que llevará varias horas en realizarse, ni algo que nos dé tiempo de hacer aquello que no hicimos antes, no, es algo instantáneo. Dice también Jesús: "Porque como el relámpago que sale del oriente y se muestra hasta el occidente, así será la venida del Hijo del Hombre" (Mt. 24:27).

Cristo también cuenta en Mateo 25 la parábola de las diez vírgenes, en donde cinco de las cuales estaban preparadas y cinco no. En esa parábola nos habla de lo súbito de la venida del Señor por su iglesia, que en un instante el esposo vino, abrió la puerta y entraron las que estaban preparadas. Ahí el Señor urge a su pueblo a estar siempre preparado para su venida.

2.– La fecha es desconocida: cuando los discípulos le preguntaban, ¿cuándo sucederán estas cosas? Cristo dijo: "Pero de aquel día y de la hora nadie sabe, ni aun los ángeles que están en el cielo, ni el Hijo, sino el Padre" (Mc. 13:32). El Señor nos dice que su venida será en una fecha desconocida, que vendrá como ladrón (1 Ts. 5:2; 2 P. 3:10; Apo. 3:3; 16:15). Nos dice Cristo: "Pero sabed esto, que si el padre de familia supiese a qué hora el ladrón habría de minar su casa, velaría, y no dejaría minar su casa" (Mt. 24:43). Es por eso que dice repetidas veces, ¡velad! ¡velad! ¡velad! Esto significa andar en el Espíritu y vivir en santidad constantemente.

3.- Inminente: el arrebatamiento, es decir, el regreso del Señor por su iglesia, aunque no se sabe cuándo exactamente será, puede tomar lugar en cualquier momento porque el Señor nos ha dicho que su regreso es pronto. Hay algunos que han argumentado que aún no es inminente porque dicen que el Señor puso como requisito a su regreso que el evangelio fuera predicado en todo el mundo (Mt. 24:14), y que como aún faltan etnias a las que no se les ha predicado el evangelio, entonces no puede venir el Señor. Este argumento está en contra de la enseñanza bíblica de la inminencia de la venida del Señor.

a.- La inminencia de la venida es una enseñanza de Cristo y los apóstoles: La Palabra nos dice que los discípulos estaban esperando la venida del Señor (1 Cor. 1:7); también dice: "el Señor está cerca" (Fil. 4:5; Stg. 5:8) y "el tiempo está cerca" (Apo. 1:3; 22:10). Otro pasaje más está en Santiago y nos dice: "he aquí, el juez está delante de la puerta" (Stg. 5:9).

b.- Explicación de la profecía dada por Cristo en Mateo 24:14: en cuanto a la profecía acerca de que el evangelio sería predicado en todo el mundo antes de la venida del Señor, entendemos que esta profecía ya se había cumplido, inclusive desde el momento del bautismo en el Espíritu Santo en Hechos 2, pues nos dice: "Moraban entonces en Jerusalén, Judíos, varones piadosos, de todas las naciones bajo el cielo" (Hch. 2:5). Desde el día del pentecostés, ya el evangelio se había predicado a todo el mundo, por eso nos dice: "de todas las naciones bajo el cielo".

Ya el apóstol Pablo decía que el evangelio se había predicado a todo el mundo en Romanos 1:8 "... de que vuestra fe se divulga en todo el mundo". También dice a los colosenses que el evangelio había llegado a ellos, "así como a todo el mundo" (Col. 1:6).

Si nosotros creemos que Cristo no puede venir todavía, porque faltan naciones o etnias a las cuales no ha sido predicado el evangelio, basándonos en un solo versículo, tendríamos que echar por tierra decenas de otros que nos afirman que la venida del Señor (el arrebatamiento) es inminente y que los apóstoles la estaban esperando día a día.

Si la venida del Señor no podría suceder todavía, entonces, ¿por qué el Señor dijo tantas veces que velemos, que estemos alertas ante su venida y que estemos preparados? (p.ej. Lc. 12:40). Esta es la enseñanza bíblica a través de todo el Nuevo Testamento (Fil. 3:20; Tit. 2:13; 1 Ts. 5:6). Veamos ahora un poco sobre la naturaleza del cuerpo glorificado que el Señor nos dará.

13. D. El cuerpo glorificado

Nos dice la Biblia que nuestro cuerpo glorificado, el cual será creado por Dios en un acto de transformación, tendrá características similares al del cuerpo glorificado del Señor Jesús (Fil. 3:21; 1 Jn. 3:2).

Nuestro cuerpo glorificado, como semejante al cuerpo glorificado de Cristo, creemos, basados en las Escrituras, que tendrá las siguientes características: **1)** Puede traspasar las paredes (Jn. 20:26); **2)** Tiene cicatrices (Jn. 20:20); **3)** Puede ser tocado, es decir, no es un espíritu (Jn. 20:17); **4)** Capaz de desaparecer (Lc.

24:31); **5)** Poderoso (1 Cor. 15:43); **6)** Asexual (Mt. 22:30); **7)** Aunque no se trata de un espíritu puramente, el cuerpo glorificado es un cuerpo espiritual (1 Cor. 15:44); **8)** Incorruptible (1 Cor. 15:42, 53); **9)** Resplandeciente (Dn. 12:3); **10)** No puede más morir (Lc. 20:36); **11)** De alguna manera diferente en apariencia al cuerpo que ahora tenemos (Jn. 21:12); y, **12)** Capaz de comer y beber (Mt. 26:29).

Mantengámonos fieles para recibir la maravillosa bendición de este cuerpo glorificado que el Señor nos dará cuando Él venga a arrebatar a su pueblo.

13. E. Preparados para el arrebatamiento

Al leer el Nuevo Testamento encontramos casi por todas partes la advertencia del Señor a que estemos preparados para su venida. ¿A qué se refiere con estar preparado? Se refiere a mantener una vida en el Espíritu, a mantenernos en santidad. Veamos:

1.- Mantenerse andando en el Espíritu: Cuando el Señor enseñó la parábola de las diez vírgenes en Mateo 25, habla del aceite y el aceite es tipo del Espíritu Santo. Aunque todas al principio tuvieron aceite a cinco se les terminó y dejaron su lugar vacío. Entonces vino el Esposo. Hay quienes habiendo recibido alguna vez el Espíritu Santo, no continuaron llenándose de Él sino que decidieron vivir una vida holgada y descuidada espiritualmente, (para ellos es esta palabra), no estarán listos para la venida del Señor.

2.– Andar en luz: el apóstol Pablo dice a los tesalonicenses: "Mas vosotros, hermanos, no estáis en tinieblas, para que aquel día os sorprenda como ladrón" (1 Ts. 5:4). Esto significa que todo cristiano que ande en santidad es quien está preparado, pero para quienes no, para los que practican el pecado, nos dice la Biblia, el día del Señor les sorprenderá como ladrón, pues andan en tinieblas.

3.– Anhelar su venida: la señal para saber que estamos preparados para su venida es que la anhelamos. Romanos 8:23 nos dice: "y no solo ella [la creación], sino que también nosotros mismos, que tenemos las primicias del Espíritu, nosotros también gemimos dentro de nosotros mismos, esperando la adopción, la redención de nuestro cuerpo". Para los verdaderos hijos de Dios el mundo no es su hogar (Jn. 17:4), y éste les aborrece (Jn. 15:19; 1 Jn. 3:1, 13; 1 P. 4:4); porque son ciudadanos del cielo (Fil. 3:20), y para ellos estar con Cristo es muchísimo mejor (Fil. 1:23).

4.- No amar al mundo: pero los que son del mundo aman al mundo, por lo que el amor del Padre no está en ellos (1 Jn. 2:15). Ellos están anclados a este mundo, a las cosas terrenas, se complacen con los que practican el pecado (Rom. 1:32), aunque ellos mismos no lo hagan directamente. Se ocupan en la comida y bebida (Mt. 24:38; Lc. 21:34), y de asuntos relacionados con las pasiones sexuales y la falta de perdón en el matrimonio (Mt. 24:38), y son ociosos para servir al Señor (Mt. 25:24-30).

Para los hijos de Dios que viven ahora en descuido espiritual Él les tiene paciencia, y les da tiempo para que se arrepientan, pues son sus hijos, y no quiere que perezcan, lo dice textualmente Pedro: "El Señor no retarda su promesa, según algunos la tienen por tardanza, sino es paciente para con nosotros, no queriendo que ninguno perezca, sino que todos procedan al arrepentimiento" (2 P. 3:9) Nótese la palabra "nosotros", Pedro habla a los hijos de Dios, a los cristianos, a los que de entre ellos necesitaban arrepentimiento para estar preparados para la venida del Señor. De igual manera dice Cristo en el libro de Apocalipsis a la iglesia de Tiatira: "Y le he dado tiempo para que se arrepienta, pero no quiere arrepentirse..." (Apo. 2:21).

13. F. Distinción entre el arrebatamiento y la segunda venida

Con respecto a los asuntos escatológicos, es decir, de las doctrinas relacionadas con los acontecimientos futuros y finales del alma humana, existe una distinción entre lo que llamamos "el arrebatamiento" (básicamente debido a la terminología usada por Pablo en 1 Ts. 4:16-17), y la segunda venida de Cristo.

Evidentemente para los cristianos que estemos preparados la segunda venida empieza en el arrebatamiento mismo [e incluye el regreso visible del Señor (Apo. 1:7), al venir nosotros con Él (Apo. 5:10; 19:14)], pero para los incrédulos la segunda venida [el regreso visible de Cristo] será después (Apo. 1:7). El regreso visible (lo que también algunos identifican más con "la segunda venida") es un evento distinto y posterior al arrebatamiento. Veamos con más detalle este orden:

1. El arrebatamiento de la iglesia o esperanza bienaventurada (1 Ts. 4:16-17; Tit. 2:13). **2.** Período de tribulación [3 ½ años] Is. 2:12; 13:6-9; Jl. 1:15; 1 Ts. 5:2; Dn. 12:7; Mt. 24:15; Apo. 11:3. **3.** Período de la gran tribulación [3 ½ años] Mt. 24:21; Dn. 12:1; Sof. 1:15; mientras tanto, en estos dos períodos, en total siete años, los santos estaremos en las bodas del Cordero en el cielo (Apo. 19:9-10). **4.** La batalla de Armagedón (Apo. 16:16; 19:19). **5.** El regreso visible de Cristo [ante todos los que no fueron arrebatados y estuvieran vivos para entonces, Apo. 19:11-21]. **6.** El milenio (Apo. 20:1-6).

13. G. Objeciones de los post-milenaristas

La Biblia enseña que los santos no pasaremos la gran tribulación, vemos por ejemplo el pasaje de 2 Tesalonicenses 1:4-10, en donde leemos, en el versículo 7, "y a vosotros que sois atribulados, daros reposo con nosotros, cuando se manifieste el Señor Jesús desde el cielo con los ángeles de su poder". Dios dice que no habrá más tribulación para los santos sino que ésta será para los incrédulos del evangelio (1 Ts. 5:9), luego, cuando viene el Señor, tendremos reposo, y no habrá más tribulación.

Otro pasaje es Apocalipsis 3:10 en donde leemos: "Por cuanto has guardado la palabra de mi paciencia, yo también te guardaré de la hora de la prueba que ha de venir sobre todo el mundo entero, para probar a los que moran sobre la tierra". Evidentemente en este versículo está hablando de la gran tribulación (la prueba que sufrirá el mundo entero), de ella, dice Dios, sus santos serán librados. Isaías mismo ya lo había profetizado en Isaías 26:19-21, en ese pasaje Dios dice: "escóndete un poquito, por un momento, en tanto que pasa la indignación". Dios esconderá a sus santos del derramamiento de su indignación sobre el mundo.

Los defensores del post-milenarismo (pues así es llamada la creencia de que la iglesia pasará la gran tribulación),[22] se basan en 2 Tesalonicenses 2:1-12. En este pasaje la explicación clave es qué significa realmente "el día del Señor" en el versículo 2 leemos: "que no os dejéis mover fácilmente de vuestro modo de pensar... en el sentido de que el día del Señor está cerca". Pero si este "día del Señor" fuera el arrebatamiento, ¿por qué escribe el mismo Pablo en Filipenses 4:5 "El Señor está cerca"? Claramente se puede entender que este "día del Señor" es el día de la ira de Dios (Is. 13:9; Ez. 30:3; Jl. 1:15). Está hablando de la tribulación, del castigo severo que sufrirán las naciones, y esto no vendrá sin que antes se manifieste el anticristo (el hombre de pecado, el hijo de perdición). Luego, en el versículo 6 nos dice: "Y ahora vosotros sabéis lo que lo detiene, a fin de que a su debido tiempo se manifieste". ¿Qué es lo que detiene la manifestación del hombre de pecado o del anticristo? Lo que lo detiene es el arrebatamiento de la iglesia, cuando Cristo venga por sus redimidos.

Otras de sus proposiciones está basada en Mateo 24, pero en este pasaje (como sus paralelos) tenemos que tener en mente al pueblo de Israel y no precisamente la iglesia (p.ej. compárese Mt. 24:15 con Dn. 9:27). Sin embargo, el orden de los acontecimientos se describe con claridad en Mateo 24:27-30.

13. H. La esperanza es algo futuro

Cada hijo de Dios y fiel siervo de Jesucristo aguarda la "esperanza bienaventurada" (Tit. 2:13). Como algo futuro sí, pero algo inminente. Nuestra esperanza descansa en las palabras de Cristo, que Él regresará por su pueblo que le espera y vela cada día. "Y el Espíritu y la Esposa dicen: Ven" (Apo. 22:17). Y mientras le espera trabaja, pues quiere que cuando su Señor venga le halle haciendo su voluntad (Mt. 24:45-46).

Puesto que tenemos tan bellas promesas, guardamos nuestras ropas, pues dice Apocalipsis 16:15, "He aquí, yo vengo como ladrón. Bienaventurado el que vela, y guarda sus ropas, para que no ande desnudo, y vean su vergüenza" (Apo. 16:15).

Cada día todos los que estamos preparados en santidad (por la fe y el poder del Espíritu Santo), trabajando en sus negocios (Lc. 2:49) y que amamos su venida (2 Ti. 4:8) oramos "Ven, Señor Jesús" (Apo. 22:17), pues es entonces que el Juez justo nos dará la corona de la vida. Seamos fieles hasta el fin, porque el que perseverare hasta el fin, este será salvo (Mt. 10:22).

EL REINO MILENARIO DE CRISTO

Luego del derramamiento de la ira de Dios prescrita en el Apocalipsis y otros lugares en los escritos de los profetas, la Biblia nos habla de una batalla. Esta batalla —cuyo lugar en hebreo se llama Armagedón (Apo. 16:16)—, será la culminación del tiempo del anticristo; y en su final, en donde la bestia (ó anticristo) reunirá a las naciones para guerrear contra el Rey de reyes y Señor de señores (Apo. 19:11-19), la bestia y el falso profeta serán apresados y lanzados vivos al lago de fuego (Apo. 19:20). El falso profeta es otro de los actores de ese tiempo, y su función será engañar con señales mentirosas a los habitantes de la tierra (Apo. 19:20). Este también es miembro de la trilogía satánica (Apo. 16:13), y junto con la bestia serán los primeros en ser lanzados al lago de fuego.

Luego de que la bestia (o anticristo) y el falso profeta, sean lanzados vivos al lago de fuego, Satanás será atado por mil años (Apo. 20:1-3).

Es entonces que Cristo establecerá con sus escogidos un reino de mil años (Zac. 14:5), el cual es descrito en el capítulo 20 de Apocalipsis. De estos escogidos nos dicen las Escrituras: "Bienaventurado y santo el que tiene parte en la primera resurrección; la segunda muerte no tiene potestad sobre éstos sino que serán sacerdotes de Dios y de Cristo, y reinarán con él mil años" (Apo. 20:6).

El cumplimiento de las profecías
14. A. en cuanto a Israel

Es en este tiempo que las profecías con respecto a la gloria del pueblo de Israel serán por fin cumplidas. La plenitud de los gentiles para entonces dará lugar a la salvación de todo Israel (Rom. 11:26, ver también Ez. 37:21-22) y ésta será de "renombre" (Sof. 3:19-20) entre todas las naciones de la tierra. De esta manera, las profecías en cuanto a Cristo como el Mesías-Rey, tales como las de Isaías 11; Lucas 1:32-33, etc., tendrán en el milenio su total cumplimiento.

La Biblia enseña claramente que el reino de Cristo es literal, que es en esta tierra, que es tanto político como espiritual, y que el Señor Jesucristo ocupará el trono de David, su padre (Is. 55:3-4; Jer. 30:9; 33:15-17; Ez. 34:23-24; 37:24-25; Os. 3:5; Am. 9:11, etc.). También, la enseñanza bíblica con respecto al milenio, nos dice que en este reino la iglesia, que fue llevada por Cristo en el arrebatamiento, y los decapitados de la gran tribulación que no aceptaron la marca de la bestia, reinaremos con Él (2 Tim 2:12; Apo. 20:4-6).

14. B. Algunas características del reinado de Cristo

El reinado de Cristo sobre la tierra tendrá características únicas y distintivas de entre cualquier otro reino que haya existido alguna vez en la tierra. Es el reino ideal para los hijos de Dios que andan en el Espíritu, en donde el mismo Señor Jesucristo es el Rey universal. Veamos algunas de estas características:

(1) *Habrá paz absoluta* (Sal. 72:3-7; Is. 9:7; Ez. 37:26; Miq. 4:3).

(2) *Cristo regirá con vara de hierro:* es decir, no dejará que nadie se subleve contra Él (Sal. 2:9; 72:9-11; Is. 11:4; Apo. 19:15).

(3) *Habrá justicia absoluta:* en el reinado del Señor existirá una justicia perfecta (Sal. 72:1,7; Is. 11:3-4; Jer. 23:5).

(4) *Conocimiento de Dios universal:* el conocimiento del verdadero Dios cundirá profusamente por toda la tierra (Is. 11:9, Hab. 2:14).

(5) *La maldición sobre la tierra sufrirá cambios:* la maldición debido a la caída será atenuada o revertida en distintos aspectos (Is. 11:6-9; Is. 65:20, 25; Ez. 47:8-12; Zac. 8:4).

(6) *Todos adoraremos en Jerusalén:* la adoración estará centrada en el nuevo templo en Jerusalén, en el Monte de Jacob (Sión), y vendrán a adorar de todas las naciones al Rey (Is. 2:3; 56:6-7; 66:20-23; Dn. 9:24; Jl. 3:18; Hag. 2:7-9; Zac. 6:12-15; 8:20-23; 14:16-21; Mal. 3:3-4).

(7) *Satanás no podrá actuar:* Satanás estará encadenado e imposibilitado para engañar a las naciones (Apo. 20:3); y aunque no dice la Biblia claramente, los demonios seguramente serán atados en algún lugar específico (p.ej. Apo. 18:2).

(8) *Todo ciudadano israelita será salvo en el milenio:* el pecado de Israel es totalmente expiado y nunca más se rebelará contra Dios (Sof. 3:8-12). Todo israelita sobreviviente será salvo (Rom. 11:26, Jer. 33:16).

(9) *Israel poseerá la totalidad de la tierra prometida* (Gn. 13:15; 17:8; 1 Cro. 17:9; Sal. 105:8-11; Is. 60:21; Jer. 3:18; 7:7; 30:3; 31:8-9; Ez. 37:25; 39:25-29; Am. 9:11-15).

(10) *El Rey Jesús tendrá su sede en Sión:* el Señor Jesucristo habitará en Sión (Is. 2:2; 56:7; Ez. 20:40; Miq. 4:1).

(11) *Los santos tendrán rangos:* los santos, ahora con cuerpos glorificados, reinaremos con Cristo en distintos dominios y rangos (Mt. 19:29; Lc. 19:11-19).

(12) *No más guerra:* no sólo habrá paz entre los habitantes del mundo (llámese ausencia de violencia entre las sociedades), sino también no habrá desavenencias entre los distintos países (Is. 2:4, Jl. 3:10).

(13) *El planeta tierra tendrá descanso y renovación:* (Rom. 8:19, 21; Is. 35:1).

(14) *El gobierno del Señor será una teocracia y una monarquía absoluta:* (Zac. 14:9; Dn. 7:13-14, 27; Zac. 9:10).

Como ya hemos visto en otros capítulos no todos los hijos de Dios tendrán parte en el reino de Cristo para reinar con Él, sino sólo aquellos que hayan permanecido en santidad mediante la fe y el poder del Espíritu Santo (Lc. 19:20-27; Mt.5:20; 7:21; Lc. 20:35; Ef. 5:5, 6; Gál. 5:19-21; Apocalipsis capítulos 2 y 3; Apo. 11:18; 20:6; 2 Ti. 2:12, etc.).

EL JUICIO FINAL

XV

Luego de estas cosas, en el mismo capítulo 20 de Apocalipsis, la Biblia nos habla que habrá un juicio universal. Este juicio es llamado el juicio del "Gran Trono Blanco". Ahí estarán —nos dicen las Escrituras—, los muertos, tanto grandes como pequeños (ricos y poderosos, pobres y miserables), y todos serán juzgados por Dios.

Este juicio será de acuerdo a ciertos libros que serán abiertos, y de entre ellos, el más importante, el libro de la vida. Los que no se hallen inscritos en el libro de la vida, dice Dios, serán lanzados al lago de fuego en donde estarán la bestia y el falso profeta junto con el diablo y sus ángeles.

15. A. El juicio final

Nos dice Apocalipsis: "Y vi un gran trono blanco y al que estaba sentado en él, de delante del cual huyeron la tierra y el cielo, y ningún lugar se encontró para ellos. ¹² Y vi a los muertos, grandes y pequeños de pie ante Dios; y los libros fueron abiertos, y otro libro fue abierto, el cual es el libro de la vida; y fueron juzgados los muertos por las cosas que estaban escritas en los libros, según sus obras. ¹³ Y el mar entregó sus muertos que había en él; y la muerte y el Hades entregaron los muertos que había en ellos; y fueron juzgados cada uno según sus obras. ¹⁴ Y la muerte y el hades fueron lanzados al lago de fuego. Esta es la muerte segunda. ¹⁵ Y el que no se halló inscrito en el libro de la vida fue lanzado al lago de fuego" (Apo. 20:11-15).

La Biblia nos dice que después del milenio, Satanás será soltado por un espacio indeterminado de tiempo (Apo. 20:7). Entonces Satanás saldrá para engañar a las naciones y logrará engañar a una multitud muy grande. Así Satanás reunirá a éstos que fueron engañados por él en un ejército para guerrear contra los santos y la ciudad de Jerusalén. Nos dicen las Escrituras: "Y subieron sobre la anchura de la tierra, y rodearon el campamento de los santos y la ciudad amada;" (Apo. 20:9). Es en ese momento que se efectuará la batalla llamada de "Gog y Magog". Sin embargo, Dios resolverá el problema con facilidad mandando fuego del cielo y consumirá a todos sus enemigos (Apo. 20:9).

Por este tiempo, cuando ya todas las cosas en la tierra sean concluidas, se instaurará el juicio del Gran Trono blanco. Éste es un trono de juicio en donde el Hijo del Hombre se sentará a juzgar a las naciones (Mt. 25:31-34; Jn. 5:22). Todos los muertos de todas las edades desde Adán y Eva y hasta la guerra de Gog y Magog estarán de pie ante Dios (Apo. 20:11-12).

15. B. Método de juicio

Dice la Palabra de Dios que cada uno será juzgado justamente de acuerdo a las cosas escritas en los libros (el *récord* de Dios de cada uno), en donde están escritas todas las cosas que cada uno hubo hecho durante su vida.

Es por eso que la vida es una oportunidad para dedicarse a servir al Señor y no utilizarla en cosas que no nos servirán de nada en la eternidad.

Algunas congregaciones dentro de las denominaciones pentecostales opinan que existirá un solo juicio para todos, mientras otras creen que habrá un día distinto al del Gran Trono Blanco exclusivo para los santos. Sin embargo, el día que Dios nos juzgará no nos preocupa cuando estamos en Cristo. Puesto que los que fueron arrebatados por el Señor estando vivos, los que tuvieron parte en la primera resurrección, y los decapitados en el tiempo de la gran tribulación por causa del Señor (1 Ts. 4:17; Apo. 20:6;

Apo. 20:4), todos estos estaremos ya salvos para siempre (Jn. 5:24, Rom. 8:1).

La forma en que Dios hará este juicio está descrita de forma sencilla en Mateo 25:34-40, en donde los salvos son aquellos que alimentaron a los hermanos más pequeños del Señor cuando tuvieron hambre, los que les dieron de beber cuando tuvieron sed, los que les cubrieron cuando estaban desnudos, los que cuando fueron forasteros les recogieron, cuando estuvieron enfermos les visitaron o en la cárcel y vinieron a ellos. Luego el pasaje concluye diciendo: "E irán éstos al castigo eterno, y los justos a la vida eterna" (Mt. 25:46)

15. C. Una advertencia más del Señor

Para todo aquel que ha nacido de nuevo, que el Señor nos dé a conocer que él será el juez de vivos y muertos (Hch. 10:42) es una tremenda advertencia a ser sabios y ocuparnos de nuestra salvación con todas nuestras fuerzas, sirviendo a Cristo y fortaleciendo nuestra fe en Él. La Biblia nos dice que cualquier cosa en esta tierra, incluyendo nuestro cuerpo físico, no es comparable con el privilegio de entrar en la vida. Dice Marcos 9:43-48, "Si tu mano te fuere ocasión de caer, córtala; mejor te es entrar en la vida manco, que teniendo dos manos ir al infierno, al fuego que no puede ser apagado, 44 donde el gusano de ellos no muere, y fuego nunca se apaga. 45 Y si tu pie te es ocasión de caer, córtalo; mejor te es entrar a la vida cojo, que teniendo dos pies ser echado en el infierno, al fuego que no puede ser apagado, 46 donde el gusano de ellos no muere, y el fuego nunca se apaga. 47 Si tu ojo te fuere ocasión de caer, sácalo; mejor te es entrar en el reino de Dios con un ojo, que teniendo dos ojos ser echado al infierno, 48 donde el gusano no muere, y el fuego nunca se apaga".

En Apocalipsis 21 vemos otra lista de aquellos que no entraran en el reino de Dios, nos dice: "Pero los cobardes e incrédulos, los abominables y homicidas, los fornicarios y hechiceros, los idólatras y todos los mentirosos tendrán su parte en el lago de arde con fuego y azufre que es la muerte segunda" (Apo. 21:8). Es así que por todas partes en las Escrituras encontramos advertencias a mantenernos en el Señor, a vivir en victoria sobre el pecado y a servirle en todo aquello que Él nos ordene, pues nada será comparable con ser partícipes de la gloria eterna y no ser apartados de Él avergonzados (1 Jn. 2:28).

El juicio del Gran Trono Blanco es también un tremendo llamado a la conciencia de los que no conocen al Señor a entrar por la puerta que es Cristo Jesús antes que sea demasiado tarde.

15. D. Dios es justo

El Señor juzgará a todo ser humano y nadie podrá escapar del escrutinio del Señor. Todo será expuesto (Hch. 10:42; 17:31) y Dios juzgará las obras de cada uno. Todos recibiremos de acuerdo a nuestros hechos, porque Dios es juez justo, y sea quien fuere, Él no hace acepción de personas.

1.- Dios juzga las malas obras de sus hijos: algunos creen que por ser hijos de Dios sus obras de maldad no tendrán ninguna repercusión, pero nos dice la Biblia: "sabiendo que el bien que cada uno hiciere, ése recibirá del Señor, sea siervo o sea libre" (Ef. 6:8), y también: "Mas el que hiciere injusticia, recibirá la injusticia que hiciere, porque para Dios no hay acepción de personas" (Col. 3:25). Y esto es porque Dios es justo. Así, toda persona es juzgada por el Señor, aunque con sus hijos, su juicio en esta vida es para arrepentimiento (1 P. 4:17; 1 Cor. 11:32; Heb. 12:6-9; Prov. 3:11), para que seamos tenidos por dignos del reino de Dios (1 Ts. 1:5). Sin embargo, aun y todas las provisiones de amor del Señor, algunos no lograrán salvarse.

Es verdad que Dios justifica al pecador por el sacrificio perfecto de Cristo (Rom. 8:1), y que pasa por alto los pecados de aquel que está en ignorancia del evangelio en el momento que acude al Señor con arrepentimiento y fe (Hch. 3:17; 17:30; Rom. 3:25; 1 Ti. 1:13; 2 Cor. 5:19); sin embargo, para los que ya conocieron al Señor, Él dará retribución por la injusticia que hicieren (Col. 3:25). Si ellos acuden al Señor Él les perdonará su pecado

(1 Jn. 2:1), pero por cuanto Él no hace acepción de personas (Hch. 10:34; Rom. 2:11), las repercusiones de sus hechos vendrán (Jer. 30:11; 2 S. 12:9-15).

2.- Toda persona será juzgada por Dios: ahora bien, en el día del juicio final, cada persona independientemente de su rango, edad, sexo, y condición estará de pie ante Dios. Ricos, pobres, letrados y no letrados, políticos, intelectuales, creativos, científicos, parias, mendigos, huérfanos; judíos y de todas las naciones, todos compadecerán ante este gran juicio. Hebreos 9:27 dice: "Y de la manera que está establecido para los hombres que mueran una vez, y después de esto el juicio,". Entonces las obras de cada uno serán manifiestas y será abierto el libro de la vida.

3.- Galardones y condenación: en el libro de la vida están escritos los nombres de todos aquellos que fueron salvos y vivieron en el Espíritu, manteniéndose por la fe y el poder de Dios hasta el final; y para ellos [nosotros], "la sangre de Jesucristo su Hijo nos limpia de todo pecado" (1 Jn. 5:6, ver también Heb. 10:17). Es decir, todo pecado es justificado por la gracia del Señor en Cristo Jesús. Queda entonces para los hijos de Dios galardones que Dios tiene de acuerdo a la labor de cada uno (Rom. 14:12; 1 Cor. 3:8; Heb. 6:10; 2 Cor. 1:14; Fil. 2:16; 4:1), aunque toda nuestra labor será probada de acuerdo a los motivos del corazón (1 Cor. 4:5), y algunos sufrirán pérdida (1 Cor. 3:11-15). No así para los que no fueron salvos, pues para ellos tan sólo se espera pena de eterna perdición; y todos ellos [también] recibirán de acuerdo a sus obras (Mt. 12:36; Rom. 14:10; Gál. 6:7; Ef. 6:8; Col. 3:24; 3:25).

15. E. Todas las obras de todos serán manifiestas

La palabra de Dios nos declara que todas nuestras obras serán expuestas. Incluso los pecados que ya fueron perdonados por el Señor serán revelados. Evidentemente, que esté nuestro nombre en el libro de la vida es suficiente para ser salvo, sin embargo, no a modo de condenación, sino de la demostración del justo juicio de Dios, los pecados perdonados y ya borrados serán manifestados y todas nuestras obras serán puestas en evidencia. 1 Corintios 3:13 nos dice: "la obra de cada uno se hará manifiesta; porque el día la declarará, pues por el fuego será revelada; y la obra de cada uno cuál sea, el fuego la probará" (1 Cor. 3:13).

De igual manera las obras de aquellos cuyos nombres no estén escritos en el libro de la vida, sus obras serán manifiestas. Hebreos 4:13 dice: "Y no hay cosa creada que no sea manifiesta en su presencia; antes bien todas las cosas están desnudas y abiertas a los ojos de aquel a quien tenemos que dar cuenta". También dijo Jesús: "Así que, no los temáis; porque nada hay encubierto, que no haya de ser manifiesto; ni oculto, que no haya de saberse" (Mt. 10:26, ver también Mc. 4:22; Ecl. 12:14). Otros pasajes como 1 Timoteo 5:24-25 y 2 Corintios 5:10 nos hablan de que al final, toda persona estará de pie ante Dios, dará cuenta de su vida y recibirá de acuerdo a lo que haya hecho mientras vivió en esta vida presente.

15. F. El libro de la vida

El juicio del Gran Trono Blanco, cuyo color blanco es símbolo de pureza y total imparcialidad, es para demostrar a toda creatura que Jesucristo es el temible juez, totalmente justo, que juzgará a todos. En primer lugar, el libro de la vida determina si una persona es culpable o inocente, si le es otorgada vida eterna o no.

Luego, los otros libros son para determinar el nivel de castigo, por un lado, y el grado de galardón por otro. El Señor separará las ovejas de los cabritos con del libro de la vida, cuando sea abierto por el Hijo de Dios, pues Él y sólo Él puede abrirlo (Apo. 5), pero luego juzgará a cada uno de acuerdo a su obra para premios o grados de condenación.

Jesucristo juzgará a las ovejas (otorgando a ellas galardones o bien si tan sólo sean salvas "como por fuego" [1 Cor. 3: 15]), y también juzgará a los cabritos (quienes recibirán grados de tormento de acuerdo a sus obras). Pero por el sólo hecho de no estar inscritos en el libro de la vida, toda persona está (y estará) sujeto a la condenación eterna (Apo. 20:15).

Dicho todo lo anterior, debemos de tener cuidado de nuestras palabras, pues de toda palabra ociosa tendremos que dar cuenta (Mt. 12:36), de nuestras acciones (1 Cor. 3:13) y de las intenciones de nuestro corazón acerca de cualquier cosa (1 Cor. 4:5), porque aunque ahora parezca que no sucede nada, un día Dios traerá a juicio todas las cosas y todo será manifiesto. Nuestro Dios es justo y jamás dará por inocente al culpable (Núm. 14:18). Conviene entonces acudir primero al trono de misericordia del Señor (Heb. 4:16), aprovechando la oferta gratuita de salvación que tenemos en Cristo y luego mantenernos en santidad mediante la fe y el poder del Espíritu Santo.

LOS CIELOS NUEVOS Y LA TIERRA NUEVA

XVI

Después del juicio del Gran Trono Blanco, luego de que todo el juicio del Hijo de Dios esté cumplido, el Señor nos llevará a la habitación final de todos los salvos.

Nos dice 2 Pedro 3:13, "nosotros esperamos, según sus promesas, cielos nuevos y tierra nueva, en los cuales mora la justicia". De esto nos habla el capítulo 21 de Apocalipsis. Éste comienza diciendo: "Vi un cielo nuevo y una tierra nueva; porque el primer cielo y la primera tierra pasaron" (Apo. 21:1).

Luego Juan vio descender del cielo una ciudad, la nueva Jerusalén. Ésta es la ciudad en donde habitaremos por toda la eternidad.

 16. A. Descripción de la nueva Jerusalén

La belleza y esplendor de la ciudad es maravillosa. Una ciudad que ningún escritor podría jamás describir, ni artista gráfico dibujar, porque el arquitecto y constructor es Dios, Dios mismo (Heb. 11:10). Diáfana, clara como el cristal, refulgente como una piedra preciosa. Su calle es de oro puro, su mar de cristal, sus puertas son perlas y los nombres de las doce tribus de Israel en ellas; y sobre sus doce cimientos grabados los nombres de los doce apóstoles del Cordero.

Su muro, en donde los cimientos y las puertas se alinean, es larguísimo y altísimo. Hecho de Jaspe; 12 mil estadios (1,500 km) es la dimensión de su anchura, idéntica a su largura y altura. Un cubo que bien podría tener la dimensión de tres cuartos de Estados Unidos en área.

La ciudad es de oro puro, pero lo más resplandeciente de ella es la gloria de Dios. Tanto, que no hay templo en ella, porque Dios mismo es el templo, y el Cordero que la habita llena cada espacio con su gloria. Tampoco tiene necesidad de sol, ni hay ninguna otra lumbrera, porque la refulgencia del Señor lo ilumina todo y el Cordero es su lumbrera.

Llena de gloria y honor, la suma de toda la gloria de las naciones está en ella, pues dice: "las naciones que hubiesen sido salvas andarán a la luz de ella" (Apo. 21:24). No hay noche y sus puertas están continuamente abiertas. Ésta es la ciudad que el Señor nos ha diseñado y construido para vivir por la eternidad. Para todos aquellos que la anhelan, esperando en las promesas del Señor; "por lo cual Dios no se avergüenza en llamarse Dios de ellos" (Heb. 11:16).

Dentro de la ciudad hay un rio limpio de agua de vida (Apo. 22:1), que resplandece como el cristal y que sale del trono de Dios. Y el árbol de la vida está plantado en medio de la calle de oro de la ciudad y a los lados del río que corre dentro de ella. Éste es el árbol que estuvo en el centro del huerto del Edén (Gn. 2:9) y que dará doce frutos (uno para cada mes del año) y sus hojas nos traerán sanidad continuamente.

El Señor eliminará para siempre toda maldición. Y Dios habitará allí. Cristo estará ahí y nosotros le serviremos y veremos continuamente su rostro, y tendremos su nombre en nuestras frentes. Es en esta ciudad que reinaremos por los siglos de los siglos.

16. B.　Puesto que tenemos estas promesas

Puesto que tenemos tan bellas promesas, ¿cómo no andar en Cristo?, ¿cómo no servirle a cada instante?, ¿cómo no estar dispuestos a todo por Él? Pablo nos dice: "Así que, amados, puesto que tenemos tales promesas, limpiémonos de toda contaminación de carne y de espíritu, perfeccionando la santidad en el temor a Dios" (2 Cor. 7:1).

Mateo 5:5, dice: "Bienaventurados los mansos, porque ellos recibirán la tierra como heredad". Pero quien piensa en esta vida solamente, "tiene la vista muy corta; es ciego, habiendo olvidado la purificación de sus antiguos pecados" (2 P. 1:9). Mientras tanto, Dios nos sigue diciendo, "Pero los mansos heredarán la tierra, y se recrearán con abundancia de paz" (Sal. 37:11). No sólo la tierra de aquí, sino mucho más, la tierra nueva y los cielos nuevos.

Todo pasará. Sí, todo pasará. El cielo y la tierra pasarán (Mt. 24:35), "los cielos pasarán con gran estruendo, y los elementos ardiendo serán deshechos, y la tierra y las obras que en ella hay serán quemadas" (2 P. 3:10)... entonces tenemos cielos nuevos y tierra nueva... y enjugará Dios toda lágrima de nuestros ojos; y ya no habrá muerte, ni habrá más llanto, ni clamor, ni dolor; porque las primeras cosas pasaron (Apo. 21:4).

Y estando el Señor ahí, tendremos plenitud de gozo (Sal. 16:11) constantemente. No más tragedias, hambre, angustias, persecución, ni carencias de ningún tipo porque nos saciaremos del Señor, pues él nos pastoreará siempre, y dará vigor a nuestros huesos, y seremos como huerto de riego, y como manantial de aguas, cuyas aguas nunca faltan (Is. 58:11).

Todos los que somos ciudadanos de la nueva Jerusalén vivimos como peregrinos (Heb. 11:3; 1 P. 2:11; Fil. 3:20). Cristo viene pronto y estas cosas sucederán en breve.

Nota final

Estas doctrinas son la gloria de nuestro evangelio. El evangelio que cambia vidas, que ha transformado millones de personas en el mundo entero. Es el evangelio pentecostal, el que Cristo, y Él a través de sus apóstoles y profetas, nos entregaron en las Sagradas Escrituras. No es la filosofía de alguno, ni es el pensamiento particular de otro, es el pensamiento de Dios. El mismo que creó el universo y que lo preserva o destruye todo.

Él nos define qué es lo mejor, lo perdurable, lo duradero, lo eterno. Materia de Dios, de su decisión, de su amor inefable, de su soberanía en bendecir a todo aquel que cree. Pues todas las doctrinas involucran fe, todas son sobrenaturales, porque Dios es sobrenatural. Y si lo sobrenatural no actúa en nosotros, entonces nos convertimos tan solo en una religión más dentro de las miles —y quizá millones— que operan en la tierra. Él no es religión (aunque nos podamos desenvolver en un marco de orden humano), Él es sobrenatural, y su evangelio es poder a todo aquel que lo cree.

Dentro de los movimientos pentecostales existe gente que vive en mayor o menor grado el evangelio; pero quiera Dios que a través de este libro sea avivado el mover de Dios en la tierra, tanto como aquel que se vivió hace muchos años atrás. Aquel en donde gente clamaba y era oída, milagros, sanidades, salvación, santidad, llenura del Espíritu y esperanza de gloria era común. Mi oración perdura, perene, profunda en mí; un clamor por el avivamiento de lo nuestro, la resurrección del vasto cementerio de Ezequiel 37, del desquicio a lo racional del mundo creado por Dios. Un avivamiento de lo que nos pertenece, no a un movimiento sino a toda la humanidad.

La razón del fracaso en la vida cristiana no está en el evangelio, sino es la incredulidad. El yunque eterno de la verdad de este precioso evangelio sigue allí, esperando quieto que alguien se trepe en él para escapar del desenfreno del mundo. Un mundo pasajero de búsqueda fatídica por la vanidad, cuyo fin es la perdición eterna.

Un mundo que cree en un espejismo creado por él mismo (y alentado por el demonio) al desconocer las Escrituras y el poder de Dios. Una ilusión que se alimenta de lo que no sacia, y bebe de cisternas rotas. Que vive pensando en lo de aquí y en todos los enemigos del alma, y así lo pierde todo. Mientras tanto el Señor, desde el cielo, canta con la antigua canción cuyas notas copió Amós mientras conducía bueyes: "Buscadme y viviréis".

Pero desde hoy el reino de los cielos es arrebatado por hombres y mujeres valientes, que ocupan su mente en la fe de Dios y en las acciones que le producen. Ellos viven el poder del Espíritu y su manifestación genuina. Son los santos que día a día están preparados para la venida inminente de Cristo y viven por Él y para Él. Ellos andan en el Espíritu, se han negado al mundo y a ellos mismos, porque el Espíritu les guía y domina, y su entrega al Señor es manifiesta a todos. Todos ellos trascenderán y brillarán como estrellas a perpetua eternidad.

Notas y referencias

1. Pew Forum on Religion and Public Life (2011), *Global Christianity: A Report on the Size and Distribution of the World's Christian Population* Archived 2013-07-23 at the Wayback Machine., p. 67.
2. Maie, Paul L. r (1989). "The Date of the Nativity and Chronology of Jesus" in *Chronos, kairos, Christos: nativity and chronological studies* by Jerry Vardaman, Edwin M. Yamauchi 1989, pp. 113–129. Existen también otros trabajos eruditos que constatan esta fecha, tales como los de Paul W. Anderson, Jerry Knoblet, J Dwight Pentecost, entre otros.
3. Synan, Vinson (2001), *The Century of the Holy Spirit: 100 Years of Pentecostal and Charismatic Renewal, 1901–2001* (Nashville: Thomas Nelson Publishers, 2001), pp. 158-160.
4. Myer Pearlman (1937), *Knowing the Doctrines of the Bible* (Springfield, Gospel Publishing House, rev. ed., 1981), pp. 305-320.
5. Synan, Vinson (1997). *The Holiness–Pentecostal Tradition: Charismatic Movements in the Twentieth Century*. Grand Rapids, Michigan: William B. Eerdmans Publishing Company, 1997, pp. 149-150.
6. Staub, E. (2007). *The psychology of good and evil: Why children, adults, and groups help and harm others*. Cambridge: Cambridge University Press. "Aunque no todos los psicólogos más influyentes han tenido los mismos puntos de vista, la balanza se inclina a esa asunción mayormente por la influencia de Jean-Jacques Rousseau y Carl Rogers."
7. Anthony, S.(2013). "Harvard Cracks DNA storage, crams 700 terabytes of data in a single gram". *Nanotechlogoy in City Environments (NICE)*, http://nice.asu.edu/biblio/harvard-cracks-dna-storage-crams-700-terabytes-data-si (accedido en enero, 2019). George Church y Ed Regis dan más información sobre el tema en su libro, *Regenesis: how Synthetic Biology Will Reinvent Nature and Ourselves*. (2014).

8. Judd, Deane B.; Wyszecki, Günter (1975). *Color in Business, Science and Industry*. Wiley Series in Pure and Applied Optics (third ed.). New York: Wiley-Interscience. p. 388

9. Finney, C. G., Carroll, D. J., Nicely, B., & Parkhurst, L. G. (1994*). Finneys systematic theology: Lectures on classes of truths, moral government, the atonement, moral and physical depravity, natural, moral, and gracious ability, repentance, faith, justification, sanctification, election, divine sovereignty & perseverance of the saints.* Minneapolis, MN: Bethany House.

10. *Noble, T. A. (2013), Holy Trinity: Holy People: The Theology of Christian Perfecting, Eugene, Oregon: Cascade Books.* p.44.

11. Arminius, James (1853). *The Works of Arminius.* Auburn: Derby, Miller & Orton. También vea: Mark A. Ellis (Trad., Ed., 2005), *The Arminian Confession of 1621.* Eugene, Oregon: Pickwick Publications. "Aunque las enseñanzas de James Arminius se pueden definir como arminiarismo, el término, más ampliamente corresponde a las enseñanzas de Hugo Grotius (1583-1645), John Wesley y muchos otros. El calvinismo es comúnmente presentado como opuesto a la teología de Arminius, sin embargo, siendo que Arminius fue discípulo de Beza, ambas teologías tienen puntos en común que no fueron compartidos por lo que luego se llamó, aminiarismo wesleyano. Esta última corriente de pensamiento es frecuentemente idéntica al metodismo."

12. *Didaché* 7:1-4.

13. Ibid., 7:6.

14. Ibid., capitulo 9.

15. Pohle, Joseph. "Sacrifice of the Mass." The Catholic Encyclopedia. Vol. 10. New York: Robert Appleton Company, 1911. 12 Mar. 2009 http://www.newadvent.org/cathen/10006a.htm (accedido en enero 9, 2019).

16. Torrey, R.A. (1910). *The Person and the Work of The Holy Spirt.* New York: Fleming H. Revell Company. The Project Gutenberg Ebook. Lanzado en octubre 13, 2009., pp. 129-186.

17. Nee, Watchman (1957). *The Normal Christian Life.* Carol Stream, Illinois: Tyndale House Publishers, pp. 55-80. "En el capítulo 4 del libro de Nee se haya una explicación de la palabra "reconocer" y su significado bíblico. Recomiendo leer el libro entero."